我国基本公共服务均等化供给政策研究

孙建军　著

知识产权出版社
全国百佳图书出版单位

内容提要：

本研究基于公共政策视角，借鉴西方政策科学和公共服务供给的理论成果，结合我国基本公共服务供给政策的现实考察，从价值取向、政策制定、政策执行和政策评估四个维度建立“金字塔型”理论分析模型，对基本公共服务均等化供给政策的目标、价值取向、政策制定方法论、政策执行模式和政策评估标准进行了全面、系统的分析。同时构建了基本公共服务均等化供给政策公众满意度测度指标体系，选取浙江省舟山市为政策评估对象开展实证研究，并最终提出推进基本公共服务均等化供给政策实施的有效路径。

责任编辑：王　辉

图书在版编目(CIP)数据

我国基本公共服务均等化供给政策研究/孙建军著.—北京：知识产权出版社，2012.10

ISBN 978-7-5130-1511-0

Ⅰ.①我…　Ⅱ.①孙…　Ⅲ.①社会服务—政策—研究—中国　Ⅳ.①D669.3

中国版本图书馆 CIP 数据核字(2012)第 213792 号

我国基本公共服务均等化供给政策研究

WOGUO JIBENGONGGONGFUWU JUNDENGHUA GONGGEI ZHENGCEYANJIU

孙建军　著

出版发行：知识产权出版社有限责任公司

社　　址：北京市海淀区马甸南村1号　　**邮　　编**：100088

网　　址：http://www.ipph.cn　　**邮　　箱**：bjb@cnipr.com

发行电话：010-82000893 82000860 转 8101　　**传　　真**：010-82000893

责编电话：010-82000860-8129　　**责编邮箱**：wanghui@cnipr.com

印　　刷：知识产权出版社电子制印中心　　**经　　销**：新华书店及相关销售网点

开　　本：787 mm×1092 mm　1/16　　**印　　张**：12.5

版　　次：2012年10月第1版　　**印　　次**：2014年3月第3次印刷

字　　数：220千字　　**定　　价**：38.00元

ISBN 978-7-5130-1511-0/D·1561(4366)

前　言

基本公共服务直接关乎人类的生存和发展，是公共服务中最核心、最根本的部分。新中国成立以来，我国经济社会飞速发展，综合国力日益增强，基本公共服务供给水平明显提高。然而，当前我国基本公共服务的供给仍然面临着两大突出问题：一是基本公共服务供给总量不足，与社会公众切身利益相关的民生问题比较突出，群众反映强烈；二是基本公共服务供给在城乡、不同区域、不同群体和个人之间的结构失衡现象严重，存在明显的分配不均。随着当今世界各国公共服务均等化供给的发展趋势，以及我国转变经济发展方式的步伐不断加快，推进基本公共服务均等化日益成为社会各界普遍关注的焦点。

目前学术界已经就基本公共服务均等化的内涵、提出背景、理论基础、供给范围、绩效评价和实现路径等方面内容进行了广泛的研究。然而，现有研究缺乏合理的理论分析框架和研究体系，难以从公共政策的特征出发，对基本公共服务均等化进行全面、系统的政策分析。这容易导致政策目标不明、价值取向不清，难以构建合理的政策评价指标体系开展定量研究，也使得推进基本公共服务均等化供给政策实施缺乏针对性的思路和方法，不利于政策实践。对此，本研究基于公共政策视角，借鉴西方政策科学和公共服务供给的理论成果，结合我国基本公共服务供给政策的现实考察，从价值取向、政策制定、政策执行和政策评估四个维度建立"金字塔形"理论分析模型，对基本公共服务均等化供给政策的目标、价值取向、政策制定方法论、政策执行模式和政策评估标准进行了全面、系统地分析。同时构建了基本公共服务均等化供给政策公众满意度测度指标体系，选取浙江省舟山市为政策评估对象开展实证研究，并最终提出推进基本公共服务均等化供给政策实施的有效路径。旨在探讨和回答以下四个方面问题：

一是从历史变迁、国际比较和现实挑战三个角度考察来看，现阶段我国基本公共服务供给政策的现实情况如何？

二是现阶段我国基本公共服务均等化供给政策的总体要求是怎样的？具体表现在：我国基本公共服务均等化供给政策的目标应如何定位？应该坚持怎样的价值取向？采取何种方法制定政策？应当选择怎样的政策执行模式？

三是如何对基本公共服务均等化供给政策进行评估？即政策评估的标准如何选择？评价指标体系如何构建？效果如何加以测度？

四是推进基本公共服务均等化政策实施，目前我们可供选择的实现路径有哪些？

通过理论探讨和实证分析，本研究主要得出以下五个结论：一是"促进人的全面发展"是基本公共服务均等化供给政策的终极目标，"均等化"是实现终极目标的中介目标，而"满足社会公众基本的生存和发展需求"是其出发点和根本目的；二是在"促进人的全面发展"这一终极目的之下，"效率与公平统一"是我国基本公共服务均等化供给政策的价值取向；三是"有限理性主义"是当前时期我国基本公共服务均等化供给政策制定的方法论，这就决定了政策制定在介乎完全理性和完全非理性之间的有限度理性条件下进行，决策中追求"满意"标准，而非最优标准；四是当前时期，我国应当坚持"一主多元"供给模式，努力在基本公共服务均等化供给政策执行过程中，形成以政府为主导、私营部门和第三部门广泛参与的多元供给机制互补的格局；五是公众满意度，作为当代政府绩效评估的有效管理工具，坚持"公众为本"，强调以满足公众的合理需求为最终评价标准，充分体现了公共责任和公众至上的管理理念，理应成为我国基本公共服务均等化供给政策的评估标准。

目　录

第一章　导论

基本公共服务均等化，作为一项重要的公共政策，目前在其实践与理论研究中，人们更多关注的是政府的责任与职能。而对现阶段我国基本公共服务均等化供给政策的目标定位、价值取向、政策制定方法论、政策执行模式、政策评估标准和实现路径等问题，均需要在实践层面和理论层面给出明确的回答。因此，本项研究所面对的，既是一个现实问题，也是一个重要的理论问题。

第一节　研究背景及问题的提出

基本公共服务直接关乎人类的生存和发展，是公共服务中最核心、最根本的部分。随着当今世界各国公共服务均等化供给的发展趋势，以及我国转变经济发展方式的步伐不断加快，推进基本公共服务均等化日益成为社会各界普遍关注的焦点。

一、现实背景

改革开放以来，我国经济社会发生了翻天覆地的变化，综合国力日益增强，群众生活水平不断提高。顺应这一发展历程，历届政府在义务教育、基本医疗、公共卫生、基本社会保障、公共就业服务等方面推出一系列政策措施，基本公共服务供给水平明显提高。然而，当前我国基本公共服务的供给仍然面临着两大突出问题：一是基本公共服务供给总量不足，与社会公众①切身利益相关的民生问题比较突出，群众反映强烈；二是基本公共服务供给在城乡、不同区域、不同群体和个人之间的结构失衡现象严重，存在明显的分配不均。这不仅不符合当前世界各国政府高度关注基本公共服务供给政策的发展趋势，也与现阶段我国加快转变经济发展方式、贯彻和落实科学发展观、全面建设小康社会的目标任务不相适应，而且也难以很好地满足人民群众日益增长的公共服务需求。

---

① 从内涵来看，公众既是一个集合性概念，又是一个具有指向性的概念，不同的学说有着不同的解释。本书视公众为公共关系的基本构成要素，泛指公民、民众。

为了切实转变政府职能，提高基本公共服务供给总体水平，破解分配不均难题，以满足社会公众日益增长的公共服务需求，推动科学发展，全面建设小康社会，《中共中央关于制定国民经济和社会发展第十一个五年规划的建议》首次提出“公共服务均等化”的原则要求，并在《关于构建社会主义和谐社会若干重大问题的决定》中明确强调“完善公共财政制度，逐步实现基本公共服务均等化”。2008 年 2 月 23 日，胡锦涛总书记在中央政治局第四次集体学习时就政府工作发表重要讲话，明确指出，建设服务型政府，要围绕逐步实现基本公共服务均等化的目标，形成惠及全民的基本公共服务体系。2010 年 10 月 18 日，党的十七届五中全会审议通过的《中共中央关于制定国民经济和社会发展第十二个五年规划的建议》进一步强调，“逐步完善符合国情、比较完整、覆盖城乡、可持续的基本公共服务体系，提高政府保障能力，推进本公共服务均等化”，以着力保障和改善民生，推进社会主义和谐社会建设。至此，基本公共服务均等化逐渐成为社会各界普遍关注的一个热点、焦点问题，也成为我国新时期高度关注民生、重视民生、保障民生和改善民生的重大战略举措。

二、理论背景

尽管国外没有“基本公共服务均等化”这一说法，也没有专门就这一问题进行过针对性地研究。然而，他们却有着丰富的公共服务理论，并且在公共服务理论不断完善的过程中，许多学者提出了不少关于公共服务公平化的思想观点和理论研究成果，如亚瑟·塞西尔·庇古的国民收入均等化思想、帕累托最优定理以及社会福利函数理论等，这些都构成了公共服务均等化的理论渊源。同时，在许多国家享受基本均等的公共服务被认为是公民与生俱来的基本权利，因此，“公共服务均等化”在不少国家的宪法或法律中得以充分体现和保障，并成为政府基本的施政纲领，形成了形式各样的推进公共服务供给公平化的操作方法，为我国基本公共服务均等化理论研究提供了有益的指导。

由于基本公共服务均等化供给研究具有重大的理论价值和现实意义，目前国内学界围绕基本公共服务均等化进行了广泛而深入的研究，主要集中在七个方面：一是对基本公共服务均等化提出的背景进行了不同解释；二是从不同角度诠释了“均等化”的内涵；三是系统地分析了基本公共服务均等化的理论基础；四是深入地探讨了基本公共服务的界定原则、标准和范围；五是对基本公共服务均等化供给政策的评估标准和方法进行了评述；六是对基本公共服务均等化的现状进行了综合评价；七是提出了不少推进基本公共服务均等化的可行路径。这些理论研究成果都为推进我国基本公共服务的均等化供给起到很好的指导作用。

三、问题的提出

尽管现有文献已经对基本公共服务均等化进行了较多的研究，然而，现有研究缺乏合理的理论分析框架和研究体系，难以从公共政策的特征出发，对基本公共服务均等化进行全面、系统地政策分析。这容易导致政策目标不明、价值取向不清，难以构建合理的政策评价指标体系开展定量研究，也使得推进基本公共服务均等化供给政策实施缺乏针对性的思路和方法，不利于政策实践。突出表现在四个方面：一是作为一项具体的公共政策，“本土化”理论分析框架的缺失，使社会各界难以全面、系统地分析基本公共服务均等化供给政策的现状、目标、总体要求和实施路径；二是当前社会各界对于基本公共服务均等化供给政策目标的理解存在分歧，直接影响到价值取向的选择以及对政策总体要求的全面理解和把握，导致政策实施陷入目标不明、要求不清的困境；三是理论分析框架缺失和政策目标导向、总体要求不明，将会直接影响到政策评价指标体系的合理构建，再加上政策评估方法应用中存在的定量分析不足问题，其结果必然造成难以对基本公共服务均等化供给政策开展有效地评估，合理地测度其实施效果；四是政策评估不到位，评估结果不准确，势必影响推进基本公共服务均等化供给政策实施路径选择的合理性，可能造成无的放矢。

为了克服以上不足，本书拟在对国内外相关文献研究加以综述的基础上，借鉴西方政策科学和公共服务供给理论的主要研究成果，结合我国基本公共服务供给政策的现实情况，试图提出新的理论分析框架，对基本公共服务均等化供给政策进行全面、系统、深入地分析。同时构建起基本公共服务均等化供给政策的评价指标体系，选取个案开展政策评估实证研究，并在此基础上提出推进基本公共服务均等化供给政策实施的有效路径。旨在探讨和回答以下四个方面问题。

一是从历史变迁、国际比较和现实挑战三个角度考察来看，现阶段我国基本公共服务供给政策的现实情况如何？

二是现阶段我国基本公共服务均等化供给政策的总体要求是怎样的？具体表现在：我国基本公共服务均等化供给政策的目标应如何定位？应该坚持怎样的价值取向？采取何种方法制定政策？应当选择怎样的政策执行模式？

三是如何对基本公共服务均等化供给政策进行评估？即政策评估的标准如何选择？评价指标体系如何构建？效果如何加以测度？

四是推进基本公共服务均等化政策实施，目前我们可供选择的实现路径有哪些？

第二节　概念界定

一、公共政策

公共政策的理论界定是政策科学的基础。然而，由于公共政策纳入科学研究视野的时间不长，各学者研究所涉及或强调的内容互有差异，同时，也受学术研究的历史局限性的影响，导致学者们对于公共政策内涵的界定不一，呈现出众说纷纭的现象。梳理现有研究，学者们主要基于五个视角对公共政策的内涵加以界定。

（一）本质特征视角

美国的政治学家戴维·伊斯顿将公共政策定义为："公共政策是对全社会的价值进行有权威的分配。"① 也就是说，一项政策包含着一系列分配价值的决定和行动。为了避免对"价值"过于宽泛的理解，更好地从本质上把握公共政策的特征，我国学者陈庆云认为，不如把"价值"改为"利益"，并将公共政策界定为"政府依据特定时期的目标，在对社会公共利益进行选择、综合、分配和落实的过程中所制定的行为准则"②。

（二）制定主体视角

与西方学者在公共政策概念表述中相对模糊政策制定主体的现象相比，我国学者几乎一致地突出了政府作为公共政策的制定主体。如台湾学者朱志宏指出公共政策是由伊斯顿所谓之政治体系中的"当局"即政府所制定。钮菊生认为，从政策范畴这一狭义层面来理解，现代公共政策主要是指由政府机关或政府官员制定的政策。刘进才也持类似观点，认为公共政策是"通过国家行政机构——政府制定和实施的社会行为准则"③。

（三）产生过程视角

伍德罗·威尔逊认为公共政策是由政治家（即具有立法权者）制定而由行政人员执行的法律和法规。西方团体理论者认为，公共政策就是在任何既定的时间内，各团体之间为了争取自身利益而相互竞争并达成妥协的一种平衡产物，而美国学者安德森认为，公共政策是由一系列或多或少有联系的活动所组成的一个

---

① David Easton：《The Political System：An Inquiry into the State of Political Science》，Knop，1971 年版。

② 陈庆云：《公共政策分析》，北京大学出版社，1996 年版。

③ 刘进才：《公共政策评估的模糊数学方法》，载《中共中央党校学报》，2001 年第 1 期。

较长的复杂的政治过程。

（四）功能目的视角

政策科学创始人拉斯韦尔（Harold Lasswell）和卡普兰（A. Caplan）从管理学的角度将公共政策定义为“一种含有目标、价值与策略的大型计划”①。香港学者伍启元认为“公共政策是一个政府对公私行动所采取的指引”②，突出公共政策的导向功能。而陈振明教授从综合的角度指出，公共政策是社会权威机构以公共权力干预社会公共领域，为解决社会公共问题而制定和实施的具有权威性的行为规范、行动准则和活动策略。

（五）表现形态视角

美国政治学家托马斯·R. 戴伊认为“公共政策就是政府选择做什么或不做什么”③，即公共政策表现为政府“作为”或“不作为”的各种行为。迈克尔·罗斯金认为公共政策是一种“政府和官员的权威性行动，它不是建议或者讨论，而是用来满足被感知的国家需求的，包括法律、司法布告、执行命令和行政决定”④。与他们从动态行为的角度揭示公共政策的表现形态不同，许多学者还从静态规范的角度加以阐述。如卢坤建认为，公共政策是公共权威（广义而合法的政府）在一定历史时期和环境条件下，为能够解决某种公共问题而作出的一种“为”或“不为”的法律和合法的命令、准则等规范；周树志认为公共政策是政府为管理社会公共事务实现公共利益而制定和实施的公共行为规范、行动准则和活动策略。

从学者们对于公共政策内涵的探讨来看，可以说，迄今为止，国内外学者对公共政策的内涵界定各有侧重，众说纷纭，莫衷一是，公共政策仍然缺乏完善的概念体系。基于综合视角，结合公共政策的实践，笔者认为，公共政策就是公共权威机构⑤在特定时期的环境条件下，为了解决社会公共问题，在对社会公共利益进行选择、综合、分配和落实的过程中所制定和实施的行为规范、行动准则和活动策略。对于这一定义，至少包含五层含义：一是公共政策是公共权力机构或公共权威制定的政策，对社会具有权威性和约束性；二是公共政策具有确定的目

---

① H. D. Lasswell、A. Caplan：《Power and society》，Yale University Press，1970 年版。

② 伍启元：《公共政策》，商务印书馆（香港）有限公司，1989 年版。

③ Thomas R. Dye：《Understanding Public Policy，7th ed（Englewood Cliffs）》，Prentice Hall，1992 年版。

④ 迈克尔·罗斯金：《政治科学》，华夏出版社，2001 年版。

⑤ 这里的公共权威机构是一个较为宽泛的概念，泛指具有特殊权力、能够制定公共政策的政治实体。因此，它既包括国家政府或执政党派，也包括国家立法和司法机关，还涵盖有权力制定公共政策的其他政治实体。

的性，是面向特定时期所处环境条件下的社会公共问题制定的，有时间和环境条件限制；三是公共政策的本质是对社会公共利益的分配，不仅包括物质利益的分配，也包括精神利益的分配；四是公共政策是一个涉及社会公共利益选择、综合、分配和落实的复杂的动态过程；五是公共政策综合表现为所制定的各类行为规范、行动准则和活动策略。

二、基本公共服务均等化

尽管基本公共服务均等化已经成为理论研究的热点，“但我国理论界并未对基本公共服务均等化给出一个准确的定义，在西方经济学论著中也未发现有关公共服务均等化的系统论述”①。可见，学者们对于基本公共服务均等化内涵的理解仍然没有达成一致的观点，亟待达成共识。

（一）公共服务的内涵

对“公共服务”的界定一直存在着争议，没有形成一致的定论。经过系统梳理，柏良泽教授认为，当前国内外界定“公共服务”的方式主要有三种。一是从物品的角度，即根据物品的特性，通过解释“公共物品”这一工具性概念来界定“公共服务”，将“公共服务”等同于“公共产品”，即“每个人对这种产品的消费都不会导致其他人对该产品消费减少的产品”②，也就是说公共产品是在消费上具有非竞争性和非排他性的产品③。并根据其消费上非竞争性和非排他性的程度，又提出了“准公共物品”、“有益物品”、“混合物品”、“中间物品”等纷繁复杂的相关概念。二是从政府的角度，即根据政府的特性界定公共服务，从广义上将不宜由市场提供、而由政府向公众提供的各种产品和服务均称为“公共服务”。三是从服务的角度，即根据服务的特性，将为社会公众提供的基本的、非营利性的服务都作为“公共服务”。

然而，这三种界定在逻辑推理上会容易引起误解甚至导致矛盾现象。从第一种界定的角度来看，凡是具有竞争性和排他性的“私人物品”均不应该由政府供给，而应由市场提供。但是，现实中由于个人因病、因灾致贫或无力生存时，政府难道就“见死不救”，连基本的生存必需品都不提供，任由其自生自灭吗？显然这与政府的责任相悖。尽管第二种界定突破传统思维逻辑，不受物品性质的限制，将公共服务与公共利益相联系，从公共管理的视角界定公共服务内涵，在

① 刘尚希：《基本公共服务均等化：现实要求和政策路径》，载《浙江经济》，2007年第13期。

② Samuelson. Paul A：《The Pure Theory Public Expenditure》，载《Review of Economics and statistics》，1954年第36期。

③ 消费上的非竞争性是指任何人消费这种物品都不会导致其他人对该物品消费的减少。消费上的非排他性是指当消费该种物品时将某人排除在外是不可能的，或即使可能但由于成本过高也不可行。

解释路径上具有建设性。但是泛化了公共服务的内涵和外延，明显地将政府责任范围扩大化，不仅要求政府提供传统的“公共产品”，还需要提供市场难以有效供给的私人产品和服务。而第三种界定则弱化了政府作为公共服务供给主体的责任。同时，三种界定都缺乏对公共服务现实价值的考量，都没有明确公共服务的立足点和出发点是为了满足人们现实中的公共需求、促进人的全面发展。

基于以上分析，本书借鉴国家行政学院课题组对于公共服务内涵的界定，认为，“公共服务是以政府等公共部门为主提供的，满足社会公共需求、供全体公民共同消费与平等享用的公共产品和服务”[①]。同时，笔者认为公共服务在本质上与公共产品等同，但在内涵的外延上，公共服务大于公共产品。公共服务也更加强调供给者的公民本位理念以及与需求者之间的互动关系。

（二）基本公共服务的阐释

面对多样性和无限性的社会公共需求，政府的供给能力始终是有限的。况且，有些公共服务可以通过政府以外的社会组织或市场来提供。因此，我们有必要根据社会公共需求的紧迫性和重要程度、产品和服务的性质以及政府的供给能力对公共服务加以分类，以确定公共服务供给的优先序。当前，我国许多学者将公共服务划分为基本公共服务和非基本公共服务（或一般公共服务）两大类，并主要从三个视角对基本公共服务的内涵和范围加以界定。

一是消费需求视角。刘尚希认为，公共服务的最终目标是促进消费的平等化，以消除居民消费过程中存在的可及性风险、可获得性风险和信息不对称风险。并基于消费需求层次和同质性两个角度，认为与低层次消费需要有直接关联的、无差异消费需求的公共服务即为基本公共服务。但“基本”不是绝对的，它会因时因地而变。中国（海南）改革发展研究院则认为，包括义务教育、公共卫生和基本医疗、基本社会保障和公共就业在内的基本公共服务，是全体社会成员都必需的、与人类发展关系最为密切的公共服务。它们不仅对提高人的可行能力必不可少，而且直接影响到人类发展水平和社会公平程度，关乎人的寿命、健康、尊严和生活的意义。

二是发展阶段视角。陈昌盛、蔡跃洲认为，基本公共服务是指“建立在一定社会共识基础上，根据一国经济社会发展阶段和总体水平，为维持本国经济社会的稳定、基本的社会正义和凝聚力，保护个人最基本的生存权和发展权，所必须

---

① 国家行政学院课题组：《关于公共服务体系和服务型政府建设的几个问题（上）》，国家行政学院学报，2008 年第 4 期。

提供的公共服务，其规定的是一定阶段内公共服务应该覆盖的最小范围和边界”①。它们是与民生密切相关的纯公共服务，或者是公共服务中最应该得到优先保证供给的部分，具体包括基本公共教育、公共卫生、社会保障、基础设施、公共安全等。丁元竹将我国现阶段的基本公共服务范围界定为义务教育、公共卫生和基本医疗、就业服务、社会救济和养老保险。其中，义务教育、公共卫生和基本医疗以及最低生活保障是我国现阶段基本公共服务中的“基本”。而常修泽则认为，现阶段我国基本公共服务主要涉及基本民生性服务、公共事业性服务、公益基础性服务和公共安全性服务四类。

三是属性特征视角。陈海威认为，基本公共服务是指“一定经济社会条件下，为了保障全体公民最基本的人权，全体公民都应公平、平等、普遍享有的公共服务，是诸多公共服务中具有保障性质和平等色彩的服务类型”②。根据政府提供服务的性质和类型不同，基本公共服务体系主要涵盖四大领域：一是以保障公民生存权为目标的底线生存服务；二是以保障公民发展权为目标的公众发展服务；三是以保障公民起码的日常生活和自由为目标的基本环境服务；四是以保障公民生命财产安全为目标的基本安全服务。这些基本公共服务的供给都以均等化为主要特征，以保障公民基本人权为主要目的，并以公共资源为主要支撑。而安体富则认为，基本公共服务就是那些与民生密切相关的纯公共服务。除此之外，其他公共服务都属于一般公共服务。

可见，学者们关于基本公共服务的内涵和范围界定并不一致，但都从某一个侧面反映了基本公共服务的特征。本书认为，基本公共服务是政府在公民本位、社会本位理念指导下，以满足一定经济社会发展阶段全体公民基本的生存和发展需求为底线，以保障公民基本人权、促进人的全面发展为主要目的，以均等化为主要特征，以公共资源为主要支撑所必须提供的公共服务。主要表现为六个方面的特征。

1. 基础性。基本公共服务是保障公民基本的生存和发展权利所必不可少的。一个人如果缺少了这部分公共服务，那就保证不了其在既定经济社会状况下维持谋生和发展的基本条件。因此，政府应当承担基本公共服务“均等化”供给的“托底之责”。

2. 普惠性。每个公民都享有基本公共服务的权利，基本公共服务应面向全社会。

① 陈昌盛，蔡跃洲：《中国政府公共服务：体质变迁与地区综合评估》，中国社会科学出版社，2007年版。

② 陈海威：《中国基本公共服务体系研究》，载《科学社会主义》，2007年第3期。

3. 公平性。基本公共服务的供给建立在社会正义和平等的价值基础上，其内在要求是让所有服务对象都公平、便捷地享有。

4. 迫切性。基本公共服务是各类公共服务中与公民基本的生存和发展关系最密切、最直接、最迫切和最应该优先保证供给的部分。

5. 阶段性。基本公共服务的供给标准可以随着不同时期经济社会发展水平和国家财政实力的变化而进行调整。

6. 梯度性。各国、各地之间经济社会发展水平的明显差距，导致公民在基本的生存和发展需求层次上存在着差异。与之相适应，基本公共服务供给过程和水平也呈现出梯度推进的态势。

根据主要功能和需求层次不同，可以将基本公共服务分为两大类：一是保障性基本公共服务。包括公共安全、公共卫生、基本医疗、社会保障、基础设施、环境保护等，主要满足和保障公民基本的生存需求；二是发展性基本公共服务。包括就业服务、基础教育、公共文化、公共通信等，主要满足和保障公民基本的发展需求。

（三）均等化的界说

从字面上理解，“均等化”包含均衡、相等之含义，而均衡意味着经过调节、平衡，最终达到相等的过程。一般认为，公共服务均等化的理论基础主要源于福利经济学①。如国民收入均等化思想、补偿原则、社会福利函数理论和帕累托最优定理等福利经济学的经典研究成果构成了公共服务均等化的理论渊源。作为西方经济学发展过程中形成的一门经济学分支学科，“福利经济学是从福利的观点对经济体系的运行进行评价的经济学”。这里所谓的“评价”是指“判断一种经济体系的运行究竟是增进福利还是减少福利：能够增进福利的经济体系运行被认为是‘好的’，导致福利较少的经济体系运行被认为是‘不好的’”②。然而，至于什么是“福利”？判断福利增减的标准是什么？福利经济学家们提出了各种不同的看法，这直接导致了在公共服务供给领域，学者们对于“均等化”的理解也存在着不同的观点。主要有三种不同的“界说”。

一是机会均等说。阿内逊（Ameson，R. J.，1989）提出了福利机遇平等观。这里，“福利的机遇指的是一个人如果想寻求某种福利的话得到它的机会”（葛四友，2004，p. 79）。但是任何机会的获得都是与其所处的环境密切相关的，在不同的制度与社会环境下人们面临的机遇会大相径庭。正因为如此，要实现追求

---

① 除此之外，也有学者认为，公共服务均等化是布坎南公共财政“均等思想”的重要体现，同时也是政府履行职责过程中应当遵循的原则要求。

② 厉以宁，吴易风，李懿：《西方福利经济学述评》，商务印书馆，1984 年版。

某种福利的机会均等，社会有义务通过一种制度安排为人们提供合理的环境。体现在公共服务供给过程中，机会均等说反对任何基于出身、性别、种族、民族和宗教信仰等的歧视，主张所有社会资源应该公平地向每个公民开放，并采取适当的补救或补偿措施消除各类偶然性因素（如出身、天灾、意外事故等）所造成的影响，为人们享有某种公共服务创造平等的机会。可见，机会均等说仅关注在某一时刻上赋予人们具有同等的权利和机会，但这一时刻之后的任何不平等均由个人自身负责。因为个人最终能获取怎样的社会地位和境遇，取决于他们获得均等机会后把握机会的能力。

二是资源均等说。由于个人的出身、先天禀赋由偶然因素决定，因此，为了公平正义，资源均等说者强调应该针对先天差别进行直接地补偿和调整，以实现每个人对资源平等地占有。然而，对于哪些是应该平等占有的资源学者们存在着较大分歧。罗尔斯主张“基本物品”分配的均等。基本物品可以分为自然基本物品和社会基本物品，其中自然基本物品包括人的健康、智力和体力等，而社会基本物品则包含权利、自由、机会、尊严和财富等。德沃金则认为，资源不仅包括存款、资产、房产和其他流动资产等外在的物质，也包含人身内在的智能、运气和体能等一系列资源。在这些资源中，财富是最重要的，应当予以均等分配。与罗尔斯和德沃金相比，米勒指出应该平等分配的资源包括工作岗位、教育、医疗、人身安全、住房、休闲机会等，同时他还进一步指出对于需要平等分配的资源不应该教条式划分，其界定标准也并不应该一成不变，而是可以随着时空的变化而变化。体现在公共服务供给领域，资源均等说要求向人们提供并保证实际享有相同内容和标准的公共服务，实质上强调结果均等，带有明显的“平均主义”倾向。

三是能力均等说。与机会均等说和资源均等说关注“物”的均等分配不同，能力均等说关注“人”的能动作用。阿马蒂亚·森（Sen）是持这一观点的代表性人物，他认为，真正的自由平等就是每个人都能够享受他们自己认为有价值的生活方式。并从人的自由权利扩张和实现的角度诠释福利，强调个人的幸福是其“能力”的函数，“能力”的集合则体现了一个人可以选择的自由度和真正享有的选择机会。所以，阿马蒂亚·森主张将能力作为平等的对象，特别强调对于“基本能力”（即在最起码的水平上开展各类人类活动所需的能力）的均等化分配。同时认为，发展就是不断增进人的能力、扩大人们真正享有的实质性自由的过程。这就要求在发展过程中，必须努力消除那些影响人的能力提升、造成人们不自由的因素，这些因素包括贫困、匮乏的经济机会、专制体制以及涉及教育、医疗、保险等方面的社会制度安排的缺乏等。显然，合理的公共服务供给制度有利于保证个人公平地享有生存权和发展权，对于增进人的能力均等、扩大人的自由权利具有十分重要的现实意义。

（四）基本公共服务均等化的多维界定

目前学者们主要从目标维度上对基本公共服务均等化的内涵加以理解，并提出了各自不同的观点。但是本书认为，基本公共服务均等化是一个多维概念，需要从价值、目标和过程三个维度对其进行多维分析，以系统地把握其深刻内涵。

一是基于价值维度分析，基本公共服务均等化内蕴着“以人为本，促进人的全面发展”的价值理念和诉求。这是因为，人的全面发展是经济社会发展的最终目的，而“当政府把对人的全面发展的追求放在社会建设目标体系的核心，关于个体的公正要求与整体的发展要求之间的疏离就不再存在，代之以政府以公正的努力来为造就‘全面发展的个人’这一目标服务”①。基本公共服务均等化正是政府坚持以人为本，为了促进人的全面发展而采取的“公正的努力”。

二是基于目标维度分析，基本公共服务均等化是一个公共政策集，涉及多维目标。这不仅体现在“均等化”内在要求的横向目标多维，有结果均等、机会均等、权利均等和能力均等之分，而且还表现在基本公共服务均等化供给政策的纵向目标分层，存在着终极目标、根本目标和中介目标之别。尽管学者们对于“均等化”所要求的多维目标已经进行了深入分析，但都停留在宏观层面，没有从供给的不同类型的基本公共服务的角度进行过系统性研究。本书在将基本公共服务简单分为保障性基本公共服务和发展性基本公共服务的基础上认为，对于保障性基本公共服务宜按照“结果均等”要求均等化供给，起到保障公民基本的生存需要。而对于发展性基本公共服务宜按照“机会均等”和“能力均等”双重要求均等化供给，起到促进公民全面发展的需要。从纵向目标来看，基本公共服务均等化供给政策本身存在着终极目标、根本目标和中介目标三个层次之分。其中，实现“均等化”供给是基本公共服务均等化供给政策的中介目标，满足公众基本的生存和发展需求是其根本目标，而其终极目标是为了“促进人的全面发展”。

三是基于过程维度分析，基本公共服务均等化是一个渐进的动态过程，不能一蹴而就，需要分层次、分阶段推进。基本公共服务均等化是一个分层次、分阶段的动态过程，对于基本公共服务均等化来说，同样也表现为这样一个过程。在初级阶段，应主要着眼于区域间基本公共服务均等化，缩小相互间的差距；中级阶段的目标更多地侧重于城乡基本公共服务均等化，而高级阶段则旨在实现全民基本公共服务均等化，最终实现区域之间、城乡之间和群体之间的基本公共服务都达到均等状态。这不仅取决于当前我国的基本国情，也充分反映了群众生存和

① 张康之：《公共行政：朝着追求公正的方向》，载《中州学刊》，2000 年第 3 期。

发展的现实需求。

总之，所谓基本公共服务均等化，就是为了满足一定经济社会发展阶段公民基本的生存和发展需求，政府在公民本位、社会本位理念指导下，主要依托公共资源向全体公民均等地供给基本公共服务，以保障公民基本人权，促进人的全面发展。作为一项复杂的系统工程，我们需要从多维度加以综合分析，以准确把握其深刻内涵，更好地引导和推进实践。

第三节　研究进路及创新说明

一、研究进路

本项研究的中心任务在于：基于公共政策的视角，提出新的理论分析框架，对基本公共服务均等化供给政策进行全面分析，以明确当前时期我国基本公共服务均等化供给政策的现实状况、目标定位、价值取向、政策制定方法论、政策执行模式、政策评估标准和实现路径，更好地推进基本公共服务均等化供给政策实施。根据这一研究目的，本研究采用了文献整理与实地调研相结合、理论分析与实证研究相结合以及分析与综合相结合的方法，构建起总体研究框架。具体来说：首先，坚持文献整理与实地调研相结合，提出研究的问题，建立总的理论分析模型。其次，运用理论分析框架将政策整体分解为多个关键要素进行详细地分析，提出总体要求。继而开展实证研究，一方面进行模型的概念化和变量设计，提出理论假设；另一方面采用 SPSS Statistics 17. 0、Yaahp v0. 5. 2 等统计分析软件，采取 Cronbach α 信度系数法、因子分析法和模糊综合评判法等对基于理论分析构建的概念模型进行信度、结构效度实证检验，并对实证结果加以综合分析。最后，在理论分析和实证结论的基础上提出切实可行的对策建议。

在上述研究任务和技术路线指导下，本书坚持理论与实证分析相结合，分八个章节加以论述。

第一章：导论。本章为整个研究的展开起统领作用。首先介绍了本研究的背景并提出了研究的问题，然后明确界定了研究中涉及的相关概念，并对研究的中心任务、技术路线和章节安排进行了说明，搭建起总体的研究框架体系，最后着重阐述了本研究的创新点。

第二章：基本公共服务均等化供给政策“金字塔型”理论分析模型。任何一项研究，总是置于一定的理论框架下，才会使分析、论证、说理更加具有逻辑

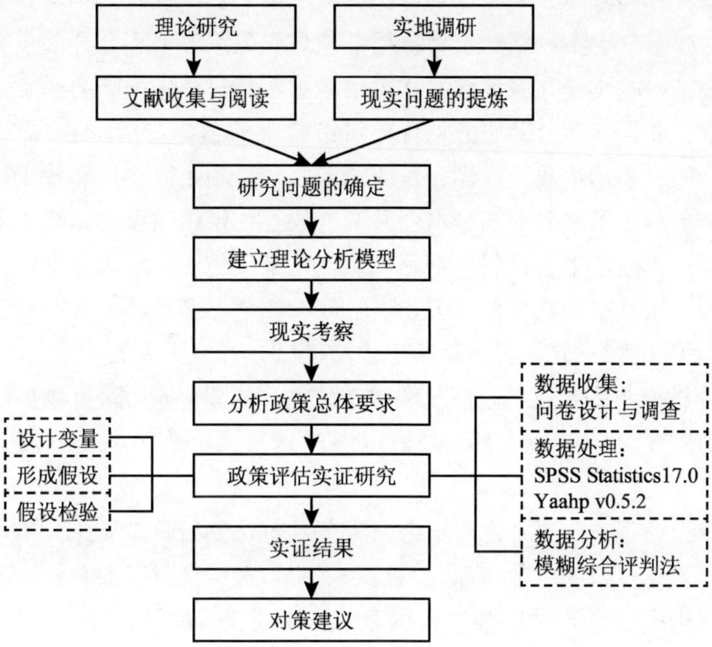

图 1.1　本研究的技术路线

性、层次性和系统性。本章基于系统论①视角，从价值取向、政策制定、政策执行和政策评估四个维度，构建起基本公共服务均等化供给政策"金字塔型"理论分析模型。

第三章：我国基本公共服务供给政策的历史变迁。本章将新中国成立 60 多年来我国基本公共服务供给政策的发展分为四个阶段：新中国成立初期的起步阶段（1949－1955 年）、全面计划经济时期的发展阶段（1956－1977 年）、市场经济时期的改革阶段（1978－2002 年）以及党的十六大以来的完善阶段（2003 年至今）。并运用"金字塔型"理论分析模型，从价值取向、政策目标、政策制定模式和政策执行模式四个角度分析我国基本公共服务供给政策呈现出的明显变化。

第四章：基本公共服务供给政策的国际比较。本章从价值取向、政策制定模式、政策执行模式和政策评估四个维度对世界各国基本公共服务供给政策进行比较，揭示其共性特征和个性差异。

---

① 20 世纪 50 年代美籍奥地利人、理论生物学家 L. V. 贝塔朗菲（L. Von. Bertalanffy）创立了系统论。他认为，系统是指相互联系的诸要素的综合体，具有整体性、结构性、等级性、依存性和目的性五大特征。作为一种思想范式，其基本思想方法就是把所研究和处理的对象，当做一个系统，分析其结构和功能，研究系统、要素、环境三者的相互关系和变动的规律性。

第五章：我国基本公共服务均等化供给政策的现实挑战。本章着重从政策目标不明确、政策制定不科学、政策执行不理想和政策评估不合理四个方面分析现阶段我国在推进基本公共服务均等化供给政策实施过程中面临的现实挑战。

第六章：我国基本公共服务均等化供给政策的总体要求。运用“金字塔型”理论分析框架，本章从政策目标、价值取向、政策制定方法论和政策执行模式等方面，系统地提出了当前我国基本公共服务均等化供给政策的总体要求。

第七章：我国基本公共服务均等化供给政策评估。本章首先论述了公众满意度理应成为我国基本公共服务均等化供给政策评估标准的必要性，然后建立基本公共服务均等化供给政策公众满意度结构模型，并在此基础上，结合“金字塔型”理论分析模型、专家访谈情况和文献研究，构建起基本公共服务均等化供给政策公众满意度测度指标体系，最后以浙江省舟山市为个案开展政策评估实证研究。

第八章：超越现实：推进基本公共服务均等化供给政策实施。本章围绕基本公共服务均等化供给政策的目标，立足于现实，并结合政策的总体要求和实证研究结果，明确提出当前时期推进我国基本公共服务均等化供给政策实施的主要路径。

二、创新说明

本研究在以下四个方面进行了尝试性的创新。

一是基于多维视角分析，系统地界定了“基本公共服务均等化”的内涵。目前学者们对基本公共服务均等化的内涵界定主要集中在目标维度上。本书从价值、目标和过程三个维度对基本公共服务均等化的内涵进行了综合分析。即从价值维度来看，基本公共服务均等化内蕴着“以人为本，促进人的全面发展”的价值理念和诉求；从目标维度来看，基本公共服务均等化是一个公共政策集，涉及多维目标；从过程维度来看，基本公共服务均等化是一个渐进的动态过程，不能一蹴而就，需要分层次、分阶段推进。在此基础上认为，所谓基本公共服务均等化，就是为了满足一定经济社会发展阶段公民基本的生存和发展需求，政府在公民本位、社会本位理念指导下，主要依托公共资源向全体公民均等地供给基本公共服务，以保障公民基本人权，促进人的全面发展。这一基于多维分析的概念界定，不仅丰富了基本公共服务均等化内涵研究的视角，具有一定的理论探索性，而且有利于我们更加系统地理解基本公共服务均等化的内涵，为全面开展政策分析奠定了基础。

二是基于公共政策视角，建立了基本公共服务均等化供给政策“金字塔型”理论分析模型。本书基于公共政策视角，借鉴现有政策分析模式的各自优势，同时结合我国基本公共服务均等化供给政策的现实情况，从价值取向、政策制定、政策执行和政策评估四个维度构建起“金字塔型”理论分析模型，从而为全面、系统地研究基本公共服务均等化供给政策提供了全新的分析框架。

三是基于“金字塔型”理论分析框架，明确了我国基本公共服务均等化供给政策的总体要求。本书立足于现实与挑战，运用“金字塔型”理论分析模型，全面分析并提出了当前时期我国基本公共服务均等化供给政策的总体要求。即基本公共服务均等化供给政策的终极目标应定位为“促进人的全面发展”；价值取向要坚持“效率与公平统一”；政策制定过程须遵循“有限理性主义”方法论；政策执行必须选取“一主多元”供给模式；政策评估应当以“公众满意度”作为评判标准。这不仅丰富了基本公共服务均等化供给研究的理论成果，也为推进政策实施提供了参考依据。

四是基于公众满意度标准，构建了基本公共服务均等化供给政策评价指标体系。并通过定性和定量相结合的方法，对开发的基本公共服务均等化供给政策公众满意度测量的量表进行了检验分析，最终获得科学、合理的测度指标体系。这不仅为基本公共服务均等化供给政策评估研究提供了新的视角，也为评价指标体系的构建进行了探索性的尝试。

第二章　基本公共服务均等化供给政策“金字塔型”理论分析模型

任何一项研究，总是置于一定的理论框架下，才会使分析、论证、说理更加具有逻辑性、层次性和系统性。基本公共服务均等化供给政策的研究也不例外。本章基于系统论视角，从价值取向、政策制定、政策执行和政策评估四个维度，建立“金字塔型”理论分析模型，为基本公共服务均等化供给政策研究提供合理的分析框架。

第一节　价值取向：公共政策的目标导向

价值问题是政策科学的基础性问题，价值取向研究是当前公共政策领域的焦点和热点，这是因为一切公共政策都是为了寻求价值、确认价值、实现价值、创造价值和分配价值。

一、价值取向的内涵

关于价值取向的内涵，学界还没有统一的定论。对于当前的种种表述，可以将其归为五类。

一是“倾向（性）”论。这类表述如：“价值取向就是人们在一定场合以一定方式采取一定行动的价值倾向”①；“价值取向指主体在价值选择和决策过程中的一定的倾向性”等。“倾向（性）”论揭示了价值取向的本质特征，但容易使价值取向的含义局限在心理层面，从而强化了价值取向的感性色彩，但却淡薄了其理性内涵。同时，也会混淆价值取向、价值观念、价值信念和价值意向等概念，导致相互之间难以区别，因为信念、意向等都是倾向性的概念。

二是“价值标准”论。这类表述如：“价值取向是指某一个人所信奉的，而且对其行为有影响的价值标准。”②“价值标准”论将价值取向与价值标准相联

① 袁贵仁：《价值学引论》，北京师范大学出版社，1992 年版。

② 汝信：《社会科学新辞典》，重庆出版社，1988 年版。

系，有其合乎逻辑的一面，但将两者概念等同不合适。价值标准是价值观念的核心，一般指衡量事物有无价值、有何种价值以及价值之大小的尺度；而价值取向是价值观念的外在表现，受制于价值观念，同时也积极主动地对价值观念施加影响。很显然，两者之间有明显的区别。

三是"行为取向"论。这类表述如："价值取向是在价值选择过程中决定采取的方向"[①]；"价值取向就是最终决定做什么好或怎么做好，或者说，从价值好坏的角度决定做什么和怎么做"[②] 等。"行为取向"论从词义上予以解释，抓住了价值取向的最一般定义，而且也揭示了价值取向对于价值选择的决定性作用。但是价值取向不仅仅体现为一个结果、一个最终决定，更为重要的是，它还是一种观念活动，体现为一个动态的过程。因此，"行为取向"论有失完备。

四是"价值观念决定"论。这类表述有：价值取向是指人们根据自行的价值观念对不同价值目标所作出的行为方向的选择；"'价值选择与取向'即在价值观念支配与驱动下主体对于价值关系对象价值属性或要素的确定"[③] 等。"价值观念决定"论从一个侧面揭示了价值观念和价值取向之间的关系，但失之偏颇。事实上，价值取向具有深刻的系统内涵，影响价值取向的是一个包含了价值观念、需要和利益以及情境等多种因素组成的有机系统，而且客观的需要和利益又往往比主观的价值观念更能够决定主体的价值取向。

五是"层次"论。"层次"论认为："作为行为方向的选择，任何价值取向都指向一定的价值目标，而价值目标有目的意义和工具意义之分……价值取向具有目的取向和工具取向两个层面：指向目的层面价值目标的行为方向选择为目的取向；指向工具层面价值目标的行为方向选择为工具取向。""目的取向可分为终极目的取向和具体目的取向两个层次。终极目的取向所指向的目标是一定主体存在和发展的最终追求，体现主体的价值观，具有绝对目的意义；而具体目的取向所指向的目标是一定主体某一具体行为所要达到的目的。"[④] 在对价值取向进行分层的基础上，"层次"论者同时指出，作为价值取向的两个相对独立层面，目的取向与工具取向尽管内容不同，作用各异。但是它们是辩证统一的：目的取向决定工具取向；工具取向体现目的取向，同时反作用于目的取向。"层次"论深入阐述了价值取向的内在层次之分及其辩证关系，这对于多价值体系环境下的价值取向选择具有重要的现实指导意义。然而，实践中目的取向与工具取向并非

① 马志政等：《哲学价值论纲要》，杭州大学出版社，1991 年版。
② 王珏等：《中日价值哲学新论》，陕西人民出版社，1995 年版。
③ 毛崇杰：《颠覆与重建——后批评中的价值体系》，社会科学文献出版社，2002 年版。
④ 徐玲：《价值取向的系统内涵》，载《系统辩证学学报》，2002 年第 1 期。

一一对应，难以清楚地加以区分，这会给主体行为方向的选择带来困惑。

综合上述分析，价值取向的一般内涵可以理解为：它是具有自我意识的主体基于一定目的对行为方向的理性选择和追求。对于这一定义，至少包含五层含义：①价值取向是建立在对事实认知基础上的理性层面的行为取向；②为了确定价值取向，行为主体需要有目的的对不同的价值加以比较和选择；③价值取向是具有自我意识的主体的观念活动，表现为对行为方向的理性选择和不断追求的动态过程；④价值取向具有层次性，并且由主体的客观需要、价值观念以及所处环境等多种因素共同决定；⑤作为对行为方向的理性选择和追求，价值取向贯穿于主体实践的全过程，并且通过对价值选择的决定作用，决定着实践活动的方向和性质。

二、价值取向是公共政策的目标导向

公共政策的价值取向，就是公共权力机构或公共权威（或者公共政策的制定主体和参与主体）为了解决社会公共问题而对政策议程、政策规划、政策制定、政策执行、政策评估等行为方向的理性选择和追求。它不仅直接引导公共政策目标的选择，而且决定着政策制定和执行的方向。可以说，价值取向是公共政策的目标导向，有怎样的价值取向就有怎样的公共政策。这主要体现在三个方面。

（一）“公共性”决定了公共政策的总体目标方向

“公共政策的意思与其字面意思相同，即为‘公共’而制定的政策。”① 公共性是公共政策的本质属性，这就决定了对公共利益的追求是公共政策的终极价值取向，是一切公共政策的出发点和最终目的。正如安德森所说，“我敢肯定，倘若问到公共政策应与公共利益还是私人利益保持一致，绝大多数读者将倾向于公共利益”，“政府的任务是服务和增进公共利益”②。如果一项公共政策不以维护和增进社会公共利益为目的，而是为少数人甚至为政府自身谋取私利，那就难以体现其公共性，失去其社会的权威性和合法性基础，也将得不到社会公众的普遍认同与支持。因此，政府在制定和执行公共政策时，必须以公共利益最大化为总体目标导向，超越个人利益，充分体现社会中最大多数人的根本利益。只有这样，公共政策才能成为社会利益关系的调节器，成为政府用于实现社会公平的不可替代的工具。

（二）价值取向通过价值选择决定公共政策制定的方向

公共政策的制定离不开价值判断和价值分析。这是因为政策选择本身就是一

① 药师寺泰藏：《公共政策》，经济日报出版社，1991 年版。

② 詹姆斯·E. 安德森：《公共决策》，华夏出版社，1990 年版。

种价值选择，任何一项公共政策的制定出台，都必然伴随着政策主体依据特定的价值标准进行价值选择并决定政策方向的过程。同时，“公共政策的制定不是在真空中产生的，它受到组织、机构、利益集团的限制，甚至会受到‘社会和文化的影响’”，而文化的核心就是它的价值观。政策制定过程中行为者的不同价值取向和价值偏好，必然会导致在政策问题认定、政策目标选择以及政策方案设计、评估和选择过程中存在差异。所以，“任何决策都是以突出价值因素为特征的，无论怎样强调决策的科学化，都无可否认决策的价值考量和决策的价值指归，对于公共政策的制定来说，价值考量和价值指归无论何时都是首要的”①。

（三）价值取向影响着公共政策的有效执行

传统的公共行政主张政治与行政二分，认为，政治与政策或国家意志的表达相关，而行政则与这些政策的执行相关。也就是说，政策是在政治过程中依据一定的价值标准制定的，而行政却可以以价值中立的态度去执行公共政策。因此，公共政策的制定属于政治范畴，价值因素是其考量的重点，而公共行政的体系则属于政策执行领域，应当着重考虑行政机构、程序和体制的科学性。这就将公共政策的制定与执行严格地区分开来，归根结底将科学与价值二分。最终导致“追求科学化的工具理性，即目的合理性得到了充分的张扬，而旨在突出价值理性的实质合理性则被排除在公共行政的研究之外”②。受这一思想的持续影响，公共政策研究曾一度走上了以事实和技术结合为导向的道路，过分重视政策活动中涉及的问题因素、事实因素和技术因素，而对价值因素予以轻视甚至忽略，从而陷入了“技术分析中心论”和“技术专家治国论”的误区。这不仅在实践中造成了政策活动尤其是政策执行的困难或失败，在理论上也遭到了学者们的质疑和批判。毕竟政策问题是“思想作用于环境的产物；它们是通过分析从问题情境里抽取出的要素”③。因此，尽管在公共政策活动中，问题因素、事实因素和技术因素不可或缺，但是毕竟公共行政是建立在价值与信念基础之上的，价值是公共行政的灵魂。在公共行政的实践中，价值一直处于主导地位，直接引导着公共政策执行活动的有序开展。如果没有价值取向的引导，公共政策执行过程或结果将容易偏离政策制定者实际预想的目标，不仅导致政策效力锐减，甚至可能会造成不良后果，给政策对象带来严重的负面影响。

总之，公共政策活动是以价值选择为主导的，“价值取向既是公共政策制定、执行的总体导向，是影响公共政策正确性、有效性的一个重要指标，又是评价公

---

① 张康之：《公共政策过程中科学与价值统合》，载《江苏社会科学》，2001 年第 6 期。

② 同上。

③ 威廉 · N，邓恩：《公共政策分析导论》，中国人民大学出版社，2002 年版。

共政策优劣得失的关键因素”①。与政策问题、情境事实和分析技术相比，公共政策活动中的价值取向是公共政策活动中更为重要的影响因素。

第二节　政策制定：公共政策的核心问题

公共政策制定是政策过程的首要阶段，直接影响着政策目标的达到与否。然而当前学术界对于政策制定的内涵仍存争议，而对于其重要性地位的研究尚待加强。

一、政策制定的内涵

对于公共政策制定的内涵，有广义和狭义之分。从广义的角度理解，德洛尔将政策制定界定为整个政策过程，把政策执行、政策评估等环节称为后政策制定阶段。弗里德里克·雷恩视公共政策制定过程由政策起源（policy initiation）、政策形成、衔接与考虑（policy formulation，articulation，and consideration）、政策合法化（policy legitimating）、政策执行（policy implementation）与政策评估（policy evaluation）五个环节组成。美国圣约瑟州立大学政治学教授拉雷·N. 格斯顿也将公共政策制定过程划分为政策议题触发、公共议程建构、公共政策合法化、公共政策实施与公共政策评估五个阶段。与西方学者相比，国内大多数学者对公共政策制定作狭义理解，陈振明把公共政策制定理解为从问题界定到方案抉择以及合法化的过程，即政策形成或政策规划过程。胡伟则结合中国实际，认为，公共政策的制定是以中国共产党组织为首的所有履行当代中国社会公共权力的组织机构的决策过程。

尽管国内外学者对于政策制定有不同的阐述，但是可以看出，他们都有共同的观点：公共政策的制定是一个动态的过程。我们既可以从政治学角度加以研究，将政策制定视为政治体系从“政治输入”（社会要求和公众支持）到“政治输出”（包括决策、行动和服务）过程中的一个方面；也可以从管理学角度进行分析，政策制定包含了信息活动——设计活动——抉择活动——审查活动的整个流程。在此基础上，本书从系统论的视角认为，公共政策制定是一个极其复杂的动态过程，其目的是为了解决社会公共问题、合理配置和增进公共利益，实质就是一个公共问题解决方案的决策过程。这一过程至少涉及公共问题、政策目标、行为者、触发机制、政策环境和决策过程六大要素。这些要素不可或缺，整合在一起就构成了公共政策制定系统，其中公共问题是政策制定的逻辑起点，触发机

---

① 黄子建：《社会公正：公共政策的基本价值目标》，载《行政论坛》，2005 年第 6 期。

制是制定过程中的决定性前兆；政策目标是方向；行为者包含政策制定主体和参与主体；政策环境是整个系统赖以生存和运行的各种因素的总体；而决策过程则是对其他各要素进行功能、程序和结构整合的描述。

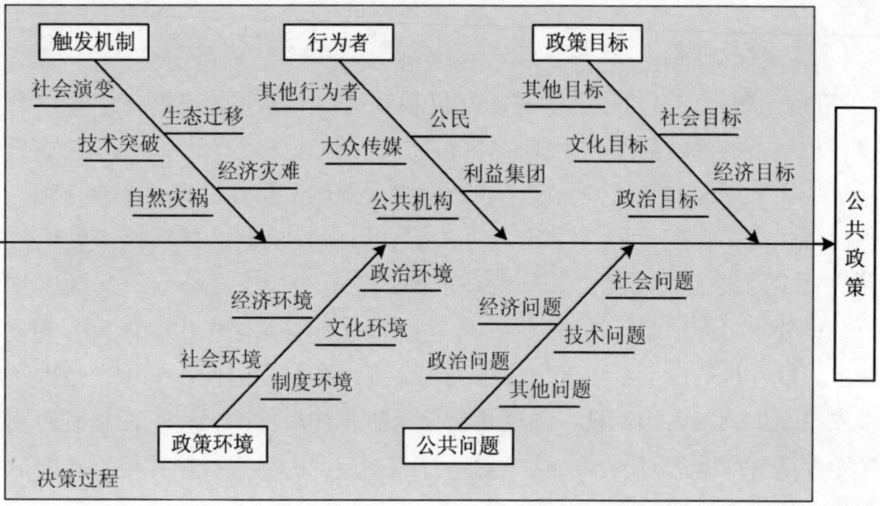

说明：此图为作者设计所制

图 2.1　公共政策制定系统鱼翅结构图

（一）公共问题

公共问题，作为公共政策的基础环节和逻辑起点，这是由公共政策旨在解决公共问题的根本目标所决定的。随着经济的发展、技术的变革以及人们受教育程度和生活水平的提高，人们的价值观念在不断改变，公众的现实需求与预期和公共服务的绩效水平之间出现了差距，公共问题由此产生。公共政策的制定涉及政治、经济、社会、技术等方方面面的问题，覆盖教育、福利、交通、环境等诸多领域。美国学者拉雷·N. 格斯顿将这些构成公共政策议程的问题分为象征性问题和实质性问题两大类，其中“象征性问题是有关政治价值的决定，而实质性问题则涉及政府资源的分配”①。不论象征性的还是实质性的问题，对于公共政策制定来说都极为重要。这是因为“问题找准了，问题也就解决了一半”②。因此，“政策科学家重视问题的分析更甚于答案的找寻，他们宁愿将 2/3 的精力花在问题的分析上，因为一旦找到了问题的症结，政策方案就更容易浮现”③。然而，

① 拉雷·N. 格斯顿：《公共政策的制定：程序和原理》，重庆出版社，2001 年版。

② William N. Dunn：《Public policy Analysis：An Introduction，2nd ed》，Prentice Hall，1994 年版。

③ 陈庆云：《公共政策分析》，北京大学出版社，1996 年版。

要使一个公共问题被提到政策制定议程中，拉雷·格斯顿认为，必须具备三个必要因素："第一，大量公共资源的分配必须是利害攸关的。第二，议题必须引起公民和公共政策制定者的严重关注。第三，议题必须包含重大变化的可能性。"①

（二）触发机制

"在政治过程的背景中，一种触发机制就是一个重要的事件（或整个事件），该事件把例行的日常问题转化成一种普遍共有的、消极的公众反应。公众反应反过来成为政策问题的基础，而政策问题随之引起触发事件。当一个事件把一种消极状况催化为要求变化的政治压力时，就会因触发机制的持久性而发生性质变化。"② 可见，触发机制是公共政策制定的潜在先导，它在公众的问题感知和政治行动的要求之间搭起了"桥梁"，具有极为重要的催化作用。作为公共政策的催化剂，触发机制由三个因素构成：范围、强度和触发时间。其中，范围是指受到触发机制影响的人的数量，强度是指公众感觉的事件的强度，而触发时间是指一个重要事件展开的时间段。这三者结合在一起，为触发机制提供了必要的构成要素。一般来说，"如果范围和强度中有一个不能引起人们的注意或反应，如果这些条件未随时间的推移而加强，那么政策制定者就不大可能以全面、慎重的方式对这些问题作出反应"③。也就是说，只有达到或者采取行动所要求的范围、强度和触发时间三者合一的阈限时，公共问题才有可能经由触发机制转变为公共政策议题，进入政策制定议程。

然而触发机制的形成难以预料，存在不确定性。它可以来源于一场自然灾祸、经济灾难，也可能产生于生态环境的恶化、技术的突破和社会的演变，还可以形成于国家之间的战争行动、间接冲突、经济对抗和军备竞赛。尽管如此，我们应当看到，不论何种原因所致，触发机制都起到了组织公共政策问题、使问题在公众议程中显现出来的催化作用。

（三）决策过程

问题的产生并经由触发机制进入公共议程是政策制定的起点。"公共议程是最敏感问题的政治晴雨表，而问题则受到负责管理和处理的政策制定者的注意。"④ 只有这样，公共问题才被提到实质性政策议程上来，进入决策过程领域。在这一领域中，由各类公共机构、利益集团、大众传媒和公民等组成的政策制定

① 拉雷·N. 格斯顿：《公共政策的制定：程序和原理》，重庆出版社，2001 年版。

② 同上。

③ 同上。

④ 同上。

者和参与者，围绕公共政策问题，针对既定的公共政策目标，依据公众的需求，结合所处的经济、政治、文化、技术和制度环境，在对相关信息进行大量占有、加工和处理的基础上，设计政策方案，评估和优选政策方案，并通过规定的程序使政策合法化，最终输出公共政策。

可见，公共政策制定是一个从问题界定到解决方案抉择以及公共政策合法化的动态的政策形成过程，包含了公共问题确认、政策议程建构、政策方案设计、政策方案评估和抉择以及政策方案合法化等诸多环节。

二、政策制定是公共政策的核心问题

政策制定直接影响到社会公众的利益，事关公共问题的解决，关乎公共政策的成败，是公共政策的核心问题。

（一）政策制定：公共利益分配的选择性过程

公共政策的本质决定了政策制定是一个对公共利益进行分配的动态过程。在市场经济的发展过程中，由于社会利益主体多元化、利益来源多样化、利益表达公开化，如何协调不同利益关系，统筹兼顾不同阶层、不同行业、不同群体、不同区域的利益诉求，成为政策制定者必须面对的挑战。然而"现代公共问题是大量的、发展的，而政府掌握的公共资源和政策能力总是有限的"①，因此，面对复杂的利益关系，有限的资源和政策能力迫使政策制定者必须对各种政治结构的利益表达进行筛选，依托公共权力进行相对独立的选择性行为，以满足某些而并非全部政治结构的利益要求。简言之，政策制定过程就是利益表达和利益综合的过程，是公共政策本质的直接体现。

（二）政策制定：解决公共问题的对策性行为

对于公共政策来说，其直接目的就是为了解决社会公共问题，而政府用来解决公共问题的主要手段就是制定相应的公共政策。相对于私人问题，公共问题所具有的普遍性、公共性、复杂性和影响性等特征，使得政府解决公共问题具有其特殊性。从解决主体来说，只有借助公共权威的力量，才能制定具有强制力的公共政策，才能调节好各种分散的、相互制约甚至冲突的利益关系和问题。值得说明的是，利益团体和社会公众，尽管不直接参与公共政策制定，但是间接地会对政策制定产生重大影响。在确定解决方案过程中，由于公共问题直接面向各类社会群体，在舆论压力下，选择公共政策的解决方案必然需要更多的讨论与协商，所需时间会比个人选择更多。此外，一般情况下，公共政策问题的解决方案都以

---

① 张国庆：《现代公共政策导论》，北京大学出版社，1997 年版。

合法的命令、决议等形式输出，具有合法性、权威性、普适性、强制性和相对稳定性等特征，因此，制定公共政策必须谨慎。

（三）政策制定：公共政策过程的决定性阶段

公共政策过程涉及政策制定、政策执行、政策评估、政策终结和政策监督等多个组成阶段，而政策制定是整个公共政策过程的首要阶段和核心阶段。一方面，公共政策本身是一个政治过程，制定和输出公共政策是国家政治系统运作的核心。因此，“制定政策是政治过程的决定性阶段”（阿尔蒙德、小鲍威尔，1993，p. 135），对于整个政治系统运行具有决定性意义。另一方面，公共政策本身也是社会公共权力机关的公共行为。在这一行为过程中，政策制定是政策执行、政策评估、政策终结和政策监督的前提，是整个公共政策过程运行的基础。如果没有政策制定过程，就没有公共政策的输出，就没必要，也不可能谈论公共政策的执行、评估、终结和监督问题。

总之，政策制定是公共政策过程的首要阶段，其好坏往往决定着一项政策实施的成功与否。为此，我们必须在充分把握政策制定内涵的基础上，以严密、合理、公正的程序为保障，坚持理性化、民主化和规范化原则，推动决策的科学化进程，以不断提高公共政策制定的质量，保证公共政策解决社会公共问题、增进社会公共利益的有效性。

第三节　政策执行：公共政策的关键环节

长期以来，政策执行的重要性没有引起学者们在公共政策领域研究的关注和重视。人们普遍认为政策执行处于黑箱状态，一旦公共政策制定输出，政策将通过执行系统不折不扣地完成。直到 20 世纪 70 年代，面对政策执行所存在的困境，人们才开始加强政策执行研究，逐步认识到政策执行对于达到公共政策目标的重要性和决定性意义。

一、政策执行的内涵

当前学者们从组织理论、博弈理论、公共选择理论、行动理论等不同视角对公共政策执行进行了深入的研究，给出了不同的内涵界定。主要有以下两种观点。

一是过程论。政策执行研究问题的开创者——美国政策科学家普雷斯曼（Jeffery L. Pressman）和韦达夫斯基（Aaron B. Wildvasky）将政策执行视为在目标的确立与为了达到这些目标的行动之间的一种相互作用过程。萨巴蒂尔（Paul

A. Sabatier）和马兹曼尼安（Daniel A. Mazmanian）则认为，政策执行是“用法律、上诉法院决定、行政命令，或用议会决定、内阁政令的形式，实施一种基本政策决定的过程”①。相比于国外学者，我国多数学者也持同样的观点。陈庆云认为，政策执行是“一种为了实现政策目标，把政策内容转化为政策现实的动态优化过程”②。台湾学者林永波和张世贤也认为政策执行是一种动态的过程，“在整个过程中，负责执行的机构与人员组合各种必要的要素，采取各种行动，扮演管理的角色，进行适当的裁量，建立合理可行的规则，培塑目标共识与激励士气，利用协商化解冲突，冀以成就某种特殊的政策目标”③。还有的学者认为，公共政策执行是“政策执行者通过建立组织机构，运用各种组织资源，采用解释、宣传、实验、实施、协调与监控等各种行动，将政策观念形态转化为实际效果，从而实现既定政策目标的动态活动过程”④。

二是行动论。美国学者查尔斯·琼斯（Charles O. Jones）认为，政策执行是实施的一系列使项目生效的行动。其中，“组织（资源、机构和使项目生效的方法的建立或重新安排）、解释（将项目语言转变成可接收和可执行的计划和指令）和应用（服务、经费、工具等的日常供应）三项行动尤为重要”⑤。马杰（R. S. Montjoy）和图尔（L. J. Toole）将公共政策执行简洁地界定为“执行某一项政策所作的各项决定”⑥。而爱德华三世（George Edwards Ⅲ）和沙坎斯基（Ira Sharkansky）则从更具体的层面加以定义，认为，公共政策执行就是“发布命令、执行指令、拨付经费、办理贷款、给予补助、订立契约、收集资料、传递消息、安排人事、雇用人员以及创设单位等活动”⑦。

综合学者们的观点，可以认为，公共政策执行是由一系列为了实现政策目标、将政策规定内容转变为现实效果的行动或者活动构成的动态的过程。从系统论的视角来看，这一过程至少涉及政策目标、行为者、影响因素、执行环境、政策工具和执行模式等要素。这些要素不可或缺，整合在一起，就构成了公共政策执行系统。其中政策目标是方向；行为者包含政策执行主体、参与主体、目标群

① S. S. 那格尔：《政策研究百科全书》，北京科学技术文献出版社，1990 年版。

② 陈庆云：《公共政策分析》，北京大学出版社，1996 年版。

③ 林永波，张世贤：《公共政策》，台湾五南图书出版公司，1984 年版。

④ 张金马：《公共政策分析：概念·过程·方法》，人民出版社，2004 年版。

⑤ Charles O. Jones：《An Introduction to the Study of Public Policy，（3rd. ed.）. Monterey》，Books/Coles Publishing Company，1984 年版。

⑥ R. S. Montjoy，L. J. Toole Jr.：《Towards Theory Public Policy Implementation：An Organizational perspective》，载《Public Administration Review》，1979 年第 5 期。

⑦ G. C. Edwards，Ⅲ and I. Sharkansky：《The Policy Predicament》，W. H. Freeman and Co，1978 年版。

体和监督机构；政策工具作为政策执行的手段和途径，是政策目标与实施结果之间的桥梁；影响因素是关乎政策执行成功与否的各种因素；执行环境是整个系统赖以生存和运行的各种因素的总体；而执行模式则是政策执行过程中对各要素进行整合时功能、程序和结构的描述。

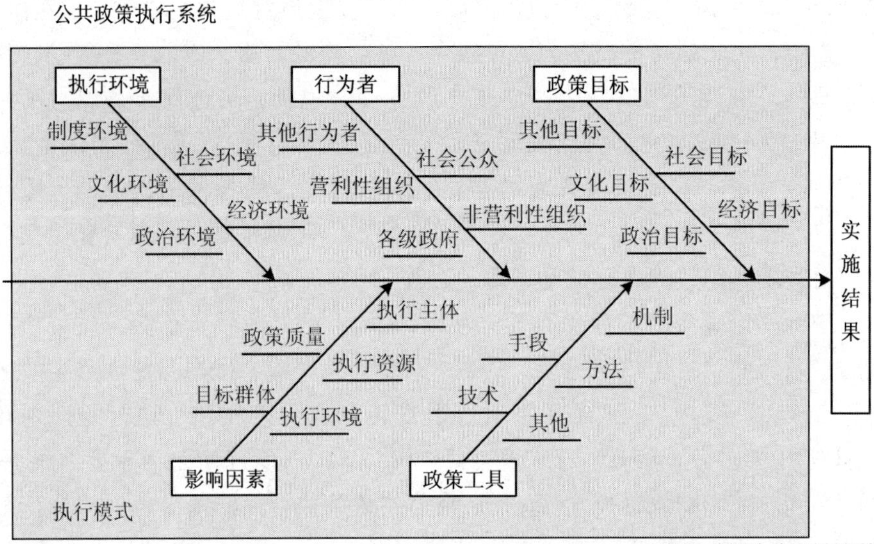

说明：此图为作者设计所制

图 2.2 公共政策执行系统鱼翅结构图

（一）影响因素

史密斯（Smith T. B.）在研究后认为，理想化的政策、执行机构、目标群体和政策环境是政策执行过程中涉及的四个重大影响因素。而马兹曼尼安（Daniel A Mazmanian）和萨巴蒂尔（Paul A Sabatier）在提出政策执行综合模型的基础上，对公共政策执行影响因素进行了更为系统的分析，产生了较大的影响。他们认为，公共政策执行各个阶段影响因素可以分为三类：一是公共问题的可处理性；二是公共政策本身的规制能力；三是政策本身以外的影响因素。此外，众多学者对于公共政策影响因素给予了较高的关注，都在试图寻找良好政策执行的必备条件，以更好地执行公共政策。尽管如此，学者们大多把公共政策质量、政策环境、可整合的资源、目标群体的影响力、方式方法和技术手段等作为提高政策执行力的着力点，而少有从价值取向的角度，尤其是从价值理性的视角——公共精神这一更高层次来审视和探讨其对公共政策执行的影响效应。事实上，这一视角更为重要。一方面，公共精神作为公共行政体系的灵魂要件，能够从深层次决定公共政策的目标和运行模式。而“现时代行政体系面临的最大挑战在于对公共

行政'公共精神'的忽视乃至衰微"①，它的缺失将从根本上弱化公共政策的执行力，导致政府执行偏离公共利益的轨道。另一方面，在政策执行系统中涉及的行为者（包括了政策执行者、目标群体、执行监督主体和参与者等）有着各自不同构成、特点和表现形式的价值取向，它们之间在相互渗透与反渗透中对公共政策的执行过程和执行成效产生了重大影响。

（二）政策工具

"工欲善其事，必先利其器。"对于任何一项公共政策来说，都是目标与工具的有机统一体。其中，政策目标就是"事"，而政策工具就是"器"。简言之，在政策制定之后，政策工具的选择就成为公共政策执行成败的关键性影响因素。因此，今天我们政府失败的主要之处，不在于目的而在于手段。也就是说，政策执行失败的原因，"关键性的不是管理技巧而是执行的工具"②。综合相关学者的观点，所谓政策工具，就是政府为了实现特定政策目标所采取的一系列机制、手段、方法与技术。20 世纪七八十年代以来，在新公共管理运动"技术取向"的推动下，学者们纷纷投向政策工具研究，基于"实证取向"为政府设立了"万能型"的"政策工具箱"，如戴维·奥斯本、特德·盖布勒提出了管制或者放松管制、特许经营、公私伙伴关系、志愿者协会等 36 种政策工具，并将它们分为三类：传统类工具、创新类工具和先锋派工具；林德（S. Linder）和彼得斯（B. Guy Peters）认为公共政策工具包括了命令条款、管制规定、财政补助、征税、订立契约、劝戒等，具有多元性；萨拉蒙等人则对包括直接行政、经济管制、社会管制、合同、拨款、凭单制等政府常用的治理工具进行了分类，并阐述了这些工具所具有的特征。这些研究将政策工具的选择、设计和应用推向了高潮。但是值得说明的是，政策工具本身不是目的，仅是实现政策目标的一种可能手段，需要围绕一定的目标与价值慎重选择。

（三）执行模式

公共政策执行是一个复杂的动态的过程。在这一过程中，由各级政府、非营利性组织、营利性组织、利益集团、社会公众等不同机构和群体组成的行为者，围绕既定的公共政策目标，采取相应的政策工具，在经济、政治、文化、技术和制度环境以及各类因素的影响和制约下，着眼于解决公共问题，沿着一定的路径，力求达到圆满的实施结果。同时，将政策付诸实施的各项活动与其他因素的

---

① 张成福：《论公共行政的"公共精神"——兼对主流公共行政理论及其实践的反思》，载《中国行政管理》，1995 年第 5 期。

② 罗伯特·B. 登哈特，珍妮特·V. 登哈特：《新公共服务：服务，而不是掌舵》，中国人民大学出版社，2004 年版。

不同组合，就形成了各种不同类型的执行模式，如自上而下的政策执行、自下而上的政策执行、激励关系型政策执行、模糊—冲突型政策执行等。这些“模型是对原型的一种简洁映现，也是一种解决问题的方法”①，通过模型这种认识工具，有利于我们加深对政策执行本质和过程的认识。

从以上分析可知，公共政策执行既是一个结构，又是一个动态的过程，同时还是一个复杂的系统，需要我们从不同路径加以深入研究，充分把握其实质内涵，从而更好地推进政策执行。

二、政策执行是公共政策的关键环节

政策执行是公共政策过程的关键环节。这是因为政策执行有效与否，直接影响政策目标的达到，关乎政府的信用和权威，也关系到经济社会发展的全局。

（一）政策执行：公共管理实践活动的核心内容

传统的政治行政二分法将公共政策的制定与执行严格区分开来，其中，公共行政体系涵盖政策执行领域，公共政策制定则属于政治范畴。也就是说，政策执行是公共管理实践活动的核心内容，而政策制定则是政治决策的事情。尽管，西蒙提出的“管理就是决策”的论断打破了这种二元分立的神话，但是这非但没有否认政策执行在公共管理实践中的核心地位，反而进一步说明了政策执行过程的重要性。同时，“政府对社会的成就依赖于它所规划与采纳的政策以及这些政策如何有效的付诸实践”②。也就是说，公共政策是政府联结社会的基本纽带。政府要实施公共管理，解决公共问题，增进公共利益，实现国家的长远发展和长治久安，既依赖于制定出一系列正确的公共政策，更有赖于这些政策的有效执行。否则公共问题将难以得到有效解决，甚至会给一个国家的经济社会发展和政治稳定带来不同程度的负面影响。

（二）政策执行：实现公共政策目标的根本途径

尽管公共政策本身的合法性、权威性和科学性对于公共政策目标的实现具有十分重要的意义。“但是一旦政策得到确立，其成败就取决于实施的程度。这就是‘实施’，即把官方政策义务变为现实的活动。”③ 然而，正如美国学者艾利森所说：“在实现政策目标的过程中，方案确定的功能仅占10%，而其余的90%则取决于有效的执行。”④ 这是因为，缺乏有效的执行，再好的公共政策也只能是

① 张金马：《公共政策分析：概念·过程·方法》，人民出版社，2004年版。

② 詹姆斯·W. 费勒斯、唐纳德·F. 凯特尔：《行政过程的政治——公共行政学新论》，中国人民大学出版社，2002年版。

③ 拉雷·N. 格斯顿：《公共政策的制定：程序和原理》，重庆出版社，2001年版。

④ Allison, G. T.：《Essence of Decision》，Little Brown，1971年版。

空中楼阁，没有实际意义。因此，从这个角度来说，政策执行是将政策内容转化为实际效果，从而实现既定政策目标的根本途径，它直接决定了公共问题能否解决、政策目标能否实现以及解决和实现的程度与范围。

（三）政策执行：检验公共政策成败的唯一标准

公共政策一经制定，衡量一项公共政策是否科学，分析一项公共政策中规定的各项内容是否完备，判定一项公共政策制定过程中通过的各种措施、方法和手段是否具有可操作性，是否能够有效推进政策目标达到等疑惑，都将成为政策制定者必须面对的问题。解答这些疑惑需要采取一定的标准加以检验，而这一检验标准只能是政策执行。因为只有通过执行的实践检验，我们才能判断政策实施成效，才能对其进行政策分析和评估，才能根据实践结果对原有公共政策进行相应的修正或重新制定，以提高政策的可行性和有效性，保障公共政策目标的实现。否则公共政策将成为一纸空文，毫无社会价值。

总之，政策执行在整个公共政策的生命周期中，是一个非常关键的环节，具有至关重要的地位，必须予以高度重视。

第四节 政策评估：公共政策的重要环节

20 世纪 30 年代，社会学家史蒂芬（A. S. Stephan）用实验设计方法对美国总统罗斯福推行的“新社会计划”进行评估，从而使政策评估开始步入政策科学研究范畴。20 世纪 60 年代后，人们逐步认识到政策评估对于公共政策运行的重要性，政策评估也逐渐成为公共管理领域日益瞩目的环节。

一、政策评估的内涵

从国内外学者对于政策评估内涵的界定来看，存在着的“广义”和“狭义”之分。“广义”的政策评估包括事前评估、执行评估、事后评估三种类型。那格尔（S. S. Nagel）在《政策研究百科全书》中指出，“政策评估就是将政策分析和方案评价整合起来”①，“正不断成为事前的活动或预先进行，而不是针对某一事件的反应或事后进行”。哈格伍德（B. W. Hogwood）和耿恩（L. A. Gunn）认为，政策过程存在着应然和实然两种状态，即政策应该怎样制定和制定了怎样的政策。政策评估就是介乎这两者之间的活动，贯穿于政策的全过程。这一观点得到了众多政策学者的赞同。相比之下，查尔斯·琼斯（Charles O. Jones）则只从

① S. S. 那格尔：《政策研究百科全书》，北京科学技术文献出版社，1990 年版。

"狭义"的概念上加以理解，认为政策评估是政府有关机构对政策执行后情况加以说明、检核、批评、量度和分析的活动，将政策评估界定在政策执行后的效果评价。这一定义代表了国内众多学者的观点。张金马在其主编的《政策科学导论》中指出，"政策评估，就是围绕着政策效果而进行的规范、测度、分析、建设等一系列活动的总称"①。陈振明认为："公共政策评估是依据一定的标准和程序，对政策的绩效、效率及价值进行判断的一种评价行为，目的在于取得有关这些方面的信息，作为决定政策变化、政策改进和制定新政策的依据。"② 陈庆云等学者也认为政策评估的重点在于政策效果，并且强调政策评估是一种价值判断，应该从政策投入、政策效益、政策效率和政策效应四个角度加以评估。

尽管学者们对于政策评估内涵的理解各不相同，但是从评估对象来看，他们都强调，"政策评估研究应该以科学研究方法为工具，除对拟订政策方案所持的价值理念有所关注外，从方案的规划至执行过程都属于评估的范畴，并不仅仅侧重对结果的评定"③。因此，本书认为，通俗地说，公共政策评估就是指评估主体根据一定的评估标准和程序，运用科学的评估方法，对公共政策的价值取向、政策方案、实施效果和全过程进行评判的一系列活动。其目的就是为了完善公共政策体制，提升公共政策质量，提高公共政策绩效，促进公共政策目标的达到。从系统论的角度来看，它是一个由公共政策评估主体、评估标准、评估方法、评估模型、评估客体和评估过程等诸多要素构成的有机整体。这些要素不可或缺，整合在一起，就构成了公共政策评估系统。

（一）评估主体的完善

在政策评估系统中，评估主体处于核心地位，发挥着主导作用。评估主体是直接或间接参与政策分析评价的组织或个人。尽管学者们对于评估主体的构成和分类看法不一，但是可以简单地分为公共组织内部主体和来自外部的评估主体，其中公共组织内部主体包括立法机关、政策制定者、政策执行部门等，来自外部的评估主体则包括了一般公众（general public）、关注受众（attentive public）和独立的第三方评估组织等。随着经济社会的发展，社会利益日益多元化和差异化，同时也为了克服评估主体独立性缺乏、信息不对称、评估能力不足等难题，政策评估正逐渐从单一主体向多元主体、内部评估者向内外部评估者混合、官方评估向官方与非官方相结合的发展趋势，以完善评估主体构成，保障政策评估的科学性、客观性和公正性。

---

① 张金马：《政策科学导论》，中国人民大学出版社，1992 年版。

② 陈振明：《公共政策分析教程》，中国城市出版社，2004 年版。

③ 李德国，蔡晶晶：《西方政策评估：范式演进和指标构建》，载《科技管理研究》，2006 年第 8 期。

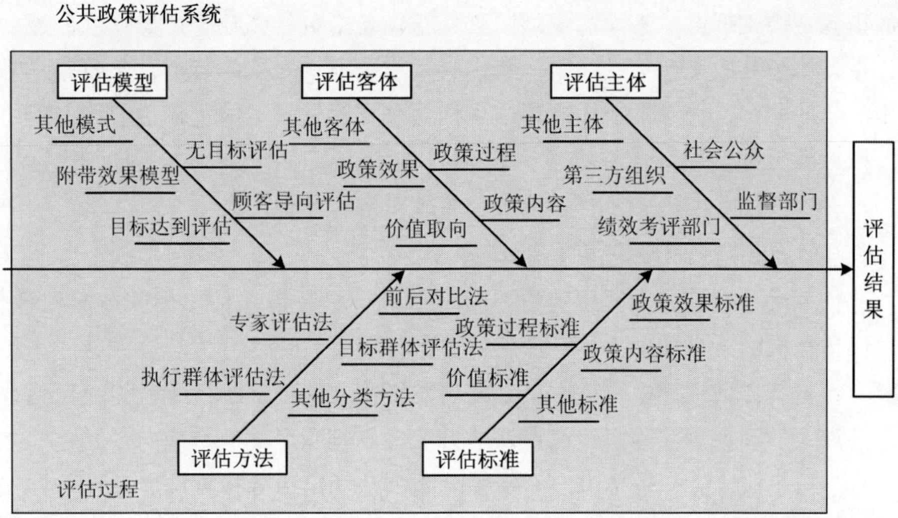

说明：此图为作者设计所制

图 2.3　公共政策评估系统鱼翅结构图

（二）评估客体的确定

评估客体是政策评估的对象。当前学者们对于政策评估客体的理解主要有三种观点，认为，政策评估是对政策方案的评估、对政策效果的评估或者是对政策全过程的评估。但是，只有符合"可评估性"要求的政策才能称为评估对象。也就是说，评估对象必须有价值且能够通过评估实现一定的目的；同时，评估的时机、人力、物力和财力等条件都能够符合评估的客观需要。否则难以对一项政策启动评估。

（三）评估标准的选取

实质上，评估标准就是对政策"好坏"进行评判的价值准则或价值尺度。它是政策评估的参照系或基本依据，直接决定着评估的方向和结果是否正确、是否科学、是否符合实际。国内外学者从不同角度提出了许多政策评估标准。基于政策过程评估的角度，那格尔提出了"3Ps"标准：公众参与度（participation）、可预见性（predictive）、程序公正性（procedural Fairness）；基于政策效果评估的角度，威廉·邓恩提出了六项标准，即效果、效率、充足性、公平性、回应性和适宜性；基于政策系统评估的角度，宁骚将政策评估标准分为事实标准、技术标准和价值标准三类，其中事实标准反映了事物过去、现在和将来的存在情况，价值标准反映了评估主体的倾向性原则和准则，而技术标准则是服务于评估活动的技术手段、规范和工具等。尽管学界提出了众多的评估标准，但是都停留在针对评估指标一级维度上作平面的罗列，必然存在着未穷尽和缺乏可操作性问题。因此，在具体公共政策评估实践中，我们必须结合评估对象的特征，坚持事实和价值相统一的原则，选择最能体现评估主体对所要评估政策的总体价值取向的方向性、指导性标准，并在此标准下，构建立体的、多维的、多层级的评估指标体系。只有这样，才能进一步合理地对公共政策进行评估。

（四）评估方法和评估模型的选择

评估方法是政策评估系统的重要组成部分，是政策评估主体开展政策评估、实现评估目标的桥梁和中介。在评估标准选定之后，评估方法的选取就成为核心问题。在政策评估理论由实证主义走向后实证主义的过程中，学者们对评估方法进行了深入的理论研究和实践，使评估方法在内容和形式上都趋向多元化、多样化。从分析手段来看，评估方法有定性分析方法和定量分析方法之分；从评估对象出发，可以将评估方法分为政策系统的评估方法、政策过程的评估方法和政策结果的评估方法三类；而根据评估主体不同，谢明将评估方法分为前后对比法、专家评估法、目标群体评估法和执行群体评估法，凸显了评估主体在政策评估中的能动性作用。

基于不同的分析路径，实践中不同政策评估方法的选择和组合，产生了多种政策评估模型。根据评估标准不同，威廉·N. 邓恩将评估模型分为伪评估、正式评估和决策理论评估；按照“组织者”不同，韦唐将评估模式分为效果模式（effectiveness models）、经济模式（economic models）和职业模式（professional models）三大类，共计十种不同的模型。然而，正如韦唐所说，“所有评估模式的危险就在于它们被不加批判地加以应用，决策者错误地认为一种模式就能够提供综合的、最终的答案”①。因此，在评估模式选择过程中，我们应该充分认识到每一种模式的侧重领域，以便在实践中加以具体应用。如顾客导向模式侧重应用在公共服务供给领域的评估，重点关注公众的感受和反应。在条件允许的情况下，我们也可以综合应用相关模式，做到扬长避短，相互补充。

（五）评估过程的实施

评估过程是评估主体按照一定的评估标准，采用合适的评估方法和评估模型，对评估客体进行分析评价的一系列活动。一般包括三个阶段：准备阶段、实施阶段和终结阶段。其中，准备阶段涉及确定评估对象、明确评估目的、选择评估标准、设计评估方案和建立相关制度等内容；实施阶段主要包含全面收集信

① Evert Vedung：《Public Policy and Program Evaluation》，Transaction Publishers，1997 年版。

息、综合评估分析、得出评估结论等事项；而终结阶段主要是拟写评估报告、处理评估结果、总结评估工作的过程。然而，实践中评估工作常常会遇到评估目标不明确、评估信息不可靠、评估经费限制、评估主体能力不足等困难和障碍，需要评估主体努力克服，以实现评估目的。

显然，公共政策评估是一项动态的系统工程，涉及评估主体的完善、评估客体的确定、评估标准的选取、评估方法和评估模型的选择，以及评估过程的实施等一系列活动。

二、政策评估是公共政策的重要环节

政策评估是公共政策运行过程中的一个重要环节。这是因为，公共政策价值取向的合理性、政策质量的高低、政策执行力度的强弱、政策效果的好坏以及政策过程的运行形势分析，都离不开政策评估来提供判断依据。可以说，没有政策评估的支持，公共政策系统运行就不可能健康地运行。

（一）政策评估：提高公共政策质量的必要手段

公共政策质量的提高，有赖于政策制定过程中科学化和民主化程度。而政策评估是迈向政策制定科学化和民主化的必由之路，有利于提高政策制定的质量。这是因为，一方面政策评估通过对公共政策运行各个方面进行翔实、科学地调查分析，可以从中发现问题并提出合理建议，从而为公共政策制定提供客观的事实依据，有助于提高政策制定的科学化水平；另一方面政策评估既可以超越少数政策制定者在学识视野不宽、精力不足、独立性缺乏等方面的限制，客观、独立地进行分析和评价，又可以广泛动员社会力量参与到政策制定过程中，使政策制定真正反映民意，集中民智，保障民利，从而有助于政策制定走上民主化的轨道。

（二）政策评估：改善公共政策执行的重要保障

加大公共政策的执行力度，提高执行效率是有效实现公共政策目标的重要保证。然而，公共政策在制定过程中总是带有一定的预测性，即使设计很完美的政策也难免在实施过程中会受到外围社会环境的冲击，从而影响其实施效果，严重的甚至可能导致执行失败。这就要求在公共政策付诸实施后，需要用科学的方法对政策执行过程进行全方位评估，找出可能影响政策执行结果的各类因素，发现政策执行中存在的问题和困难，以及时采取纠正措施，保障政策执行的有效性。即使是对政策执行失败的评估，也能够为将来公共政策的有效执行积累经验，提供有益借鉴。

（三）政策评估：检验公共政策绩效的基本途径

一项公共政策在付诸实施后，是否达到预期目标？是否解决了公共政策问题？产生了多大的社会效益和经济效益？要回答这些问题，都需要密切关注政策执行的动向，搜集翔实、完整的信息，以便通过政策评估，对公共政策实施后的效果、效益、效率和价值进行科学地分析、论证和评价，从而检验其绩效水平，判定政策价值。在此基础上，对政策资源分配情况的合理性进行分析，使有效的社会资源得到更加有效的配置。

（四）政策评估：决定公共政策走向的评判依据

由于政策环境、人的主观价值等主客观条件的变化，公共政策在执行过程中，往往面临被修订、调整、继续或终止等命运的安排。而要作出这些决定，往往依赖于对政策实际执行状况的评估所提供的信息。如果评估证明政策执行符合实际需要，仍然具有可行性和有效性的，则该政策将继续执行；如果评估显示原有政策已经明显不适应新的环境和社会实际需要的，则应该加以修订或者调整；而对于那些明显不能解决公共问题，甚至可能产生负面效应的，或者通过修订、调整都已经无济于事的公共政策，则应该终止。可见，政策评估在一定程度上决定着现有公共政策的走向。

总之，政策评估是公共政策动态运行过程中不可缺少的环节。只有通过政策评估，才能对政策目标是否达到、政策是否应该继续执行、修订、调整或终止作出正确判断，也才能判定政策结果在何种程度上满足了目标群体的需要。

第五节　基本公共服务均等化供给政策“金字塔型”理论分析模型

政策分析作为一种特殊领域的人类活动，是在当代科学技术进步的基础上产生和发展起来的。随着经济社会的发展，科学技术的日益更新，以及政策问题的复杂多变，政策分析在公共政策领域正在发挥着越来越重要的影响。

一、政策分析的内涵

一般认为，“政策分析”一词由美国经济学家林德布洛姆（CharlesE. Lindblom）首先在1958年发表的《政策分析》一文中提出，用来表示一种将定性和定量相结合的渐进比较分析的类型。此后，不同的学者和分析家们赋予了政策分析不同的含义。陈振明教授将这些定义归纳为三种主要观点。

一是从最广义的角度，那格尔（Stuart S. Nagel）和戴伊（Thomas R. Dye）将“政策分析”等同于“政策科学”。认为，政策分析是政府对社会问题决策的性质、原因和效果的研究，其所关心的是政府做什么，为什么要这么做以及做了达到什么样的效果。

二是从次广义的角度，奎德（Edward S. Quade）和邓恩（William N. Dunn）认为，政策分析是应用研究的一种形式，其目的是为了通过使用各种研究和论证方法，获得对社会技术问题更深刻的了解，在此基础上，产生并转变政策相关知识或信息，提出更好的解决办法和途径，以便帮助决策者选择最优的行动方案，解决社会问题。

三是从狭义的角度，巴顿（Carl V. Patton）和小麦克雷（Ducan Macrae, Jr.）将政策分析视为备选方案的评估和选择过程。在这一过程中，需要对备选的政策方案（计划或项目）进行技术和经济可行性、政治可接受性、执行战略和政策选择结果的系统性评估，从中选择出最好的问题解决方案。

可见，学者们对于政策分析的定义及其研究范围并没有达成共识。本书倾向于奎德和邓恩对于政策分析概念的界定，认为，政策分析是应用研究的一种形式，涉及从公共问题发现到问题解决的整个政策过程，即包括问题界定、目标确定、方案设计、评估和选择、政策执行和评估等各个环节。其目的是为了在对社会问题进行深入系统地分析的基础上，提供相关政策知识或信息以及更好的问题解决方案和途径，帮助决策者解决所面临的现实社会问题。主要包括四层含义：①政策分析关心的是社会问题的发现和解决；②政策分析的对象既涉及从问题发现到问题解决的整个政策过程，也涉及政策的相关内容；③方法论的研究和应用是政策分析非常重要的内容和手段；④政策分析方法论涉及四个相互关联的基本范畴：事实研究、价值研究、规范研究和可行性研究。其中，事实研究是指对社会的事物、事件、关系及其相互作用所进行的描述、观察、度量与推理；价值研究主要关注某项政策的价值；规范研究不仅表现在政策内容上，也表现在政策制定的过程中；可行性研究是对规范研究中所提出的备选方案进行考证，论述这些方案在客观现实基础上是否具备了条件与能力，表现为公共政策在政治、技术及经济的可行性上。值得说明的是，价值研究联结着事实研究、规范研究和可行性研究，是贯穿政策分析的一条主线。

二、政策分析的基本模式

在政策分析发展过程中，政策学家们创造出了多种模式。陈庆云、胡宁生等学者认为，目前普遍流行的有三种基本模式。

（一）麦考尔—韦伯的内容过程分析模式

美国学者麦考尔和韦伯认为，公共政策分析应集中在政策内容与过程上，规范性分析与描述性分析是其基本方法，通过组合就产生了四种分析类型：公共政策内容的规范性和描述性分析、公共政策过程的规范性和描述性分析。

（二）沃尔夫的系统分析模式

这一模式把系统分析运用于公共政策研究中，强调政策分析除了应重视对政策制定的分析外，还应当加强对政策执行的分析，并提出了执行的规范性分析和规范创造性分析问题。

（三）邓恩的信息转换分析模式

美国学者邓恩认为，政策分析主要解决三类问题：事实、价值和规范。与此相对应有三种方法：经验方法、评价方法和规范方法。其中，经验方法主要用于描述具体公共政策的因果关系，指出某事物是否存在，从而提供描述性信息；评价方法主要用于决定具体政策的价值，提供评价性信息；规范方法主要对所要解决的政策问题提供引导性的行动方向，告诉人们应该做什么，产生规范的信息。邓恩充分强调这些信息对于公共政策分析的重要性，同时还特别强调政策分析过程中必须考虑信息之间动态的相互转化关系，这就要求政策分析人员对政策运行进行跟踪，将分析变成一个反复更新的、持续不断的动态过程。

可以看出，尽管三种分析模式各有侧重，但是都强调“方法”取向，而且，都不同程度地强调“方法”的对象涵盖了政策内容与政策过程。这为构建基本公共服务均等化供给政策的理论分析模型提供了重要的借鉴意义。

三、基本公共服务均等化供给政策“金字塔型”理论分析模型

政策分析的基本模式总体上为公共政策分析提供了一般的方法论。但是，就某项具体的公共政策来说，必然存在着其个体的特殊性。为此，针对一项既定的具体的公共政策，在现有基本模式的基础上，构建更具针对性的理论分析模型，将有助于更好地对其进行系统、深入地分析。鉴于此，本书在界定政策分析内涵的基础上，借鉴公共政策分析基本模式的各自优势，同时结合我国基本公共服务均等化供给政策现实情况，基于系统论视角，从价值取向、政策制定、政策执行、政策评估四个维度构建起基本公共服务均等化供给政策“金字塔型”理论分析模型（图 2. 4）。在这一模型中，价值取向、政策制定、政策执行和政策评估构成了基本公共服务均等化供给政策的四个分析维度，其中：价值取向是目标导向，政策制定是核心问题，政策执行是关键环节，而政策评估则是重要环节。

（一）价值取向与政策制定和政策执行的关系

与其他公共政策一样，基本公共服务均等化供给政策是一个具有复杂结构的向量，即具有大小和方向。因此，不仅要提高政策制定和政策执行的效率，而且还需要控制好其方向。而价值取向，作为具有自我意识的主体基于一定目的的对行

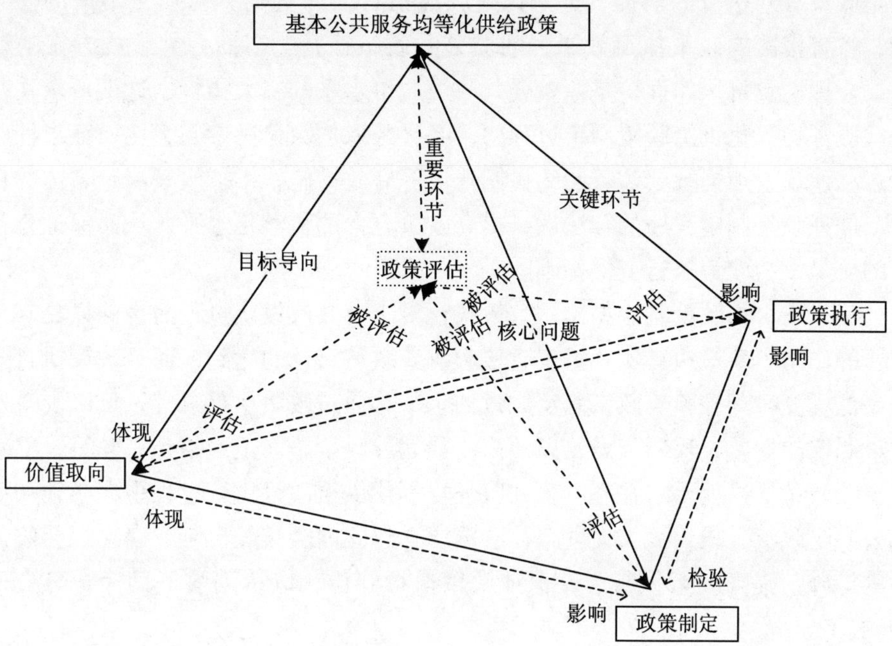

图 2.4 基本公共服务均等化供给政策“金字塔型”理论分析模型

为方向的理性选择和追求，在基本公共服务均等化供给政策制定和执行过程中发挥着重要的功能作用。一方面价值取向充当起“掌舵人”角色，发挥着导向功能。如果不注意价值取向，基本公共服务均等化供给政策将会偏离轨道，甚至无的放矢，难以有效地达到政策目标。反过来，政策制定和政策执行就好比基本公共服务均等化供给政策这艘“船”的“左右桨”。缺了哪一支“桨”，“船”的前行方向就难以准确把握，甚至迷失航向，造成灭顶之灾。另一方面价值取向充当起“调解人”角色，充分发挥其整合功能和激励功能。不仅能够有效地解决政策制定和政策执行过程中不同行为者的价值冲突，而且还有助于使政策能被目标群体所认同，从而有利于提高政策制定和执行的效率。这就要求在制定和执行基本公共服务均等化供给政策过程中，必须树立和坚持正确的价值取向。

（二）政策制定和政策执行的关系

公共政策执行是一个复杂的系统，执行过程中会不同程度地受到执行者的价值取向、政策问题的可处理性、公共政策的质量以及其他因素的影响。然而在众多因素当中，公共政策质量水平是影响其执行成败的首要因素。“质量较高的政策是政策有效执行的前提，也是构建政府执行力的基础。”[①] 质量不高的公共政策，将直接影响政策执行效果，削弱公共政策执行力。而公共政策方案的科学性、合理性及可操作性，是衡量公共政策质量水平的三大指标。这就要求在基本公共服务均等化供给政策制定过程中，必须采取加大公民参与力度、征求社会公众意见建议、加强社会监督制约机制建设等有效措施，维护政策制定主体的权威性，保证政策制定程序的合法性，提高政策方案的科学化水平，从而保证公共政策的质量，为政策执行夯实基础。

反过来，与政策制定相比，政策执行对于公共政策全过程而言同样具有十分重要的作用。政策执行实践不仅直接影响着政策目标的达到，而且政策执行效果的高低程度时刻检验着政策制定质量的水平。通过政策执行过程，可以及时发现政策制定的偏差，反馈信息，以便修改和完善政策，甚至终结现有政策，重新制定新的政策。这就要求在基本公共服务均等化供给政策执行过程中，必须采取增加公共财政资金投入、大力整合社会资源、建立健全长效机制、完善社会监督体系等措施，提高政策执行力，保证政策执行到位，以达到政策目标，解决政策问题。

需要说明的是，尽管为了描述方便，理论上将政策制定和政策执行进行了必要的区分。但是，“这种理论的区分，绝不意味着在实际政策过程中，政策制定和政策执行是截然分开的”[②]。事实上，在实践层面，由于政策执行过程所获得的经验和信息会反馈到决策过程中，因此，政策制定和政策执行过程往往交织在一起，难以彻底分离。

（三）政策评估和价值取向、政策制定、政策执行的关系

价值取向、政策制定和政策执行是政策评估的对象或者说是评估客体。而政策评估是对价值取向的合理程度、公共政策的质量水平、政策执行的落实情况等进行检验的有效手段。

总之，基于“金字塔型”理论分析模型对基本公共服务均等化供给政策进行分析，涉及从问题界定到问题解决的整个政策过程。不仅需要事实分析，还需要价值分析。通过系统性分析，旨在明确当前时期我国基本公共服务均等化供给政策的总体要求，以便更好地推进政策实施，解决社会公共问题，促进经济发展和社会和谐稳定。

---

① 莫勇波：《政府执行力：当前公共行政研究的新课题》，载《中山大学学报（社会科学版）》，2005 年第 1 期。

② 米切尔·黑尧：《现代国家的政策过程》，中国青年出版社，2004 年版。

第三章　我国基本公共服务供给政策的历史变迁

新中国成立60多年来，随着经济社会的不断发展，我国基本公共服务供给政策大致经历了四个阶段：新中国成立初期的起步阶段、全面计划经济时期的发展阶段、市场经济时期的改革阶段以及党的十六大以来的完善阶段。在这四个阶段里，随着政策环境的变化，我国基本公共服务供给政策的价值取向、政策目标、政策制定模式和政策执行模式都呈现出较大的变化（见表3.1）。

表3.1　我国基本公共服务供给政策的历史变迁

政策＼阶段	起步阶段 (1949～1955年)	发展阶段 (1956～1977年)	改革阶段 (1978～2002年)	完善阶段 (2003年至今)
政策环境	新政权不稳 经济破坏严重 社会情况复杂多变	生产资料公有制 国家计划分配资源 重工业优先发展	改革开放 市场配置资源 以经济发展为导向	科学发展 构建和谐社会
价值取向	公平	公平优先	效率优先 兼顾公平	效率与公平统一
政策目标	保障基本生存 维护社会稳定	促进社会公平 体现社会主义优越	减轻国家负担 提高效率和质量	坚持以人为本 促进人的全面发展
制定模式	自上而下	自上而下	自上而下 社会公众参与	自上而下 社会公众参与
执行模式	政府直接供给 无市场供给	政府直接供给 无市场供给	政府主导供给 市场社会参与供给	政府主导供给 市场社会共同参与

注：作者整理绘制

第一节　基本公共服务供给政策起步阶段(1949—1955年)

新中国成立初期，新政权处于非常时期，外有帝国主义的敌视，内有国民党残余势力的破坏，社会情况复杂多变，各种社会矛盾交织在一起，各类公共服务处于百废待兴状态。为了迅速改变现状，巩固新生政权，党和政府在恢复和发展经济、进行社会主义建设过程中，投资兴办了一大批社会事业，涉及关乎社会公众基本生存和发展所需的教育、科技、文化和卫生等诸多领域，使我国公共服务的整体规模有了重大发展。但是由于新中国成立初期社会处于不稳定时期，国内可支配的资源非常紧缺，因此，这一时期的基本公共服务供给政策特征表现为：基于公平价值取向，以保障社会成员基本生存、维持社会稳定为主要目标，采取高效的“自上而下”政策制定模式，由政府直接供给公众最迫切需要的基本公共服务。其中义务教育、公共卫生和基本医疗、公共就业服务、基本社会保障成为这一时期党和政府重点关注的对象，与此相对应的一些基本公共服务供给政策陆续出台①。

一、义务教育

从某种程度上说，文盲多、国民文化素质低是新中国成立初期最突出的一个社会现象。为了能改变这一现状，党和政府把义务教育作为一项大政来抓。1951年，由教育部组织召开的第一次全国初等教育及师范教育会议提出：从1952年起，争取10年内基本普及小学教育。1954年9月20日第一届全国人大一次会议通过的《中华人民共和国宪法》第94条规定：“中华人民共和国公民有受教育的权利”，从而使义务教育有了明确的法律保障。而后在全国范围内积极实施的教育政策，提高了国民的文化知识，改变了旧社会文盲多的局面。

二、公共卫生与基本医疗

面对新中国成立初期由于我国卫生服务体系不健全所导致的缺医少药和各种烈性传染病肆虐的状况，我国临时宪法《中国人民政治协商会议共同纲领》以立法的形式确定了国家发展卫生事业的基本政策，在第48条明确规定：“推广卫生医疗事业，积极开展防病治病工作，并注意保护母亲、婴儿和儿童的健康。”根据这一总体要求，我国于1952年第二届全国卫生会议召开之后，提出了“面向工农兵、预防为主、团结中西医、卫生工作与群众运动相结合”的卫生工作四大方针，这一方针为开展好新中国成立初期的卫生医疗工作明确了方向和路径。

三、公共就业服务

1950年3～4月间全国失业问题特别严重，针对这一局面，中共中央于1950年4月发布了《关于举行全国救济失业工人运动和筹措救济失业工人基金办法的指示》，号召全国工人本着阶级友情，于4月30日做义务工一天，捐出所得一天工资作为救济失业工人基金，以帮助失业工人渡过难关。政府在筹集基金、提供

① 本节以这四种基本公共服务为比较对象，考察不同阶段具体基本公共服务供给政策的历史变迁情况。

救济的同时，还着重采取以工代赈、生产自救、培训转岗、移民就业等方式，帮助失业人员重新获得生产、生活的机会，从而逐步解决全国性的工人失业问题，有效地维护了社会稳定。

四、基本社会保障

1950 年 5 月 19 日，中央人民政府颁布了《救济失业工人暂行办法》，标志着中国社会保障制度开始创立。1951 年 2 月 25 日颁布的《中华人民共和国劳动保险条例》，与之后陆续颁布的《中华人民共和国女工保护条例（草案）》、《职业病范围和职业病患者处理办法的规定》等法令，共同搭建起企业职工社会保障的基本框架。与此同时，中央政府制定出台了一系列适用于国家机关和事业单位的医疗、女工保护、退休退职和伤亡抚恤等规定。从而在统收统支的经济模式下，初步形成了机关和企业两套待遇大体相同的社会保障体系。

总之，在我国物质资源严重短缺的环境制约下，新中国成立初期制定出台的基本公共服务供给政策尚处在起步阶段，存在着政策数量不足、政策制定过程不够透明、政策制定科学化水平低、政策稳定性差等众多问题。然而这些政策都充分体现出党和政府“全心全意为人民服务”的宗旨，让人民群众真正体会到了旧中国所没有享受到的实质性权利，这对于增强民众向心力、维护社会稳定、进一步巩固新中国政权发挥了十分重要的促进作用。

第二节 基本公共服务供给政策发展阶段（1956—1977 年）

1956 年，我国完成社会主义改造，初步建立了社会主义基本制度，全面进入计划经济时期。这一时期是一个有着特殊政治经济体制安排的时期，其主要特征为：在所有制上追求国有或集体所有，增强国家对经济领域的控制力；国家计划是资源配置的核心手段，在农村国家对农产品进行统购统销，在城市各单位推行统收统支的预决算方式；推行重工业优先发展的经济政策；国家全面介入再分配领域。在基本公共服务领域，这一时期的政策得到了较大幅度的发展，在价值取向上坚持公平优先，在政策目标上追求社会公平，充分体现社会主义制度的优越性。而在政策制定和执行方面，政府占据全面主导地位，政府决定基本公共服务的种类、数量和品质，并直接提供，民众几乎没有选择的空间。而且，在城乡分割的户籍制度基础上，部分基本公共服务供给在城乡之间还形成了两套截然不同的政策。同时，由于文化大革命的影响，许多政策扭曲、停滞或被废止。

一、义务教育

延续新中国成立初期的教育政策导向，这一时期重点发展义务教育。1957年11月中共中央文教小组召开的听证会议明确指出，“采取办全日制、二部制、业余小学等各种学校的办法，力争在第二个五年计划期间普及小学教育。在第三个五年计划期间，通过办全日制、二部制、农业中学、业余中学、广播学校等各种各样的途径，力争普及中学教育”①，使我国基础教育取得了长足的进步。然而，随后“文化大革命”时期的十年浩劫，尽管在全国农村基本形成了“大队”办小学、“公社”办初中、“区委会”办高中的良好教育格局，但是由于教育领导管理机构被摧毁，广大教师和知识分子受到迫害，学校陷入极度混乱和瘫痪状态，基础教育也只被视为政治任务之需，因此，总体上青少年丧失了接受正常科学文化教育的权利和机会。

二、公共卫生与基本医疗

这一时期，我国将医疗卫生服务体系建设纳入国民经济发展规划，并集中财力建设各级各类医疗卫生机构，构建起覆盖全国的卫生服务体制基本架构。在城市，初步建立起与当时国情国力相适应的公费医疗和劳保医疗制度，有力地保障了职工及其家属享受卫生服务。而到1965年，在我国农村也初步形成了以集体经济为依托的初级医疗卫生保健网，农村医疗卫生事业取得了重大发展。尤其是活跃在全国农村的一大批“赤脚医生”，以及合作医疗制度的推行，短时期内解决了农村缺医少药问题，在世界上赢得了广泛的赞誉。

三、公共就业服务

这一时期，国家在城镇实行“统包统配”的“高就业、低工资”政策，这一政策扩大了就业，促进了社会稳定，但是长期的普遍低工资也造成了人们的共同贫穷。“文化大革命”期间，由于大学停止招生、城市各企事业单位实行严格的劳动力计划控制，同时受频繁的政治运动、人口急剧膨胀、经济发展受挫等因素影响，城镇就业压力急剧增加，为此，国家实行了大规模的“知识青年上山下乡”政策，后来演变成为一场声势浩大的群众性政治运动，造成了严重的社会问题。而在农村，受限于城乡隔离的户籍制度，农民失去了自由迁徙、择业的权利。同时，在粮食“统购统销”的计划经济时期，农民离开土地实际上也难以生存，只能无可奈何地被牢牢束缚在土地上。

---

① 中国（海南）改革研究院：《基本公共服务与中国人类发展报告》，中国经济出版社，2008年版。

四、基本社会保障

城市的社会保障政策在这一阶段得到了进一步补充完善，出台了大量与社会保障相关的法律文件，形成了一套以终身就业为基础、由单位直接提供医疗、住房、养老以及其他各种福利和服务的社会保障体系，这套体系被称为“单位福利制度”。然而，在农村奉行的是家庭保障与集体提供相结合的制度安排，没有严格意义上由国家发起的社会政策项目。其中“五保户”制度是极为有限的社会政策项目，这一政策要求农村社区集体负责向无法定扶养人、无劳动能力、无可靠生活来源的老年人、残疾人和孤儿提供基本生活所需的社会救助，实现保吃、保穿、保住、保医、保葬、保教。

可见，基于社会主义意识形态的全面计划经济时期，我国基本公共服务供给政策获得了一定程度的发展，满足了城乡居民的基本公共需求，体现出社会主义制度的优越性。但是受高度集中的计划经济体制和较低经济发展水平的制约，以及“文化大革命”的重大影响，基本公共服务体系还很不健全，基本公共服务水平还比较低。同时，政府“大包大揽”、分配“大锅饭”以及平均主义色彩比较突出，政策实施中不得不面对供给效率低，浪费严重，政府财政负担重这一突出问题。更为严重的是，由于城乡二元化的基本公共服务供给体制追求的是特定群体内部的平等，而不是整个社会的公正，使得具有不同权利资格的群体——特别是城乡居民、国家工作人员与非国家工作人员——之间划分了清晰的界限。也就是说，政策在同一个单位和集体内部倾向于平均主义，但在不同户籍、不同单位之间却存在着严重的结构性不公平，从而导致城乡之间、不同所有制单位之间、群众和干部之间基本公共服务供给存在着重大差别。这些问题都亟待政府加以纠正和解决。

第三节 基本公共服务供给政策改革阶段（1978—2002 年）

1978 年，党的十一届三中全会召开，标志着我国开始实行改革开放政策，进入由计划经济体制向市场经济体制转型时期。这一时期，基本公共服务供给政策进行了重大改革。在价值取向上由原来的“公平优先”转变为“效率优先、兼顾公平”。尽管政府在政策制定和执行上仍然占据主导地位，但是为了减轻基本公共服务供给方面的财政负担，提高供给效率和服务水平，国家采取各项措施，逐步引入市场竞争机制和社会参与机制，使基本公共服务供给主体多元化。但是在市场和社会还没有得到全面发展的情况下，政府在部分领域不适当地全面撤退，也带来了不少新的社会问题。

一、义务教育

1978 年 3 月，五届人大一次会议提出了“到 1985 年在农村基本普及九年教育，在城市基本普及十年教育”的工作目标和要求。1980 年和 1983 年国家相继发布的《关于普及小学教育若干问题的决定》和《关于加强和改革农村学校若干问题的通知》，以及 1982 年《宪法》中关于“义务教育”的条款，都对义务教育开展法治化、正常化起到了积极的推动作用。而 1986 年 4 月发布的《中华人民共和国义务教育法》，不仅是我国义务教育，而且也是我国整个教育事业发展史上具有里程碑意义的一件大事。

为了尽快推动教育事业发展，我国的教育财政体制在 20 世纪 80 年代初期发生了根本性的结构变迁，即由先前经费来源单一的集中体制向经费来源多样化的分权体制转变。在这样的背景下，1985 年，《中央关于教育体制改革的决定》（以下简称《决定》）明确了“分级办学”的体制，决定基础教育由地方负责、分级管理。同时，为了保证地方更好地发展教育事业，《决定》规定，除国家拨款之外，地方机动财力中须有适当比例用于教育，而乡财政收入应主要用于教育。此外，地方还可以征收教育费附加。1993 年，中共中央、国务院印发的《中国教育改革和发展纲要》进一步强化了这一政策导向，义务教育事权下放及相应的财政体制改革充分调动了地方政府和社会各界办学的积极性，有力地推动了基础教育的发展。2001 年 5 月，国务院又发布了《关于基础教育改革与发展的决定》，提出了义务教育“以县为主”的管理体制，进一步缓解了农村教育经费紧张的状况。

二、公共卫生与基本医疗

改革开放之后，我国相继出台了一系列医疗卫生服务改革的政策，如推行各种形式的承包责任制，鼓励多种形式办医，扩大医疗机构自主权，支持个体开业行医等。这些政策的有效实施使各级各类卫生机构、医护人员和病床数、医疗设备以及技术和质量都得到了明显改善。1996 年，中共中央和国务院《关于卫生改革与发展的决定》明确指出，卫生事业是政府实行一定福利政策的社会公益事业，必须正确处理好卫生工作中社会效益和经济效益的关系。此外，1993 年，中共中央《关于建立社会主义市场经济体制若干问题的决定》对发展和完善农村合作医疗制度提出要求，而 2002 年中共中央和国务院《关于进一步加强农村卫生工作的决定》则强调坚持以农村为重点，对加快农村卫生发展进行了部署。要求到 2010 年，新型农村合作医疗制度要基本覆盖农村居民，逐步建立以大病统筹为主的新型农村合作医疗制度。在经费安排上要求从2003年起，中央财政对中西部地区除市区以外的参加新型合作医疗的农民每年按人均10元安排合作医疗补助资金，地方财政对参加新型合作医疗的农民补助每年不低于人均10元。

三、公共就业服务

我国就业政策由计划经济时期政府“统包统配”转变为合同制形式，发生了根本性的变化。1980年，全国劳动就业会议提出“三结合”就业方针，实行在国家统筹规划和指导下劳动部门介绍就业、志愿组织起来就业和自谋职业相结合的就业政策。1983年，劳动人事部《关于积极试行劳动合同制的通知》明确了实行劳动合同制的试点。1986年，国务院发布《国营企业实行劳动合同制暂行规定》，率先在国营企业中推行劳动用工合同制，打破“铁饭碗”。1993年，劳动部《关于建立社会主义市场经济时期劳动体制改革总体设想》明确了全面推行劳动合同制的时间表。1994年正式颁布的《劳动法》，进一步在法律上明确了劳动合同制度的地位和作用。而1994年8月发出的《全面实行劳动合同制的通知》，提出了到1996年年底全国范围内基本上全面实行劳动合同制的目标，这标志着“统包统配”的就业政策退出了历史舞台，逐步被企业用工自主与劳动者自由择业的市场化就业方式所取代，市场成为劳动力配置的基础性手段。

四、基本社会保障

随着社会主义市场经济体制的建立和不断发展，我国的社会保障政策也出现了许多新的变化。面对就业市场化导致失业人员增多的压力，党的十四届三中全会通过的《中共中央关于建立社会主义市场经济体制若干问题的决定》明确要求建立“失业保险制度”，对失业人员的认定也从原来的国有企业职工扩展到所有可能面临失业的职工。1999年，《失业保险条例》颁布实施，使失业保险适用于国有企业、城镇集体企业、外商投资企业、城镇私营企业以及其他城镇企业的职工；在失业保险金的筹集上，从原先的企业筹集模式转变为企业与职工按比例共同筹集的模式。基本养老保险方面，1991年，国务院《关于企业职工养老保险改革的决定》提出了改革的基本方向，确定由国家、企业和职工三方共同筹集养老保险费用，探索建立国家基本养老保险、企业补充养老保险和个人储蓄性养老保险相互结合的多层次养老保险体系。1997年，国务院《关于建立统一的企业职工基本养老保险制度的决定》具体规定了企业及个人缴费比例。针对计划经济时期政府基本上全额包下医疗保障导致医疗费用难以有效控制、严重超支的问题，1997年，《中共中央国务院关于卫生改革与发展的决定》明确了城镇职工医疗保障制度的改革方向，要求建立社会统筹与个人账户相结合的医疗保险制度。

1998 年，《国务院关于建立城镇职工基本医疗保险制度的决定》最终确立了城镇职工医疗保障制度。而为了解决社会保险制度相互分割的破碎局面，1999 年 1 月 22 日，《社会保险费征缴暂行条例》的发布实施，加强和规范了基本养老保险费、基本医疗保险费、失业保险费三项费用集中、统一征收及具体发放办法。至此，一个较为统一的社会保险制度初步形成。

相比于全面计划经济时期，这一阶段的基本公共服务供给政策在改革中不断探索，尤其是市场机制的引入，打破了政府单一的供给模式，一定程度上减轻了政府在基本公共服务方面的财政负担，也提高了基本公共服务供给的效率和质量水平。但与此同时，也暴露出一些新问题：一是政策具有很强的倾向性，覆盖面不广。这一时期的政策主要面向城镇居民，而对于占全国人数比例更高的农村居民的政策相对较少。虽然在教育、卫生方面的政策都有涉及农村，但直接关系到农民生活的社会保障政策却仍然处于探索之中，尚未在全国范围内形成统一的政策。二是没有形成一揽子政策，与改革相关的配套措施没跟上。比如对计划经济时期“统包统揽”政策的改革，使一些原来属于享受福利范围的人员重新处于无保障状态，然而对于这部分人相关配套政策没能及时跟进，产生了“顾此失彼”的局面，使这部分人在生活、医疗方面陷入困境。三是“亲市场、重效率”取向使部分政策制定和执行逐渐偏离公平轨道。比如医疗卫生领域市场化改革获得了前所未有的效率，但是市场力量过于强大，渗透到医疗改革的各个环节，使公立医疗机构创收冲动趋强，追求公益的动力不足。而与此同时，政府的调节范围却不断缩小，甚至缺位，造成弱势群体就医实质不公。

第四节　基本公共服务供给政策完善阶段（2003 年至今）

进入 21 世纪，随着我国社会由生存型向发展型社会转型，社会公众的基本公共服务需求日益增长，不同区域、不同群体以及城乡之间基本公共服务供给不均趋势明显，这给社会稳定带来了很大的压力。为此，新时期党和政府将推动科学发展、促进社会和谐稳定提上了重要议事日程。2003 年 10 月 14 日，中共十六届三中全会上通过的《中共中央关于完善社会主义市场经济体制若干问题的决定》明确提出：“坚持以人为本，树立全面、协调、可持续的发展观，促进经济社会和人的全面发展。”2007 年 6 月 25 日，胡锦涛在中央党校省部级干部进修班上发表重要讲话，系统地阐述了科学发展观。而 2006 年 10 月 11 日，中共十六届六中全会上通过的《中共中央关于构建社会主义和谐社会若干重大问题的决定》，在改革发展关键时期又回答了“为什么要构建社会主义和谐社会、构建什么样的社会主义和谐社会、怎样构建社会主义和谐社会”这一新的时代课题。

为了更好地贯彻和落实科学发展观、促进社会和谐稳定，党和政府明确提出了基本公共服务均等化战略，使新时期我国基本公共服务供给政策出现了明显的变化：政策的价值取向趋向“效率与公平统一”；政策的重点为了保障和改善民生，促进社会公平正义；政策的目标旨在坚持以人为本，促进人的全面发展；政策制定尽管采取“自上而下”式为主，但是在政府主导下，强调公众参与，使政府在与民众互动中获取民意，并根据民众的真实需求制定相应的公共政策；而为了更好地满足社会公众的多元化需求，逐步建立惠及全民的基本公共服务体系，政策执行过程中，突出强调政府的主体责任，但十分重视引入市场机制，吸引社会力量共同参与公共服务供给。

一、义务教育

为了有效推进城乡之间、地区之间和校际之间义务教育均衡发展，2005 年 5 月，国家教育部发布了《关于进一步推进义务教育均衡发展的若干意见》。同年，国务院《关于深化农村义务教育经费保障机制改革的通知》明确要求建立中央和地方分项目、按比例分担的农村义务教育经费保障机制，将农村义务教育全面纳入公共财政保障范围。2006 年，新修订的《义务教育法》对原先教育主要由乡镇支出的规定进行调整，提出“以县为主”的责任机制。更为重要的是，明确提出“实施义务教育，不收学费、杂费”，并要求“国家建立义务教育经费保障机制，保证义务教育制度实施”①。2010 年 1 月 4 日，教育部印发的《关于贯彻落实科学发展观进一步推进义务教育均衡发展的意见》，明确提出了义务教育均衡发展的目标。2010 年 7 月 29 日发布的《国家中长期教育改革和发展规划纲要（2010－2020 年）》明确把“促进公平”作为国家的基本教育政策，强调“促进公平”的主要责任在于政府，提出“均衡发展是义务教育的战略性任务”，以加快缩小教育差距。并开始了义务教育均衡发展的改革试点工作，提出提高国家财政性教育经费支出占国内生产总值比例，2012 年要达到 4%。同时，公共财政对教育的转移支付力度不断加大，受益范围不断扩大。“十一五”期间，我国财政在教育方面的支出共计 4.45 万亿元，年均增长 20% 以上。城乡义务教育实现了全国范围的免费教育，所有适龄儿童没钱上学的问题得到了根本解决。加快实施国家助学制度，五年来为义务教育阶段的 1200 余万名寄宿生提供生活补助，进一步对农村中小学危房进行了改造或重建。”②

① 中国（海南）改革研究院：《基本公共服务与中国人类发展报告》，中国经济出版社，2008 年版。

② 郭厚禄：《我国基本公共服务均等化研究》，中央党校博士论文，2009。

二、公共卫生与基本医疗

2003年1月，国务院发布《关于建立新型农村合作医疗制度的意见》，要求2003年开始新型农村合作医疗制度试点，到2010年实现全国基本覆盖。作为一种由政府组织、引导、支持，农民自愿参加，个人、集体和政府多方筹资，以大病统筹为主的农民医疗互助共济制度，这是历史上我国政府第一次为解决农民的基本医疗卫生问题进行大规模的财政投入。为保障公民的基本健康权利，确保公民享受基本医疗公共服务，党的十七大报告指出，“建设覆盖城乡居民的公共卫生服务体系、医疗服务体系、医疗保障体系、药品供应保障体系，为群众提供安全、有效、方便、廉价的医疗卫生服务”，明确提出了实现基本医疗卫生服务，并将其作为全面实现小康社会的重要目标和新要求。2009年4月6日，《中共中央国务院关于深化医药卫生体制改革的意见》正式公布，明确了新医疗改革的路线图，强化了政府在基本医疗卫生制度中的责任，即从2009年起3年内，我国将重点抓好“加快推进基本医疗保障制度建设、初步建立国家基本药物制度、健全基层医疗卫生服务体系、促进基本公共卫生服务逐步均等化、推进公立医院改革试点”5项改革，以逐步实现“建立覆盖城乡居民的基本医疗卫生制度、人人享有基本医疗卫生服务”的目标。

三、公共就业服务

这一时期主要采取组织就业培训、创业支持、就业补贴及公益性就业岗位提供等方式，继续延续就业支持政策，同时将就业培训范围从城市下岗失业工人延伸至农村劳动力。2007年颁布的《就业促进法》明确要求县级以上政府将“扩大就业”作为经济和社会发展的主要目标，纳入国民经济和社会发展规划。并突出强调政府要加强就业服务和管理，创造公平就业的环境，消除就业歧视，建立、健全公共就业服务体系。

四、基本社会保障

“十一五”以来，党中央、国务院坚持“广覆盖、保基本、多层次、可持续”的方针，先后出台了20多项基本社会保障政策规定，为农村、城镇居民建立了较完备的基本社会保障制度。截至2011年年底，党的十七大提出的完善“以社会保险、社会救助和社会福利为基础，以基本养老、基本医疗和最低生活保障制度为重点”的社会保障体系目标基本实现，人人享有基本社会保障的目标不断推进。

一是基本养老保险金制度稳步推进。2005年和2009年相继发布的《国务院

关于完善企业职工基本养老保险制度的决定》和《国务院关于开展新型农村社会养老保险试点的指导意见》，关注老年群体的养老保险政策，这些探索与家庭养老、土地保障、社会救助等其他社会保障政策措施相配套，共同保障城乡老年人的基本生活。“十一五”以来，“基本养老保险覆盖面迅速扩大，企业职工基本养老保险已覆盖全国所有县，新型农村社会养老保险（以下简称“新农保”）已覆盖 81.50% 的县，城镇居民社会养老保险（以下简称“城居保”）已覆盖 75.30% 的县，参保人数合计 6.22 亿人，比 2005 年增长 2.86 倍，其中 683 个县合并实施了城乡居民养老保险。”① 随着基本社会保障范围的不断扩大，保障标准也在不断提高。以企业职工基本养老保险为例，“2005—2011 年，国家连续 7 次调增企业职工基本养老保险待遇水平，年均增长 13.40%，由 2005 年的每人每月 713.25 元提高到 2011 年的每人每月 1516.68 元，比同期居民消费价格指数（CPI）平均上涨幅度高出 10.03 个百分点。”②

二是基本医疗保障实现全覆盖。2003 年 5 月起，劳动和社会保障部相继出台了《关于城镇职工灵活就业人员参加医疗保险的指导意见》、《关于推进混合所有制企业和非公有制经济组织从业人员参加医疗保险的意见》和《关于开展农民工参加医疗保险专项扩面行动的通知》，将城镇职工灵活就业人员、混合所有制企业和非公有制经济组织从业人员以及农民工都纳入了医疗保险的范围。2007 年国务院发布的《关于开展城镇居民基本医疗保险试点的指导意见》，明确要求到 2010 年全国全面推开城镇居民基本医疗保险，从而又将城镇非从业居民纳入医疗保险范围。至此，我国已经形成了城镇职工基本医疗保险、新型农村合作医疗制度和城镇居民医疗保险“三足鼎立”的医疗保障政策，基本建立起覆盖城乡全体居民的医疗保障体系。截至 2011 年年底，基本医疗保险实现全覆盖，城镇职工基本医疗保险、城镇居民基本医疗保险和新型农村合作医疗制度体系覆盖全国所有县，参保人数合计超过 13 亿人，比 2005 年增长 2.77 倍，其中 189 个县合并实施了城乡居民医疗保险。“各级财政不断加大医疗救助资金的投入力度，医疗救助资金资助困难群众参加医疗保险的人数和直接医后救助人次不断增加，其中：资助参保人数由 2005 年的 484.02 万人，增加到 2011 年的 6649.35 万人，增长 12.74 倍；直接医后救助人次由 2005 年的 253.73 万人次，增加到 2011 年的 2367.27 万人次，增长 8.33 倍。”③

---

① 全国社会保障资金审计结果（审计署审计结果公告 2012 年第 34 号）http：//www.gov.cn/zwgk/2012－08/02/content_ 2196871.htm。

② 同上。

③ 同上。

三是最低生活保障制度稳步推开。2007 年国务院发布《关于在全国建立农村最低生活保障制度的通知》，要求 2007 年内在全国建立并实施农村最低生活保障制度。截至 2011 年年底，全国城市居民最低生活保障对象 2256. 27 万人，农村最低生活保障对象 5298. 28 万人，农村五保供养对象 578. 62 万人。2011 年年底全国纳入最低生活保障的人数达到 7554. 55 万人，比 2005 年的 2917. 52 万人增长 1. 59 倍。

四是社会福利制度逐步健全。“截至 2011 年年底，全国社会福利机构 4. 25 万个，床位 321. 05 万张，收养老年人、残疾人和儿童等 237. 92 万人，社会福利企业吸纳 62. 80 万残疾人员就业。”①

而 2010 年 10 月 28 日，十一届全国人大常委会第十七次会议表决通过了《社会保险法》，使得已在我国实施多年的各种社会保险制度终于有了一部专门的综合性法律来加以调整，这也意味着我国基本社会保障政策进入一个全新的历史时期。

总之，与前几个阶段相比，这一时期的基本公共服务供给政策不论在价值取向、政策制定的数量和质量以及政策执行的方式和手段等方面都有了明显的改善，充分体现出基本公共服务政策服务于实现和增进社会公共利益的本质要求。但是与基本公共服务均等化供给政策的目标要求相比，仍然在政策数量、质量和执行效果方面存在着不少差距。

---

① 全国社会保障资金审计结果（审计署审计结果公告 2012 年第 34 号）
http：//www. gov. cn/zwgk/2012 －08/02/content_ 2196871. htm。

第四章　基本公共服务供给政策的国际比较

由于不同的基本国情、政治经济体制和历史文化传统，世界各国的基本公共服务供给政策在价值取向、政策制定和执行模式以及政策评估等方面存在共性特征，也表现出明显的个性差异。

第一节　政策价值取向维度的比较

公共政策的价值取向问题在政策科学研究中一直颇有争议，争议的焦点集中在两个方面：一是价值是否中立，二是应该坚持何种价值取向。

一、公共政策的价值中立之争

作为“现代政策科学的创立者”，拉斯韦尔一开始就认为政策科学是一门强调价值的学科。他指出“政策科学的方法……需要一个相当明确的与政策有关的价值目标”。虽然拉斯韦尔强调价值，然而在政策科学的实际研究中几乎完全被忽视了，其主要的原因应归咎于拉斯韦尔的理论本身。因为拉斯韦尔提到，就政策科学的问题导向和历史情景性而言，“一方面面向政策过程，另一方面面向政策过程中所需要的智力支持”①。从此，政策科学的发展就此出现分裂，形成了两种不同的公共政策分析模型。强调政策过程需要智力支持的学者（主要是经济学家和公共行政学家）主张全面、系统的观点和完全理性的分析方法，形成了以行为主义为指导的政策分析模型，其关注的是政策的效率问题。而强调政策过程理论的学者（主要是政治学家和哲学家）关注政策制定过程中的民主与公平，形成了以人文主义为指导的强调政治的政策过程模型。

政策分析模型运用的是逻辑实证主义的方法论，强调经验研究设计、抽样调查技术、数据收集程序和结果测量运用。其目的是为了建立具有预测力的因果模型，从而在舍去一些偶然因素的前提下，试图通过多种分析方法发现一种独立于

---

① D. Lerner, H. D. Lasswell：《The Policy Sciences：Recent Development in Scape and Method》，Stanford University Press，1951 年版。

社会历史发展背景的客观规律，一种能够指导任何公共政策制定和解决任何社会问题的客观规律。在这种类似于自然科学的研究方法下，政策学家的主要任务就是发现、证明和预测，规范问题不再是政策过程考虑的范畴。也就是说根据事实价值两分法的实证主义方法论原则，政策研究者只能用一种价值中立的方法把研究限制在经验或者事实的现象中。

到了20世纪80年代，逻辑实证主义的这种主张受到批评，被认为是对道德责任的不道德回避，并且具有逻辑和哲学上的错误。当代西方政策学者开始摒弃以实证主义方法论为基础的政策科学，转向以后实证主义方法论为基础的政策研究。“在后实证主义的体系中，主流的观点认为，现实是多重的，不可分割的；认识是受时间、环境和价值的限制”，“政策制定的问题在于价值而不在于方式。因此，‘单一的数字和技术可以解决公共政策问题’的思想已经显得与时代格格不入。后实证主义者强调公共政策的政治内涵与价值冲突，诸如成本效益分析的技术问题则显得无足轻重”①。显然，后实证主义认为政策分析不仅关心事实，而且更关心价值和行动。在后实证主义方法论的指引下，学者们更加关注价值取向对公共政策的影响问题。认为，公共政策应该面向社会问题，以蕴涵价值的政策目标为导向，解答社会“应该怎样”的问题。这是因为公共政策既是一个技术过程，又是一个政治过程。而作为政治的产物，“一个完整的政策过程，从政策问题的构建，到政策规划，直至评估，自始至终都贯穿了价值的调节作用”②。

至此，人们普遍认识到，公共政策受到价值影响这一问题已毫无异议，价值问题已经成为政策研究中一个不可分割的组成部分。但问题的关键就在于，在何种程度上和以何种方式来处理价值问题。因为“政策相关知识包含了具有价值特征的因变项（目的）和自变项（手段）的互动，这些变项的选择往往涉及在健康、财富、安全、和平、正义、平等和自由一类的价值中作出取舍。选择哪一个价值，并不仅仅是一个技术判断问题，而且往往需要伦理推导”③。也就是说，在公共政策制定过程中，由于政策主体价值选择的直接影响，公共政策会涉及众多的价值取向，具体表现为效率、公平、民主、秩序、正义、发展等，如何作出选择是决策者必须要面对的一个现实问题。

二、基本公共服务供给政策的价值取向之争

公共政策涉及诸多价值取向，体现在基本公共服务供给政策的价值取向选择

---

① 陈庆云、鄞益奋：《西方公共政策研究的新进展》，载《国家行政学院学报》，2005年第2期。

② 陈庆云：《论公共政策分析的四个基本范畴及其相互关系》，载《行政与法》，1995年第2期。

③ 陈振明：《公共政策分析教程》，中国城市出版社，2004年版。

中，我国学者也存在着四种不同的价值取向。

（一）公平价值取向

持这种观点的学者普遍认为，在当代社会中，社会公正是制度设计和安排的基本价值理念，是一个国家的公民和谐相处的政治底线。因此，维护和实现社会公平和正义事关最广大人民的根本利益。“基本公共服务均等化凸显了社会公平和正义的价值诉求”，“其实质在于缩小城乡之间、不同区域之间、不同群体之间在基本公共服务方面的差距，促进社会公平”①。因此，基本公共服务均等化是一个很好的促进公平的有效手段和重要工具。而公平主要表现在两个方面，一是享受公共服务的机会要均等，即每个公民都能平等地享受政府提供的公共服务；二是享受公共服务的结果要均等，即在数量和质量上要大体相等。相比之下，结果均等更重要。

为了更好地促进公平，众多学者探讨了公平与效率的辩证关系，认为应在公平的基础上追求效率与公平的统一。贾康认为，公平是政府实行均等化必需要负的“托底之责”，但并不意味着政府可以大包大揽地起过渡的作用，压抑竞争降低效率。陈海威等认为我国基本公共服务供给既要注重公平又要提高效率，一方面要不断增加公共服务的总量，向社会提供更多更好的公共服务，另一方面要优化公共服务的结构和布局，提高基本公共服务供给水平和均等化程度。陈昌盛等则认为应该以“公平优先，兼顾效率，并努力用最有效率的方式去追求公平”为标准来处理基本公共服务的公平与效率的优先顺序。

（二）人本价值取向

马克思指出：“人是人的最高本质。人的全面发展就是指每个人能得到的平等发展、完整发展、和谐发展和自由发展”。可见，坚持以人为本，其实质就是要以实现人的全面发展为目标，让发展的成果惠及全体人民，满足公民的合理需求。为了达到这一目标，就必须实行基本公共服务均等化。因此，人本价值取向观点的学者认为，坚持以人为本是基本公共服务均等化的根本价值取向之一，如果离开了人，与人的发展相背离，基本公共服务本身将失去意义。具体来说：从国家发展战略高度来看，保障广大社会成员公平分享基本公共服务是实现人的全面发展的重要任务，落实科学发展观的重要任务就是为广大成员公平地提供基本公共服务，使经济发展的成果转化为人的全面发展，继而通过人的全面发展推动发展方式转变和可持续发展。从人类发展的角度来看，一个国家或地区的人类发展水平很大程度上取决于基本公共服务供给水平，同时一个国家或地区的人类发

① 周明海：《浅析基本公共服务均等化内蕴的价值取向—基于社会建设视角的考察》，载《湖北社会科学》，2008 年第 1 期。

展的公平程度也取决于基本公共服务均等化的程度。从中国30年来的实践层面来看，进入发展型社会的新阶段，发展的目标不仅仅是经济增长，更重要的是为全体社会成员创造一个能够充分发挥潜力、能够过上符合自身需要的环境，这直接地表现为满足人民对基本公共服务的实际需求。

（三）权利价值取向

“公共服务均等化”的原则源于西方，享受平等的公共服务被认为是天经地义的事，这是公民与生俱来的权利。因此许多国内的学者认为，保障公民的基本权利是基本公共服务均等化的基础价值取向。陈海威指出，“基本公共服务是以保障公民基本人权为主要目的、以均等化为主要特征、以公共资源为主要支撑的公共服务”。从具体的内涵来看，这些最基本的权利包括生存权、健康权、居住权、受教育权、工作权和资产形成权等。然而在市场经济条件下，公民的这些基本权利往往由于“市场失灵”而留下“服务空白”，这样就需要政府和社会给予制度性的保障和有效的社会支持，以确保权利的实现，这是“公共服务”的真正涵义。目前，我国正由生存型社会向发展型社会转变，广大社会成员在解决了温饱问题以后对义务教育、基本医疗、基本社会保障等公共服务提出了新的要求，所以当前社会转型时期面临的一个重大问题就是如何保障社会成员的这些基本公共服务权利，而推进基本公共服务均等化就是重要的制度安排。

（四）责任价值取向

许多学者认为，一方面享受均等化的基本公共服务是全体公民的应有的基本权利，另一方面推进基本公共服务均等化也是一国政府的基本责任。主要有三种不同的解释。一是市场失灵说。由于“搭便车”行为、外部性、信息不对称等因素影响，公共产品由市场供给会导致“市场失灵”，因此政府有义务和责任提供公共产品加以弥补。而基本公共服务均等化就是政府弥补市场供给失灵的重要制度安排，这不仅是政府公共服务职能的集中体现，更是政府职能的核心与实质。为保障每个公民“均等”地享受到义务教育、公共卫生、基本医疗和公共就业等基本公共服务，政府必须履行这“托底之责”。二是社会契约说。社会契约论认为，国家起源于公民对自身权利的让渡，反过来政府也就对国家公民的生活状况产生了责任。而从宪政理论来看，一个具有公民身份的人也就同时与国家拥有了一种契约关系，政府对公民的社会状况也就产生了责任。公民和国家之间的这种逻辑关系就决定了政府必须对公共服务的不均做出回应，以保证社会的公正和平等。因此，有学者认为，实现基本公共服务均等化是政府职能的回归与复位，是对“社会契约”的履行。三是公共财政说。公共服务均等化源于布坎南

(James Buchanan) 提出的财政平衡思想。中国财政学会“公共服务均等化问题研究”课题组认为，无论在理论上还是在实践中，公共服务均等化本质上都是公共财政的重要组成部分，是公共服务“一视同仁”服务特征的深化，是公共财政职能的深化。因此，基本公共服务均等化作为政府责任具体说来就是政府的一种财政责任，是公共财政“公共性”的重要体现。公共财政主要通过转移支付来实现均等化，其实质是政府间对基本公共服务的责任分享。而这种责任分享主要是建立在公共事务责任明确和财政责任合理划分基础上的，相对来说，政府层级越高，均等化的责任越大。

尽管学者们对于公共政策或者基本公共服务供给政策的价值取向存在着不同的争议。然而孙建军等认为，纵观公共行政的历史，“在西方公共行政理论倡导的诸多价值中，最基本的就是效率与公平”①。从传统行政学“效率至上”到新公共行政学“公平”核心价值的倡导，再从新公共管理自由化和市场化的倾向到新公共服务理论强调通过公民参与和对话协商促进公共利益实现社会公平的主张，“公共行政理论百余年的发展历程，就是一个对效率与公平价值的倡导及实现路径的探索过程”。“鉴于不同时期的社会背景，公平与效率的取向出现轮回与侧重的现象。但从行政理论发展的角度来看，效率与公平的融合是一种趋势”②。因此，效率与公平构成了公共政策的基本价值取向，解决政策制定过程中两者之间的价值冲突问题，关键就在于遵循价值位阶原则，构造合理的公共政策价值结构，努力寻求相互间的均衡。

第二节　政策制定模式维度的比较

政策制定是公共政策的核心环节。然而，公共政策的制定是在一定的治理模式下进行的，其路径方式也直接受到治理模式的影响。

一、公共政策的制定模式

总体来看，“现代国家政策制定与治理有三种模式（见表4.1)：自上而下的科层治理模式、自下而上的多元主义模式和平行结构的政策网络模式”③。

---

① 孙建军、丁友良：《效率与公平统一：我国行政改革的价值取向与实现路径》，载《人大复印报刊资料公共行政》，2009 年第 8 期。

② 同上。

③ 李瑞昌：《关系、结构与利益表达—政策制定和治理过程中的网络范式》，载《复旦学报（社会科学版)》，2004 年第 6 期。

表 4.1　公共政策制定和治理模式比较表

模式	理论基础	政策制定主体	关注点	主要特征
自上而下的科层治理模式	完全理性人、韦伯的合法和理性统治模式、行政二分法	国家的议会	代理人目标与公共目标之间的控制关系	强调国家权力的集中化、忽视执行主体的行动策略和目标群体的价值和利益
自下而上的多元主义模式	西蒙的有限理性、麦迪逊的分权理论、达尔的多元民主模式	各种利益集团	中央规则与地方行动者利益之间的调整关系	主张中央政府从公共领域撤退，对分权、自我治理和私有化有一种激进的偏好
平行结构的政策网络模式	多元主义理论、政策过程理论、组织间关系理论	个体、联盟、官僚、组织等各类平等的行动者	各类行动者之间的博弈关系	政策过程不再被视为特定的目标执行的过程，而是作为行动者交换有关问题、偏好和手段的信息及交换目标和资源的过程

说明：作者整理绘制

自上而下的科层治理模式以完全理性人、韦伯的合法和理性统治模式以及威尔逊的政治与行政二分法作为理论基础。这种模式以政治与行政分离为前提，关注的是代理人目标与公共目标之间的控制关系，并预设面对现存公共问题、公共偏好和可资利用的方法，受中央控制的代理人会拥有随意可支配的必要信息。因此，在这种模式下，公共政策由国家来制定和推行，社会只是政策的被动接受者；在国家内部，表达国家意志的议会和执行国家意志的官僚机构分别负担着政策的制定与执行功能。这种模式因强调国家权力的集中化、忽视执行主体的行动策略和目标群体的价值和利益，受到了诸多理论家和实践家的猛烈批评。

相比之下，自下而上的多元主义模式则以西蒙的有限理性、麦迪逊的分权理论和达尔的多元民主模式为智力支持，视公共政策制定和治理为地方行动者估计自己的利益和目的的一个政治过程，认为政策制定和执行是相互关联的、不可分割的。因此，中央政府在分析和考虑问题时将地方行动者的利益作为其出发点，关注中央政策在多大程度上给予地方行动者充足的资源，在多大空间上给予地方行动者自主应对政策执行过程中遇到的问题及分歧。也就是说政策制定过程中政府仅仅扮演消极的权威性分配公共资源的角色，公共政策实际上是各种利益集团相互竞争和博弈，接近和影响制定过程的均衡结果。尽管这种模式具有强烈的现实主义取向，但是它主张中央政府从公共领域撤退，对分权、自我治理和私有化有一种激进的偏好，势必导致政策与治理缺乏连贯性和存在片面性。事实上，不论是科层治理模式，还是多元模式，公民的利益都难以通过合理的手段在政治机构中得以有效地表达。其基本原因就在于这两种模式都忽略了处于中观层面的网络结构，割裂了宏观层面与微观层面连接的纽带。为了弥合这两种模式之间的裂痕和紧张关系，政策网络模式应时而生。

政策网络思想起源于20世纪50年代美国政治学界对亚政府问题的研究，茁壮成长于英国、德国等欧洲国家，而后又逐渐在美国引发回应性研究。作为一种公共政策的分析方法、一种新的社会治理模式，政策网络以多元主义理论、政策过程理论、组织间关系理论为支撑。认为，政策制定与公共治理过程实际上是一个多层结构，它由微观层面的非正式结构、中观层面的网络结构和宏观层面的正式政治结构共同组合而成。因此，主要从中观层面分析利益集团与国家之间的关系，一方面重视正式与非正式制度和结构对政策制定和治理的作用，另一方面注重政策行动者的利益表达对政策制定和治理的有效性的影响，从结构和关系两条进路，对政策参与者在政策过程中的相互关系与相互作用进行深入的研究，揭示网络对政策效果的影响。这样，政策网络理论就在国家——社会关系的两极即“统合主义”和“多元主义”之间架起了桥梁。

在这种模式下，公共政策制定和治理的各种行动者（包括个体、联盟、官僚、组织等）在地位上都是平等的，没有一个拥有决定其他行动者的权力，政府也不能例外。公共政策制定常常是由有着相互冲突的利益但又相互依存的各方在合作与不合作过程中博奕进行。政策过程不再被认为是为了特定的目标执行的过程，而是作为行动者就有关问题、偏好和手段的信息以及目标和资源进行相互交换的过程。因此，行动者的行为建立在程序合约基础上，而不是建立在价值共通感的基础上。

尽管从国家与社会关系的取向看，“政策网络”实现了对“统合主义”与“多元主义”二元对峙的一种化解和超越，突破了传统的政策分析范式，逐渐成为政治学和政策分析领域的主流话语和研究途径。但是正如埃莉诺·奥斯特罗姆所指出的，公共政策在任何一个层次的分析中，都有着各种各样不同的规则、外部环境的特征和由相关个体形成的共同体结合，共同构成了一个有机的而非简单叠加的整体。面对这样一个复杂的现象，马奇主张，对政策结果的分析，政策网络作为一个中观分析模型，必须与传统政治的宏观分析和现代经济学的微观分析结合起来，不能仅指望某一理论的作用。

二、基本公共服务供给政策的制定模式

与其他公共政策一样，基本公共服务供给政策的制定也是在一定的政府治理模式下进行的，其路径方式势必直接受到治理模式的影响。目前主要有三种基本公共服务供给政策制定模式：科层治理制定模式、多元主义制定模式和政策网络制定模式（见表4.2）。

表 4.2　基本公共服务供给政策制定模式比较表

内容＼模式	科层治理制定模式	多元主义制定模式	政策网络制定模式
政策制定主体	政府	利益关联各方	个体、联盟、官僚、组织等各类平等主体
政策制定过程	自上而下	自下而上	反复平等协商
政策制定时间	短	长	长
政策受益面	窄	较广	广
政策持续时间	短	较长	长

说明：作者整理绘制

（一）科层治理制定模式

科层治理制定模式往往强调国家权力的集中化、忽视执行主体的行动策略和目标群体的价值和利益，因此，在这种模式下，基本公共服务供给政策一般由政府自上而下的快速制定，表现出如下主要特征：制定时间比较短；政府是唯一的政策制定者，没有其他社会主体参与，社会只是政策的被动接受者；由于缺乏社会监督，政策制定过程不透明；政策的覆盖面一般较小；政策的持续时间不长。

发展中国家或经济发展比较落后的国家制定基本公共服务政策一般采用此种模式。例如，拉美国家的基本公共服务政策就是由占统治地位的社会精英制定并由政府官员加以实施的。由于政策由掌权阶层制定，基本公共服务发展战略在政党轮流执政中摇摆不定，而且政策制定过程简单、快速、不透明，国内民众和其他社会主体在政策制定过程中几乎没有参与权，因此，政策反复性很大，持续时间不长，执行效率低下。

（二）多元主义制定模式

与科层治理制定模式不同，多元主义制定模式将地方行动者的利益作为政策制定的出发点，视政策制定过程为地方行动者估计自己利益和目的的一个政治过程。因此，在这种模式下，基本公共服务供给政策往往是由各种利益集团相互竞争和博弈过程中“自下而上”产生的，政府仅扮演消极的权威性分配公共资源的角色。相对于“自上而下”的科层治理制定模式来说，政策制定时间比较长，覆盖面一般比较大，相应的政策持续时间也比较长，所花费的成本比较高。

美国和德国的地方政府一般采取多元主义模式制定基本公共服务政策。美国地方政府一般采用建立与地方政府各个部门相对应的、主要由民众自愿者参加的各种理事会和委员会的方式，来参与政策制定和监督决策的执行。政策制定一般公开进行，透明度高，公民可以直接进入会场自由旁听，也可以通过网络等媒体了解政府的决策情况。政府定期召开的公开听证会对公众开放，在关于立法和预算等重要决策的听证会上公民有权作证。德国地方政府也将与地方共同体相关的事务都交由当地居民决定处理。出于效率、速度和成本的考量，公民代表投票权、地方议会等代议民主形式成为主要的决策途径。而为了克服权力代理人的道德风险和减少信息不对称，地方市镇议会、全体居民大会甚至启动市镇全民公决程序等直接民主决策方式也演变成为决策的可行性路径。

（三）政策网络制定模式

政策网络模式在本质上是建立于非等级的协调之上的、公共部门与私营部门之间相互作用而形成的一种政策制定方式，是对科层治理模式和多元主义模式的综合。在这种模式下，基本公共服务供给政策制定的各类主体（包括个体、联盟、官僚、组织等）在地位上都是平等的，各种主体因为相互依赖、相互作用而形成各种不同类型的网络关系。在复杂的网络背景下，基本公共服务供给政策制定实际上是各种主体为了实现自己的利益和目标，在反复平等协商的基础上相互影响、相互妥协，并最终达成共识的过程。因此，政策受益面广，政策制定效率低。

美国联邦政府、州政府就是采取政策网络模式制定基本公共服务供给政策的。政策制定过程中，参与主体是多元的、独立的、平等的。除了政府之外，还有代表不同利益群体的各类利益集团，这些利益集团不仅是公民利益表达的载体，同时也是与政策相关利益群体的代表。虽然，利益集团并不直接拥有决策权，但各种利益集团相互博弈，通过集团领袖或代表集中足够的政治资源，例如资金、人力、政治技能和政治知识等，以说服或影响直接决策者接受集团的政策倾向，促进其所代表群体的意愿最大限度地实现。

相比于其他国家，我国基本公共服务供给政策的制定一直以来采取单一的“自上而下”科层治理制定模式。不论是新中国成立初期的精英决策，还是当前强调以民意为导向的科学决策，政府在基本公共服务政策制定过程中均起着决定性作用。而公众和社会力量由于缺乏参与渠道和参与能力，对政策制定的影响力极其微弱，其意愿和需求往往容易被忽视，导致基本公共服务供给常常出现“供非所需”的现象。同时，由于政策制定在缺乏监督的状态下进行，过程不透明，容易导致决策过程受到政府自身意愿或部门利益的影响，也会导致政策偏离公众需求的局面。为改变现状，在公众参与意识和参与能力不断增强、社会利益分化现象日益明显的情况下，根据不同情况采取不同的政策制定模式和方法已经成为社会各界共同关注的问题。

第三节　政策执行模式维度的比较

公共服务供给是公共行政管理的核心所在，而供给模式的选择，是公共服务供给政策执行的核心问题，也是学界乐于探讨的话题。

一、公共服务供给理论的发展脉络

纵观公共行政的历史，公共服务供给理论源远流长，引导着公共服务供给实践的不断发展。从供给方式来看，主要存在三种观点：政府供给论、多元供给论和多中心供给论（见表4.3）。

表4.3　公共服务供给模式比较表

公共服务供给模式		供给主体（中心）	主要优势	问题	时间	学者代表
政府供给论	政府供给模式	政府（单中心）	能够克服市场“搭便车”、外部性、信息不对称等不足	政府失灵	传统公共行政时期	亚当·斯密，密尔，保罗·萨缪尔森
多元供给论	市场供给模式	市场（单中心）	引入市场竞争机制，提高公共服务质量和效率	市场失灵	新公共管理运动时期	戴维·奥斯本，特德·盖布勒
	第三部门供给模式	第三部门（单中心）	具有贴近民众、行动灵活、创新性、专业性和广泛性等独特优势	志愿失灵		莱斯特·M·萨拉蒙
	PPP供给模式	公共部门和私营部门联合（单中心）	双主体、多主体供给；“政”“企”分开，提升管理效率；代理运行机制；效率与公平兼顾	合约失灵		E. S. 萨瓦斯
多中心供给论	多中心供给模式	多元主体（多中心）	多种选择、减少搭便车行为以及更合理的决策	无中心倾向	治理理论阶段	迈克尔·麦金尼斯，埃莉诺·奥斯特罗姆夫妇

说明：作者整理绘制

（一）政府供给论

“市场失灵”是政府供给论的认知前提。其主要观点是：由于“搭便车”、外部性、信息不对称以及公共产品的特性等因素影响，市场不能有效地解决公共产品的供给问题，因此，政府是公共产品最好的供给者，公共产品只能由政府来提供。

公共产品的思想源于对政府或国家职能的讨论。著名财政学家张馨教授在考察公共产品理论起源之后指出，对公共产品的最早论述可以追溯到英国学者霍布斯1651年出版的《利维坦》。在这部著作中，霍布斯认为，“国家就是一大群人相互订立信约，每人都有它的行为授权，以便使它能按其认为有利于大家的和平与共同防卫的方式运用全体力量和手段的一个人格"①。1690 年，约翰·洛克（John Locke）在《政府论两篇》中提出：政府是一种责任，其目的是为了人民的"公共福利"。18 世纪，在《人性论》中大卫·休谟（David Hume）设想了一个"草地排水"，以此来说明某些事情的完成对个人来说并无多少好处，但对于集体或整个社会来说却极有好处，因而这些事情只能由政府参与来完成。休谟之后，1776 年，亚当·斯密（Adam Smith）在《国富论》中谈及国家的三大职责，其中之一就是建立和维持公共机构和公共工程。同时指出，这类公共机构和公共工程虽然在极高的程度上是有利于大社会的，但是不能期望任何个人或少数人会去建立和维持，只能由政府来负责。1861 年，密尔在《代议制政府》中也指出：政府唯一的目的是给人民（被统治者）提供福利。也就是说，政府存在的意义就在于提供公共产品，否则没必要存续下去。这些论述都成为公共产品理论的重要思想源头。

19 世纪 80 年代，得益于经济学说史上发生的"边际革命"，潘塔莱奥尼（Pantaleon）、萨克斯（Sax）、马佐拉（Mazzola）和马尔科（Marco）等奥意财政学派学者，以公共产品的有效供给为主题，引入边际效用概念和边际分析方法，以效用价值论替代亚当·斯密时代的劳动价值论，尤其是运用几何图形和数学分析来对公共产品问题进行研究，开启了公共产品理论定量化研究的先河，使公共产品理论发展成为一门系统的理论。后来瑞典学派的维克塞尔（Kunt Wicksell）和林达尔（Lindah）基于税收的受益原则，视赋税为获得公共产品所应该支付的价格，并建立起税收与公共产品供给的局部均衡模型——"维—林模型"，从而最早对民主制度下公共产品供给数量与公民之间税负安排的关系给出解释。

对公共产品理论开创性的研究则始于美国著名的经济学家保罗·萨缪尔森（Paul Samuelson）。1954 年，萨缪尔森在其发表的《公共支出纯理论》一文中对公共产品下了经典的定义，即公共产品是"每个人对这种产品的消费都不会导致其他人对该产品消费减少的产品"②。并指出，由于公共产品具有非排他性和非竞争性两大特征，导致市场供给公共物品会存在失灵现象，因此，公共物品只能由政府来提供，政府是公共物品最好的提供者。同时，萨缪尔森在公共产品最佳供应问题上，引入序数效用、无差异曲线、一般均衡分析和帕累托效率等加以分析，并建立了公共产品与私人产品之间资源如何最佳配置、实现社会福利最大化的一般均衡模型，即萨缪尔森模型。这对于公共产品理论的发展，具有划时代的

---

① 霍布斯：《利维坦》，商务印书馆，1985 年版。

② Samuelson. Paul A：《The Pure Theory Public Expenditure》，载《Review of Economics and statistics 》，1954 年第 36 期。

意义。在此推动下，西方经济学界出现了研究公共产品的热潮。1956 年，蒂布特在《地方支出的纯理论》一文中率先考察了地区性公共产品与居住地选择之间的关系，提出了“以脚投票”，从而将公共产品理论延伸到关于地方政府活动的新领域。

与公共产品理论研究相呼应，具体在公共行政实践中，以威尔逊和古德诺的政治——行政二分论和韦伯科层制为理论基础的传统公共行政运用“两分法”将政府与市场割裂，将公共产品的提供视为一个价值中立的技术过程，坚持公共产品由政府和官僚制组织垄断供给，并强调“效率至上”。尽管新公共行政学在批判和反思传统公共行政“效率至上”原则固有缺陷的基础上，高举“社会公平”的旗帜，在价值取向上更多地关注公共服务是否增进了社会公平，但没能逃脱公共服务政府供给的牢笼。

（二）多元供给论

传统经济学政府供给论的观点在公共经济学主宰了一百多年的历史，直到公共选择理论的出现，这一状况才有所改观，公共服务供给呈现出市场化和社会化的发展趋势，当前，“政府并不是唯一的提供者”这一理念已经得到了相当的普及。

公共选择理论“是经济学在政治学中的应用，公共选择的主题就是政治科学的主题：国家理论选举规则，选民行为，党派政治，官僚体制等等”①。其宗旨是引入经济人模式，把市场机制中的人类行为与政治制度中的政府行为纳入同一分析轨道，从而修正传统经济学把政治制度置于经济分析之外的理论缺陷。其主要贡献就在于证明：市场的缺陷并不是把问题转交给政府去解决的充分条件。

所谓公共选择，就是指非市场的集体选择，实际上就是政府选择，旨在通过集体行动和政治过程来决定公共物品的需求、供给和产量。运用“经济人”假设这一分析武器，公共选择理论仅仅围绕市场经济下政府干预行为的局限性或政府失灵这一核心问题展开研究。萨缪尔森认为，“当政府政策或集体行动所采取的手段不能改善经济效率或道德上可接受的收入分配时，政府失效便产生了”②。查尔斯·沃尔夫则从非市场缺陷的角度加以分析，认为由政府组织的内在缺陷及政府供给与需求的特点所决定的政府活动的高成本、低效率和分配不公平，就是政府失效。而在布坎南看来，作为公共利益的代理人，政府的作用是弥补市场经济的不足，并使决策的社会效应比政府干预以前更高，否则政府的存在就毫无经

① James M. Buchanan:《The Theory of Public Choice》, The University of Michigan Press, 1972 年版。

② 保罗·A. 萨缪尔森、威廉·D. 诺德豪斯:《经济学》，中国发展出版社，1992 年版。

济意义。但是事实上，有些决策非但起不到这个效果，反而会削弱国家干预社会的“正效应”。也就是说产生了“负效应”即“政府失灵”问题，主要表现为公共政策失效、官僚机构低效率以及政府寻租行为等现象。

为克服“政府失灵”，许多学者纷纷从政府这一供给主体之外，在理论和实践上探讨治理“政府失灵”的公共服务供给方式，主要包括市场供给模式、第三部门供给模式和 PPP 供给模式。

1. 市场供给模式

1965 年，布坎南的“俱乐部理论”从机制和组织的建立上解决了公共物品提供的收费问题。1970 年，哈罗德·德姆塞茨（Harald Demsetz）在他的著名论文《公共物品的私人供给》中认为，如果排除非购买者的能力，私人供给者可以有效率地生产公共物品。1974 年罗纳德·科斯发表了《经济学中的灯塔》，对英国早期的灯塔制度进行了翔实的史料研究，证明了灯塔由私人建造和收费的可能性，从而反驳了以往经济学家认为私营灯塔无法收费和无利可图并由此导致市场失灵的观点。1979 年，戈尔丁（Goldin）对于萨缪尔森的公共产品的判断准则进行了挑战，认为产品和服务是否为公共产品，并非由其内在属性决定，而取决于产品和服务的供给方式，并将公共产品分为“平等消费”和“选择性消费”两类，同时指出“选择性消费”的公共产品是可以由私人提供的这些研究都从理论上证明在合适的条件和制度安排下，私人有可能有效地、或者至少是有可能提供一部分公共产品。但是在实践中，从已有的研究成果来看，私人供给公共产品需要具备三个条件，即产品的准公共性、具备完善的排斥性技术以及政府提供交易的制度保障。

作为一种理论思潮，以公共服务市场化供给模式为指导的公共选择学派，成为西方国家市场化改革的主导思想。20 世纪 70 年代以来，英、美等西方发达国家都对政府管理进行了大规模改革，掀起了一场以追求“三 E”（Economy，Efficiency and Effectiveness）为目标的“新公共管理运动”。新公共管理运动以现代经济学（主要是公共选择理论、新制度经济学理论、交易费用理论、委托代理理论）为理论基础，同时将私营部门的顾客至上、合同雇佣制、绩效管理、人力资源开发等当代工商管理学的新成就应用于公共部门管理的理论与实践之中。20 世纪 90 年代初戴维·奥斯本（David Osborne）和特德·盖布勒（Ted Gaebler）在《重塑政府：企业家精神如何改革着公共部门》一书中将这些理念归集为用企业家精神来重新塑造政府，并提出了政府改革的十项具体原则——亦即企业家政府的十大特征。英国著名的公共管理学家胡德教授（Hood）则将新公共管理的特征归纳为七条，其中一个重要的特征就是在公共部门中引入竞争机制，实现公共服务市场化，以降低管理成本，提高服务质量。

实现公共服务市场化的方式很多，但是新公共管理理论认为，其主要途径是民营化和合同制。“广义而言，民营化可界定为更多依靠民间机构，更少依赖政府来满足公众的需求”①。目前民营化已经成为席卷全球的滚滚洪流，成为一种务实的并得到广泛应用的公共服务管理模式。而“合同制是合法形式的交换，既然交换在市场环境中进行，市场的合同制就构成了对社会最有价值的一种机制”②。市场化成为新公共管理倡导改革、提高政府工作效率、提升公共服务质量的重要手段。

然而，新公共管理对市场的迷信、公私管理的混淆和不当的“顾客”隐喻遭到了众多学者强烈的批判。在反思和批判新公共管理理论特别是针对企业家政府理论缺陷的基础上，以著名公共行政学家罗伯特·B. 登哈特（Denhardt Robert B）为代表的一批公共行政学者，还提出了一种新的公共行政理论体系，即新公共服务理论。这一理论的核心在于治理体系中公民地位的变化，将公民、公民权和公共利益作为公共服务的首要关注点，强调“未来的公共服务将以公民对话协商和公共利益为基础，并与后两者结合”。所以“公共行政官员在管理公共组织和执行政策时，重点不是放在为政府掌舵或是划桨上，而是应放在建立明显具有完整性和回应性的公共机构上”③。

2. 第三部门供给模式

20 世纪 80 年代以来，全球掀起了一场范围广泛的所谓“结社革命”，即第三部门运动，成千上万的第三部门组织在慈善、宗教、环保、医疗、教育等传统公共行政活动领域发挥着越来越积极的作用。第三部门的兴起是在全球化浪潮、新公共管理运动、政府失灵以及通信技术和教育水平提高等现实因素的共同推动下形成的。当前，对于第三部门的定义尚无精确的界定，关于“第三部门”的定义，有法律定义法、资金来源定义法、功能定义法、产权和功能综合定义法等，其中受到广泛接受的是由美国约翰—霍布金斯大学非营利组织比较研究中心提出的“结构—运作定义”，它概括了第三部门的五大特征，即组织性、民间性、非营利性、自治性和志愿性。按照美国学者莱斯特·M. 萨拉蒙的观点，所谓第三部门，是指非政府、非市场的民间领域，它由非政府和非营利组织构成，成为不同于政府控制、不同于市场营利组织的社会自组织的治理结构。它们在解决许多紧迫问题方面有四大职能，即价值（人的首创精神）的保卫者、快速反

① E · S · Savas：《Privatization：the Key to Better Government》，Chatham House，1987 年版。

② 简 · 莱恩：《新公共管理》，中国青年出版社，2004 年版。

③ Denhardt Robert B 、Denhardt Janet Vinzant：《The New Public Service，Serving Rather than Steering 》，载《Public Administration Review》，2000 年第 6 期。

应的服务者、决策过程的倡议者和参与者以及社会资本的建设者。尤其是在公共服务供给方面，具有贴近民众、行动灵活、创新性、专业性和广泛性等独特优势。能够弥补政府和市场双重失灵，增强公共产品生产和资源配置的社会化，提高社会资源配置的合理性和效率水平。因此，“公有社会主义者强调发展第三部门，用来解决当代社会的许多问题和提供公共物品。所以政府的改革之道，就是运用它的力量去培育创造出更多的第三部门……剩下的问题就是指导这些组织使之符合公有社会的价值要求，并且有能力去解决社会问题”①。

针对市场和政府双重失灵引发的两难困境，许多学者将“第三部门”视为公共服务供给的第三条路径。具体在公共服务供给实践中，第三部门为了保持独立性，可以通过自筹资金（包括会费、私人捐赠、服务收费等），依靠自身力量独立提供多种形式的公共物品。但是与政府和市场会产生“失灵”一样，由于慈善的资源不足、慈善的家长式作风、慈善的狭隘、因“不得分配盈利”约束而追求预算最大化、所有权和追求利润动机的缺失导致生产效率低下等自身固有的局限性；同时由于转型期区别对待体制内外不同形态的第三部门、商业化冲动、治理失效、官僚化倾向、制度性缺失等原因，第三部门在提供公共服务过程中也会产生功能性和效率上的种种缺陷，萨拉蒙将其称为“志愿失灵”，并归纳为诸如慈善资金不足、慈善活动的狭隘性等几方面的表现。因此多数学者倡导第三部门与政府建立起“伙伴关系”，实现互补合作。根据服务的资金筹集和服务的实际配送这两个关键因素，基德伦（Gidron）等将政府与第三部门的合作关系界定为四种模式，即政府主导模式、第三部门支配模式、双重模式和合作伙伴模式。扬则排除第一种传统模式，直接将两者关系更明确地界定为三种：对抗关系、补充关系和合作互补关系。萨瓦斯则根据公共物品提供过程中不同的制度安排，将第三部门与政府合作提供公共物品的方式分为合同承包、特许经营、补助和志愿服务四种形式。为更好地克服“第三部门失灵”，也有学者提出第三部门要通过公益推广活动、共同主题营销战略、许可证战略等方式，积极争取企业现金、食物或设备等各种形式的捐赠，实现与企业的共赢合作，促进自身组织的发展。

3. PPP 供给模式

20 世纪 90 年代，英国率先提出公私伙伴关系（Public – Private Partnerships，PPP）的概念，并采取私人投资计划（Private Finance Initiative，PFI）方式加以实施。后来，PPP 逐渐在许多发达国家和发展中国家加以推广应用。作为一种新兴的供给模式，当前许多学者从博弈论、交易成本经济学、关系性合约理论以及

① 盖伊·彼得斯：《政府未来的治理模式》，中国人民大学出版社，2001 年版。

产权经济学等不同角度加以深入地研究，并给出了不同的内涵和运行机理分析。美国民营化大师萨瓦斯认为，从广义上来说，公私伙伴关系是指公共和私营部门共同参与生产与提供物品和服务的任何安排，具体形式可以包含介于完全由政府提供和完全由私人部门提供之间的所有公共服务提供安排形式，如国有企业、服务外包、设立合资企业和特许经营等方式。世界银行则将广义的 PPP 分为服务外包、管理外包、租赁、特许经营、BOT/BOO 和剥离 6 种模式，并从资产所有权、运营与维护合同、投资方、商业风险与持续时间方面对不同类型的 PPP 模式进行了比较。

与政府供给、市场供给和第三部门供给模式相比，PPP 供给模式具有四个鲜明的特点，即双主体、多主体供给；“政”、“企”分开，提升管理效率；代理运行机制；效率与公平兼顾。这就有利于公共部门在非纯公共产品的提供中引进私人投资，不仅对财政投资不足加以补充，更重要的是在确保公平性的同时，引入了私营模式的管理技术，从而提高了公共产品供给效率，实现了公平与效率结合。然而，作为公共服务市场化改革的延续和深化，由于信息不对称、私营部门的“利己主义”动机、寻租行为等原因，PPP 供给模式也难逃“契约失灵”的命运。

（三）多中心供给论

不论是政府供给论，还是多元供给论，都认为公共服务的供给中心有且只有一个，那就是政府。然而，随着经济社会的快速发展，“事实上政府已经无法成为唯一的治理者，它必须依靠与民众、企业、非营利部门共同治理与共同管理”①。“每一公民都不是由‘一个’政府服务，而是由大量的各不相同的公共服务产业所服务……大多数公共服务产业都有重要的私人成分”②。为此，以奥斯特罗姆夫妇为核心的一批学者在公共管理领域创立了一种新的理论，即“多中心治理”理论。

“多中心”（Polycentrity）一词最早由迈克尔·博兰尼（Michael Polany）在《自由的逻辑》中提出，具有某种隐喻特色，与“自发秩序”同义。而奥斯特罗姆夫妇眼中的“多中心”则是强调参与者的互动过程和能动创立治理规则、治理形态，这种治理体制至少由三个基本要素集合：许多形式上相互独立的自治单位；选择按照考虑他人的方式行动；通过合作、竞争、冲突和冲突解决程序。我国的学者王兴伦赋予了“多中心”更为通俗易懂的涵义，认为多中心是指多个权力中心和组织机制治理公共事务，提供公共服务，它涉及广泛的公共领域，在

---

① 张成福等：《公共管理学》，中国人民大学出版社，2001 年版。

② 迈克尔·麦金尼斯：《多中心体制与地方公共经济》，上海三联书店，2000 年版。

公共治理中主要指生产的多中心和治理体制的多中心。

治理（Governance）的兴起沿着两条路线展开，一是国际援助机构的发展研究，二是福利国家危机所引发的公共行政变革。1995 年，全球治理委员会在《我们的全球伙伴关系》的研究报告中对治理作出了权威的界定："治理是各种公共的或私人的个人和机构管理其共同事务的诸多方式的总和"①。我国著名的学者俞可平在对各种治理概念加以梳理的基础上认为，治理的基本含义是指在一个既定的范围内运用权威维持秩序，满足公众的需要。其目的是在各种不同的制度关系中运用权力去引导、控制和规范公民的各种活动，以最大限度地增进公共利益。

可见，多中心是治理理论的核心观点和本质特征，多中心与治理密不可分。与多元化供给不一定要求或能够实现供给的多中心相比，多中心治理则强调以自主治理为基础，在公共服务供给过程中允许多个权力中心或服务中心并存。同时从经济学角度出发，将公共事务治理等同于公共服务的生产和提供，视"公益物品或者服务的生产能够与公益物品或者服务的提供区别开来"②。并尝试构建一种制度安排，在这种安排中，存在三类行为者，即公共服务的提供者、公共服务的生产者和公共服务的消费者（群体），其特点是允许并鼓励消费者、提供者和生产者在"不同的综合层次混合和搭配运作"，以通过多个政治领域的互动与生产层次的交叠使每一项公共服务获得多项不同的制度安排得以供给，从而产生激励和有效竞争，提高公共服务质量，增进公共利益。这样，"多中心治理结构为公民提供机会组建许多个治理当局"③。与传统的"单中心供给模式"相比，多中心在公共服务供给方面表现出三个明显的优点，即多种选择、减少搭便车行为以及更合理的决策。以自主治理为基础的多中心治理之所以是有效率的，是因为它解决了制度设计中三个相互关联的难题：制度供给、可信承诺和相互监督。

然而，实现多中心治理，需要许多严格的先决条件，"在公共服务的供给中，这种先决条件表现在资源供给制度、宪政、政治联盟等基本的社会制度安排上。市场安排、法律社群、宪政、政治联盟等组织中的多中心，每一个都是公共服务经济中存在多中心的必要前提条件"④。没有这些条件，多中心治理难以有效。同时，与单中心相比，由于多中心治理容易导致"无中心"的倾向，造成平行

① 俞可平：《治理与善治》，社会科学文献出版社，2000 年版。
② 迈克尔·麦金尼斯：《多中心体制与地方公共经济》，上海三联书店，2000 年版。
③ 埃莉诺·奥斯特罗姆：《公共事物的治理之道—集体行动制度的演进》，三联书店，2000 年版。
④ 迈克尔·麦金尼斯：《多中心体制与地方公共经济》，上海三联书店，2000 年版。

层次上单位之间产生冲突的可能性要远远大于等级层次中单位之间产生冲突的可能性，因此，多中心治理对于冲突的解决和协调机制有更多的依赖。但是“协调不仅可以依靠官僚制的命令与控制结构，也可以通过多种独立公共管辖机构之间的合作、竞争、冲突和冲突的解决的复合程序实现”①。

二、基本公共服务的供给模式

根据政府作为基本公共服务直接供给主体的不同介入程度，可以把基本公共服务供给政策执行模式划分为三种：“政府全能型”直接供给模式、“政府主导型”直接供给模式和“政府参与型”直接供给模式。

（一）“政府全能型”直接供给模式

“政府全能型”直接供给模式植根于传统的全能政府。在这种模式下，政府作为基本公共服务直接供给的“全能型”主体，以公共财政为保障，向全体居民垄断供给各类基本公共服务。因此，基本公共服务财政支出占政府支出比重很高，全民平等地享受着政府提供的从出生到死亡整个生命周期的各类基本公共服务。比如义务教育、社会保障、公共就业服务、医疗卫生服务和住房保障服务等。

瑞典、芬兰、挪威、丹麦等西方“行政国家”或福利国家可以说是这种模式的典型代表。以芬兰为例，由预防性安全和健康政策、社会和卫生服务以及社会保险组成的社会保障体系，为全民提供从出生到老年的全过程、全方位的基本公共服务。涉及从免费教育到失业救济，再到免费的职业再培训；从儿童补助到养老金支出和老年人照顾；从预防疾病、意外事故，到提供基本免费的医疗服务。然而，随着社会保障体系的逐步完善，社会保障范围不断扩大，社会保障支出日益成为芬兰政府公共财政的严重负担。同时，高标准的社会保障水平也容易使居民滋生不劳而获的思想，一定程度上反而抑制了公众的劳动热情和创造性，不利于社会整体效率的提高。

（二）“政府主导型”直接供给模式

“政府主导型”模式是一种以政府为主导、市场和社会合作参与向社会公众直接供给基本公共服务的模式。这种模式强调政府在基本公共服务直接供给中的主体地位，但政府为了减轻财政压力，根据所解决公共问题重要性程度、公共品和服务性质的不同，选择性地将少部分基本公共服务交由其他社会主体参与供给，以满足公众的多样化需求。同时政府处于强力调控地位，对其他社会主体供

① 埃莉诺·奥斯特罗姆：《公共事物的治理之道—集体行动制度的演进》，三联书店，2000年版。

给基本公共服务进行监管，在提高供给效率和质量的基础上，保证基本公共服务供给的公平性。

受制于国情和亚洲文化传统的影响，新加坡采用的就是“政府主导型”公共服务供给模式。作为一个移民国家，种族歧义多、文化多样和社会主体多元的特点迫使新加坡政府必须对公共服务进行权威性供给，以保证公共服务供给全社会覆盖和有效普及。而作为一个缺乏自然资源的岛国，经济对外依赖程度高的国情也逼迫新加坡在宏观管理层面强化政府的统一权威性，依法对经济政策、公众社会生活等进行强干预，在经济和政治稳定的大前提下由政府主导供给各类公共服务。同时，新加坡政府还和市场共同建立一种政府主导下的“共生关系”。即按照“管理靠威严、服务讲仁慈”的原则，采取“上下分离、两手并用”的公共管理方式，一方面在体现政府权威性的基础上，充分强调公共部门亲商、亲民的服务精神；另一方面坚持合作与协调，将非核心的公共服务合同外包，交由市场和社会参与供给，以节约公共服务资源、提高公共服务品质。

（三）“政府参与型”直接供给模式

与“政府全能型”和“政府主导型”直接供给模式不同，“政府参与型”供给模式下，许多基本公共服务通过市场化和社会化运作方式直接供给，而政府仅直接提供一小部分最基本的公共服务，更多地在基本公共服务供给过程中充当起决策者、规划者和监督者角色，发挥决策、引导和监督作用。

美国可以说是这种模式的实践先行者。一方面，通过联邦、州和地方政府之间复杂的合作机制向社会公众直接提供一小部分基本的公共服务。另一方面，以招标采购、合同承包、合约出租、政府参股、补助、凭单、特许经营、志愿服务等方式，将大部分基本公共服务通过市场化和社会化运作机制直接向公众提供。尤其是非营利组织（Non - Profitable Organization，NPO）或非政府组织（Non - Government Organization，NGO）全方位地介入基本公共服务直接供给中，发挥了重要而积极的角色，成为美国地方政府治理与公共服务中的一大特色。

从各国的实践比较来看，正是基于各国不同的历史、文化、法律与政治制度，各国政府在选取适合本国国情、最能有效保障基本公共服务供给质量和水平的供给模式过程中，呈现出了不同的供给形态。我国也不例外，在不同时期因不同国情采取不同的基本公共服务供给模式。新中国成立初期和全面计划经济时期，我国实行的是“政府全能型”直接供给模式，基本公共服务几乎由政府单一主体提供。而进入市场经济时期，面对单一的政府供给模式所带来的管理体制僵硬、效率低下、服务质量不高和公众满意度低等问题，我国开始实行“政府主导型”直接供给模式。但是当前时期，一方面我国的市场经济体制有待完善，部分领域仍需继续深化改革；另一方面社会力量发展迟缓，社会组织的自主性欠缺、自治性不足和服务功能较弱，还难以承担起大规模地直接供给基本公共服务的职能。同时政府、市场和社会力量之间、各级政府之间的公共服务供给职责界限不清，公共服务供给的缺位、越位和错位现象并存。这些都将决定了我国在基本公共服务直接供给过程中，政府还需长期处于主导地位。

第四节　政策评估维度的比较

政策评估不仅可以衡量政府基本公共服务供给责任的履行程度，也可以反映公民基本权利的维护情况，更重要的是通过评估来确定基本公共服务供给过程中是否坚持公益属性，以维护社会公平正义。因此，世界各国都十分重视基本公共服务供给政策评估。

一、政策评估的焦点

20 世纪 50 年代政策科学诞生以来，理论界对政策评估的理论和实践进行了深入的研究，其研究焦点集中在以下三个方面。

（一）政策评估的标准

评估标准的选择是开展政策评估的基本依据和逻辑起点。随着政策评估的方法论从实证主义向后实证主义转变，政策评估标准的选择也从“坚持价值中立的纯技术标准”向“技术标准与社会政治价值标准的统一”转变。在此过程中，国内外学者提出了各式各样的标准。其中“3E”标准（即经济（Economy）、效率（Efficiency）和效果（Effectiveness））应用比较广泛，后来有学者将其发展为“4E”标准（另加公平（Equity）），构建起政策评估的综合评价体系。国内外学者在此基础上将政策评估标准进行了扩充，其中对于政策回应度的共同关注，充分体现了学者们正视“评估是为谁服务”这一命题，使以技术理性为核心的政策评估逐步转向更加广泛的政治、价值观念和社会发展理念的分析，适应了公共政策评估环境的变化。还有些学者从其他视角提出主张，张国庆认为一项政策的整体评估需要建立在若干单元评估基础之上，并相应地提出“首要标准”和“次要标准”的概念，从立体的角度构建起评估标准的架构。高兴武则在综合国内外学者观点的基础上，将各种标准统分为三大类：即政策系统的评估标准、政策过程的评估标准和政策结果的评估标准，从而完善了公共政策评估标准体系。

（二）政策评估的方法

评估标准确立之后，评估方法的选择成为政策评估的关键问题。根据不同的角度，学者们在方法的分类上存在着不同的观点，而政策评估方法的实证主义与规范主义之争是焦点。以卡尔·帕顿和大卫·沙维奇等为代表的实证主义者认为，“未经度量的情况得出的结论是值得怀疑的”，“定量分析……尤其是在衡量系统的效率、有效性以及数量关系方面”是非常必要的。而德博拉·斯通（Deborah. Stone）、豪利特（Howlett）与拉米什（Ramesh）等学者对传统的实证方法加以批判，认为公共政策本来就是高度政治性的，以经验数据为基础的定量化模式不应是政策评估的主流方法，政策评估中应该要多考虑一些悟性和人性因素。为了消弭争论，美国学者库巴（Guba）和林肯（Lincoln）从人的经验认知出发，将政策评估分为四个阶段：技术阶段、描述阶段、判断阶段和价值多元阶段。在这一分析框架下，多元群体的利益诉求、伦理价值以及政治因素只在政策评估的第四个阶段才被纳入考察，政策评估方法的“分歧”也就只在这里产生。这实质上就意味着并不否定政策评估前三个阶段遵循实证主义的评估取向。

而弗兰克·费希尔（Frank. Fischer）的政策辩论逻辑对实证分析与规范分析进行有机结合，构建了将事实与价值结合起来进行评估的多重方法论框架结构，在方法上突破了实证与规范的束缚。相比较而言，国内学者在政策评估研究中还主要以定性分析为主，但正走向实证主义。

（三）政策评估的模型

根据评估标准，结合评估方法，学者们提出了许多政策评估模型。斯塔夫比姆（Daniel. Stufflebeam）在《评估模型》一书中列举和比较分析了50年来学者们所运用的22种评估模型，并划分为四大类：伪评估、问题取向的评估、决策取向的评估和社会回应取向的评估。同时指出，消费者取向模型、结果评估模型、以顾客为中心的模型、案例研究模型等9种将在21世纪更有发展前景。而瑞典学者韦唐（Vedung E.）经过深入研究，在《公共政策和项目评估》一书中归纳出三大类10种政策评估模型，如目标获取模型（Goal – attinment model）、综合评估模型（Comprehensive evaluation model）、成本－收益模型（Cost – benifit）和相关利益人模型（Stakeholder model）等，在政策评估领域产生较大的影响。而在众多模型中，20世纪80年代新公共管理运动以来，以政策对象“顾客”（Clients）的目标和需求为着眼点的“顾客导向模型”在西方国家得到了广泛的应用，尤其是在涉及向公众提供如公共交通、绿化、环保、教育等方面公共服务的政策领域。

二、基本公共服务供给政策的评估

世界各国着重从评估标准选择、评估模式探索、评估方法创新三个方面积极推进和改善基本公共服务供给政策评估。

（一）评估标准选择

传统公共行政时期，由于受科学管理主义的影响，英国、美国等西方国家广泛应用“3E”（即经济（Economy）、效率（Efficiency）和效果（Effectiveness））标准开展公共政策评估，主要关注公共服务供给政策的效率和效益，即为了实现既定的政策目标需要损耗多少政策资源。而后将其发展为“4E”标准（另加公平（Equity）），不仅关注政策效率，同时也关注政策制定和执行的公平程度。随着新公共管理运动的兴起和新公共服务理论的发展，越来越多的西方国家在政策评估中坚持“顾客导向”和“公民导向”的理念，并在实践中以服务对象满意度为评估标准，关注服务对象的需求和满意程度。

相比于西方国家，我国开展基本公共服务供给政策评估起步较晚。同时由于对基本公共服务供给政策本质属性的认知不够到位，加上以“政绩”为官员评价主要标准的政府绩效评估环境影响，我国起初的政策评估主要以效率为标准取向，重点关注基本公共服务供给的效率、数量和范围等，忽视供给的质量和社会公众满意度。随着贯彻和落实科学发展观的不断推进，坚持“以人为本”已经成为各级政府执政的核心理念。体现在公共政策评估领域，坚持以社会公众满意为评判标准正在逐步成为社会共识。

（二）评估模式探索

评估行为的实施最终依靠评估主体来实现。从评估主体角度来看，当前世界各国主要存在着三种基本公共服务政策评估模式：内部评估、混合评估和外部评估。

内部评估模式是指政府作为唯一评估主体，组织相关人员通过自上而下的方式进行政策评估。也就是说，政府控制基本公共服务供给政策评估实施的全过程，而公众或其他社会主体很难参与其中。由于评估过程是完全封闭的，得不到有效的社会监督，因此，给迎接评估时弄虚作假留下了可行空间，政策评估难以真实地反映基本公共服务供给政策的实施状况，也不能及时了解公众的真实需求。在民主行政不断发展的趋势下，各国正逐步改进或抛弃这种政策评估模式。

混合评估模式是对内部评估模式的一种改善模式，强调政策评估主体由单纯的政府机关内部评估向政府与公众或其他社会主体共同参与评估转变。具体实践过程中，一般在政府主导下，通过社会或其他社会主体的广泛参与，在双向互动的过程中对基本公共服务供给政策开展评估。例如，韩国政府在通过调查研究摸清社情民意的基础上，建立官民合作机制，组织专家学者、社会公众或其他民间组织组成评估委员会，对政策现状开展客观、公正地评估，并提出合理的建议和意见。这不仅大大提高了评估过程的公众参与度，也提高了政策评估的透明度，还可以使公众有效地表达自己的意愿，有利于改善和推进基本公共服务供给政策实施。

与内部评估和混合评估模式不同，外部评估模式则强调在政策评估过程中，评估主体由独立于政府之外的、掌握专业知识、信息面较广的政策领域内的专家和学者或专门机构组成。由于这些专家、学者们与被评价者之间没有利益冲突，相对来说，更能客观公正地对政策进行评价。因此，这一模式逐渐被许多国家采纳和应用。澳大利亚就把政策制定、执行和评估的权力分别授予不同的机构，尤其是将政策评估的权力经常赋予一些独立的机构，如澳大利亚生产力委员会、维多利亚州基本服务委员会等。由于这些机构依法成立，直接向政府首脑、议会或者公众负责，独立于政府部门，因此，开展政策评估能够做到独立、公开、透明，从而提高了政策评估的真实性和有效性，保证了公正性。

受政治、经济、文化和社会发展环境的影响，我国长期以来采用内部评估模式对基本公共服务供给政策进行评估。由于评估主体由政府成员组成，评估过程全封闭，公众和其他社会主体根本没有机会参与和监督，因此，从某种程度上来说，基本公共服务供给政策的好坏由政府单向说了算。这不仅难以保证基本公共服务供给政策评估的客观公正，而且会导致权力的滥用。鉴于此，为提高政策评估效果，近些年来，我国各级政府积极探索混合评估模式和外部评估模式，取得了长足的进步。但是由于各方面因素的影响，政策评估还是常常表现为上有政策、下有对策的“运动式”的评估过程，使评估流于形式，既反映不了基本公共服务供给政策实施的真实状况，更谈不上以社会和公众意愿作为客观衡量标准。

（三）评估方法创新

从分析手段来看，政策评估主要有定性分析方法和定量分析方法之分。其中，定性分析方法如专家意见法、田野调查法等，定量分析方法如社会调查与统计分析方法、层次分析法、最优化分析法和投入产出分析法等。

随着政策评估理论由实证主义走向后实证主义，西方国家一般采用定量和定性相结合的评估方法对基本公共服务供给政策进行评估，评估方法逐步趋向多元化、多样化。而我国目前政策评估过程中，由于大量采用传统的手工方法，对一些统计分析软件的应用还比较少，同时缺乏科学的、全国统一的基本公共服务供给政策评价指标体系，因此主要采取定性分析法对基本公共服务的目标完成情况进行监测和确定，这就难免受到个人经验、主观意志和感情因素的影响，在一定程度上影响了政策绩效评估的客观真实性。

综观世界各国基本公共服务供给政策实践，尽管在价值取向、政策制定、政策执行和政策评估方面五彩纷呈。但是实践告诉我们，无论在基本公共服务供给政策实践过程中，坚持何种价值取向，选取何种政策制定、执行和评估模式，大凡比较成功有效的国家，无一不是较好地做到了遵循一般基本公共服务供给规律与本国国情的创造性结合。也就是说，必须坚持从基本公共服务供给政策的一般规律出发，结合具体国情实际因地制宜地进行实践。

第五章　我国基本公共服务均等化供给政策的现实挑战

自"十一五"以来，随着科学发展观的贯彻和落实，我国推进基本公共服务均等化取得了明显成效。"城乡免费义务教育全面实施，国民教育体系比较完备；基本医疗保障实现了制度全覆盖，城乡基层医疗卫生服务体系基本建成，免费基本公共卫生服务项目不断增加，国家基本药物制度开始建立；基本实现县县有文化馆图书馆、乡乡有综合文化站，广播电视覆盖全部行政村和 20 户以上已通电的自然村，公共博物馆、纪念馆、科技馆等公共文化设施逐步向社会免费开放；社会保障制度不断完善，失业、医疗、养老等基本保险覆盖面不断扩大，城乡最低生活保障制度全面建立；公共就业服务和保障性住房供给能力不断增强。"①

然而，比对其他国家的先进经验以及社会公众的现实需求，我国在推进基本公共服务均等化供给政策实施过程中，现阶段仍然面临着政策目标不明确、政策制定不科学、政策执行不理想和政策评估不合理等诸多方面的现实挑战。

第一节　政策目标不明确

党的十六大以来，党中央根据我国经济社会发展的新形势、新任务和特点，明确提出了科学发展观和构建社会主义和谐社会等一系列重大战略思想，把着力解决民生问题放到了更加突出的位置，坚持以人为本、执政为民，这从总体上为我国基本公共服务供给政策指明了方向，奠定了重要的思想理论基础。

尽管公共政策的直接目的在于解决社会公共问题。但是，在科学发展观和构建社会主义和谐社会等一系列重大战略思想的指引下，政策的目标不应仅仅在于社会公共问题的解决，更重要的是通过问题的解决，维护和保障社会公众的各项权利，满足社会公众的现实需要，并最终促进人的全面发展。也就是说，公共政策的目标具有明显的层次性。然而，当前社会各界不同人员在探讨基本公共服务

① 胡祖才：《推进基本公共服务均等化的内涵和路径》，载《人民日报》，2010 年 10 月 8 日。

均等化供给政策目标时，就忽略了政策目标的这一特性，没能首先从不同层面对基本公共服务均等化供给政策的目标加以区别，认识不到基本公共服务均等化供给政策目标在不同层次上存在着中介目标、根本目标和终极目标之分。而是将基本公共服务均等化供给政策目标讨论的焦点主要集中在中介层面，即“均等化”目标纬度上，并呈现出三种不同的倾向。

一、单一目标倾向

从结果均等的角度，金兴盛认为，“基本公共服务均等化，是指政府为全体公民提供基本的、与经济发展水平相适应、最终大致均等的公共产品和服务”①。唐钧从保障权利均等的角度指出，“基本公共服务均等化是指在基本的公共服务领域应该尽可能地使全国人民享有同样的权利”，这些权利至少包括六项：生存权、健康权、居住权、受教育权、工作权和资产形成权②。而吕炜和王伟同则认为基本公共服务均等化是指具有相同公共需求的公民，可以享受到大致相同的公共服务。

二、双重目标倾向

安体富、任强认为，基本公共服务均等化中的“均等”的内容包含两个方面：一是指居民享受公共服务的机会均等，比如公民平等享有受教育的权利；二是指居民享受公共服务的结果均等。同时指出，相比之下，结果均等更为重要。刘尚希则认为，“均等化的本质是通过某一个层面的结果平等来达到机会的均等，公民不因性别、年龄、民族、地域、户籍而受到不同的待遇”。并指出可以通过提供均等的公共服务使各地居民消费风险处于同等水平，从而使居民获得同样的条件和机会进行消费③。

三、多维目标倾向

常修泽认为，基本公共服务均等化的内涵包含三个方面：一是全体公民享有基本公共服务的机会均等；二是全体公民享受基本公共服务的结果应该大体相同或者说相对均等；三是基本公共服务供给过程中，应充分尊重社会成员的自由选择权。而项继权、袁方成则认为，“我们要求并实现基本公共服务的均等化，即

---

① 金兴盛：《全面改善民生 促进社会和谐 率先加快实现基本公共服务均等化》，载《浙江经济》，2008 年第 19 期。

② 唐钧：《公共服务均等化保障 6 种基本权利》，载《新华网》，2006 年 7 月 7 日。

③ 刘尚希：《基本公共服务均等化：现实要求和政策路径》，载《浙江经济》，2007 年第 13 期。

人们生存和发展最基本的条件的均等。这不仅是一种生存底线的平等，也是符合起点和机会平等的要求，同时还满足最基本的需求的平等”①。

显然，当前社会各界对于基本公共服务均等化供给政策的目标没有达成明确的共识。而政策目标不明将直接影响到基本公共服务均等化供给政策制定、政策执行和政策评估的各个环节，不利于政策的顺利实施。

第二节　政策制定不科学

政策制定作为公共政策的核心环节，直接关乎公共问题的解决。然而，当前基本公共服务均等化供给政策的制定总体上欠缺科学性，突出表现在缺乏长远规划、民主监督不力和公众参与不足三个方面。

一、缺乏总体规划

基本公共服务均等化供给政策的实施不仅有利于加快城乡统筹发展步伐、缩小区域发展差距，推动经济社会又好又快发展，也有助于促进人的全面发展和社会和谐稳定。然而，作为一项重大的战略决策，却缺乏中长期的总体规划。这就使得基本公共服务均等化供给政策的总体指导思想不明、阶段目标不明、内容体系不明、实施路径和保障机制不明，直接影响政策总体实施进度和效果。同时，缺乏总体规划也使得许多具体专项的基本公共服务供给政策制定进度安排不清，影响具体政策供给数量。因此，尽快制定与经济社会发展中长期规划相衔接的基本公共服务均等化总体规划是当前的一项紧迫性任务。

二、缺乏民主监督

虽然目前我国基本公共服务均等化供给政策是基于调查研究基础上加以制定的，但是政策制定过程主要采用“自上而下”的精英决策模式。在这种模式下，受集权式政治体制和计划经济时期决策思维惯性作用的影响，以各级党政机关领导为主的政策制定主体常常会在不经过科学合理的民主程序下直接进行“拍脑门”决策，这就难以保证所制定政策的科学性和合理性，容易导致现有政策和过去政策、主体政策和配套政策以及部门政策之间产生不衔接、不配套问题，有的甚至相互矛盾。同时，由于现有政策制定过程的封闭性，且缺乏专门的政策监督

① 项继权、袁方成：《我国基本公共服务均等化的财政投入与需求分析》，载《公共行政评论》，2008 年第 3 期。

机构和有效的社会监督，使政策审议、评价和监督难以到位，这不仅有碍基本公共服务均等化供给政策质量的提高，而且容易导致政府及其决策者的自利倾向，使政策朝有利于强势利益团体的方向发展，或者通过与公共权力执掌者合谋，假以国家或集体利益的名义侵犯或忽视社会公众的基本权益，使政策的公共性受损，失去其应有的公正与公平。

三、缺乏公众参与

尽管我国在公众参与政策制定过程方面已经进行了许多有益的探索，取得了长足进步，“但由于传统政治文化的影响，现行参与制度安排的缺失，参与程序的非规范化，社会利益结构的分化，公众自身状况及现代物质技术手段引发的参与无序等，使当前我国公众参与政策过程面临一系列困境”①。有学者将这些困境概括为十大方面：社会对公民参与政策过程认识模糊、公民参与公共政策能力有限、公民参与中公利与私利的冲突、公民参与政策过程的民主与效率矛盾、强势集团操纵政策过程的危险、参与群体的集体非理性、社团参与的局限、听证制度的不完善、网络参与的自由与无序以及“灰色参与”与“设租寻租”的危害。这些困境一方面造成我国基本公共服务均等化供给政策制定过程中缺乏公共需求表达机制，社会公众输入性参与严重不足，使所制定的政策难以有效反应公众的真实需求，从而导致基本公共服务的供给数量不足、供给与需求不匹配或不能适应公众需求的变化。另一方面造成公众对政策制定的背景、政策所要解决的社会问题、政策目标实现的可能性和实现途径以及政策制定所带来的利益格局变化等缺乏深入理解，从而大大降低社会公众对政策的认同感，直接影响政策的合法性和权威性，并最终影响政策的有效执行。在当前社会转型期利益分化加剧的条件下，甚至还可能引发冲突，危及社会的和谐稳定。

第三节　政策执行不理想

受各种因素影响，当前我国基本公共服务均等化供给政策执行过程中面临着供给主体单一、供给资源缺乏、供给绩效低下和供给结果不均等诸多问题。

① 唐志君：《公众参与政策过程：价值、困境及走向》，载《理论探索》，2007年第2期。

一、供给主体单一

作为一个社会主义国家，政府理所当然地有义务保障全体公民的生存权、受教育权、就业权、健康权等基本的人权，不能把本属自己的职责和义务转嫁给市场和社会。自 1998 年我国公共财政体系建立后，国家财政从原来计划经济体制下的经济建设型财政向公共服务型财政转变。这就意味着政府应将财政投入逐渐从经营性和赢利型领域退出来，转向公共产品和公共服务领域，在基本公共服务均等化供给过程中起主导作用。其作用应主要体现在三个方面：一是制定科学的政策。政府应通过制定科学的制度、政策和措施，调动社会各方的积极参与，达到四两拨千斤的目的，促进基本公共服务均等化。二是支付补助经费。政府应该通过补助、配套补贴、转移支付等途径，增加社会公众的收入，弥补公共产品和公共服务供给的不足。三是直接提供公共产品和公共服务。如建立公立医院、学校等。

基本公共服务供给应当坚持政府主导，但不等于政府包办。然而长期以来我国形成了以政府为主导的公共服务投资、生产、供给和管理的“垄断型”供给模式。受其惯性影响，政府习惯于在公共服务供给实践中既当决策者和监督者，又当生产者和供给者，主观上忽视了公共服务提供和生产相分离的可能性与必要性。同时，当前时期，一方面我国的市场经济体制尚待进一步完善，市场主体力量还尚未充分发挥。另一方面，我国志愿组织、民间组织和自治社区等社会力量的发展缓慢，其自治性、自主性欠缺，服务能力较弱，还未能成为独立有效的主体去承载政府转移出来的基本公共服务供给职能。这又在客观上限制了政府将基本公共服务供给推向市场、社会的空间。主客观因素以及基本公共服务的非竞争性和非排他性本质特征共同决定了政府作为我国基本公共服务供给的主导地位。

这一困境不仅造成基本公共服务供给缺乏有效的外在竞争机制，带来政府职能不断扩张、机关事业单位人员膨胀、财政压力巨大以及公共服务供给效率和质量水平偏低等负面影响。而且受公共资源的限制，难以很好地满足社会公众日益变化的多元化公共服务需求，甚至导致部分公共服务供给政府缺位，形成公共服务供给盲区。以农村水电水利、道路交通等基础设施为例，尽管私人企业、社会组织拥有资金、信息、技术等资源，但是受到政策、产权界定和利益性质的影响，难以大规模的进入农村基础设施建设领域，这在很大程度上影响了农村基础设施的供给。而政府作为单一的供给主体，受到财力水平和利益目标的影响，必然在供给数量和质量上有所限制，甚至无法作为。

二、供给资源缺乏

公共财政资源的投入及分配方式，直接决定了基本公共服务供给的数量和质量，也对基本公共服务均等化实现程度产生重大影响。近年来，我国各级政府用于基本公共服务的财政支出不断加大，财政转移支付结构趋于合理。从财政支出总额来看，根据财政部提交2012年两会的《关于2011年中央和地方预算执行情况与2012年中央和地方预算草案的报告》，2012年，中央财政将用于人民群众生活直接相关的教育、医疗卫生、社会保障和就业、住房保障，以及文化方面的民生支出，安排合计13848亿元，比上年增长19.8%，从支出结构来看，社会保障和就业、教育、保障性住房以及医疗卫生排在民生支出的前四位。其中社会保障和就业所占比重最大，总额达到5750.73亿元，占2012年中央财政总支出的9%。同时，教育支出也有大幅增加，占到中央财政总支出的5.8%，此外，住房保障占到3.3%，医疗卫生占到3.2%。财政部为新农合和城镇居民医疗保险的财政补助标准提到240元，并适当提高报销标准，需补助1050亿元。[①] 可以看出，中央财政涉及民生的基本公共服务领域投入不断增大，向基层、农村边远地和困难群体倾斜。从财政转移支付来看，2011年中央对地方税收返还和转移支付高达39899.96亿元，其中税收返还为5078.38亿，一般性转移支付18299.93亿元，专项转移支付16521.65亿元。通过转移支付之后，地区之间人均财力水平状况得到很大改善，东、中、西部地区分配均衡程度大大提高。

然而，目前我国基本公共服务均等化供给所需的资源总体上十分缺乏，造成这一现状的主要原因集中在以下四个方面。

（一）社会主义初级阶段的基本国情限制

尽管改革开放30多年来，我国经济建设取得了举世瞩目的成就，但是总体上我国仍然处于社会主义初级阶段的基本国情并没有得到根本性改变。因此，与社会公众不断增长的公共服务消费需求相比，政府在顾全发展大局的情况下，本身就缺乏足够的资源为高标准的公共服务供给提供支撑。

（二）重经济建设、轻公共服务的“挤出效应”

长期以来重经济增长、轻公共服务的政府绩效考核导向，使本来有限的财政资金大量投入经济建设领域，对义务教育、基本医疗、公共卫生、公共安全等基本公共服务的投入产生明显的“挤出效应”，财政支出中用于基本公共服务的比例仍然偏低，有些支出低于世界中等收入发达国家乃至低收入国家的平均水平。

---

① 《关于2011年中央和地方预算执行情况与2012年中央和地方预算草案的报告》，http：//news. xinhuanet. com/politics/2012lh/2012－03/16/c_ 111666182. htm。

2011 年全国财政用在与人民群众生活直接相关的教育、医疗卫生、社会保障和就业、住房保障、文化方面的民生支出合计 38108 亿元，仅占全国总财政支出 108930 亿元的 34.98%。而国外很多国家财政支出用于公共服务的比重高达 60% ~70%，有些国家甚至接近 80%。从教育经费看，目前世界教育公共投入占各国 GDP 的平均水平约为 7%，其中发达国家达到了 9% 左右，欠发达国家也达到了 4.1%，而 2011 年我国财政性教育经费支出还达不到国内生产总值 4% 这一世界衡量教育水平的基础线。从卫生保障的公共支出占 GDP 的比重看，全世界低收入国家平均为 1.5%，中等收入国家为 3%，高收入国家为 6.6%，我国 2011 年医疗卫生支出占中央财政支出比重为 3.18%。①

（三）各级政府事权与财力不匹配

从世界各国的实践看，尽管各国对各类基本公共服务的特征和作用认识不一，导致中央和地方基本公共服务的事权划分存在一定差异，但各级政府之间事权划分的界限清晰，而且很多国家都以法律形式对政府间职能界定予以明确，较好地实现了基本公共服务事权与财力的匹配。然而，随着分税制和农村税费改革的深入推进，我国集中化的财政体制使各级政府间的事权与财权关系划分不合理，存在“财权层层上收，事权层层下放”的现象，我国各级政府尤其是基层政府的事权与财力不相称的矛盾较为突出。2003 年中国（海南）改革发展研究院的一份研究报告表明：1994 ~2002 年期间中央财权平均为 52%，地方财权平均为 48%，中央事权平均为 30%，地方事权平均则高达 70%。② 这就导致我国各基层政府在提供基本公共服务时普遍面临资金“瓶颈”问题，严重依赖于上级政府的转移支付和各种预算外收费。

而作为保障各级政府事权与财力相匹配的重要制度安排，目前我国财政转移支付制度还不健全。我国现行的财政转移制度重点考虑纵向平衡和调控地方政府行为，还未能充分发挥促进基本公共服务均等化供给的效力，甚至某些制度安排还带有逆向调节的作用。主要表现在：一是转移支付结构不甚合理，税收返还比重过高，一般性转移支付比例偏低；二是转移支付资金分配主要采用“基数法”，这会愈加强化历史原因造成的财力分配不均；三是专项拨款分配缺乏科学的依据和标准，配套资金制度很大程度上加大了农村及欠发达地区获取资金的难度，且专项转移支付项目十分庞杂，分散了用于基本公共服务均等化的比重；四

① 《关于 2011 年中央和地方预算执行情况与 2012 年中央和地方预算草案的报告》，http：//news.xinhuanet. com/politics/2012lh/2012 -03/16/c_ 111666182. htm。

② 李冬梅：《我国地方财政困境辨析》，中华会计网校，2006 年 9 月 28 日，http：//www. chinaacc.com/new/287%2F291%2F323%2F2006%2F9%2Fsh27733648498296002644 -0. htm。

是转移支付资金的绩效监管机制还不健全，对转移支付资金使用的监督缺位，造成大量的转移支付资金被占用或挪用在非公共服务领域，使基本公共服务供给可用财政资源更显捉襟见肘。

（四）“行政命令式”的资源整合方式

在公共财政投入有限的情况下，政府尚未建立对社会资源的有效整合机制，仍然依赖于“行政命令式”的动员方式整合资源，这就很难使其他社会主体自觉地、大规模地进入基本公共服务供给领域，以弥补供给资源的不足。供给资源的短缺，很大程度上限制了基本公共服务供给总量，并在城乡之间、区域之间、不同群体之间基本公共服务供给的投入上存在明显差异。

三、供给绩效低下

当前，我国基本公共服务供给所实行的是从中央到省、市、县（区）、乡镇（街道）的多级供给管理模式。这种模式一方面有利于减轻中央政府的管理负担，使其有更多时间和精力去考虑基本公共服务整体供给规划和政策；另一方面也有利于调动下级政府的积极性，从而扩大管理覆盖面和提高管理效率。但是实行这种分层管理模式，首先需要合理划分上下层级政府间的管理职能、管理范围及具体的事权和财权，以便于各级政府间的管理衔接和实施；其次，必须要建立有效的监督、协调和问责机制，减少管理中的摩擦。

然而，目前中央与地方政府以及地方各级政府之间在基本公共服务领域存在供给权责不明、职能交错、责权划分与政府财力不相匹配等问题，造成有些基本公共服务供给多头管理，而有些基本公共服务供给不足，甚至缺位的现象，从而影响了基本公共服务的有效和稳定供给，再加上各级政府间的协调、监督和问责机制也不健全，导致在执行相关决策过程中摩擦扯皮现象时有发生，严重影响了供给绩效。同时，由于缺乏有效的竞争机制和约束机制，政府主导供给基本公共服务过程中，往往没有内在动力和激励去强调用最小的成本提供最多的公共服务，以提高供给绩效。此外，在一些市场化、社会化运作的基本公共服务供给过程中，由于政府疏于管理和监督，缺少完善、透明、公正公平的监督、审计和绩效评价机制，导致供给成本不减反增，供给效率和质量低下。

2007 年 4 月由中国社会科学出版社发行的《中国公共服务发展报告 2006》显示，我国基本公共服务综合绩效整体处于偏低水平。从总体来看，基本公共服务综合绩效优秀级别空缺。从八类基本公共服务供给具体情况来看，一般公共服务、基础教育和公共卫生绩效得分普遍相对较高，社会保障、环境保护、基础设施和公共安全绩效得分则普遍偏低。同时，当前政府公共服务整体上呈现出“总体水平偏低、发展不平衡、效率低水平趋同”的基本特征。其中：“总体水平偏低”主要表现为对公共服务投入的增长速度落后于总体财政支出增长速度，公共服务发展速度落后于整体经济增长速度，公共服务供给数量和质量落后于公众现实需求。“效率低水平趋同”主要表现为各地基本公共服务投入产出相对效率没有明显差异，政府基本公共服务整体属于“投入型”而非“效率型”，地区公共服务差距主要表现为投入差距。而“发展不平衡”则主要表现为公共服务地区间、城乡间以及各类基本服务间发展不平衡。①

四、供给结果不均

从基本公共服务供给结果来看，现阶段存在着严重不均问题。主要表现在以下三个方面。

（一）城乡之间基本公共服务供给不均

我国长期以来通过“抑农扶工”、“重城轻乡”的方式，在城乡之间人为地造成了工农产品价格“剪刀差”、财政税收收支差、金融存贷差、土地征用出让价格差、城乡居民国民待遇差等结果，形成了城市发展的“政策洼地”，导致农村资源及要素源源不断地流入城市，造成城乡差距日益扩大，使城乡在发展资源和发展机会上明显不均。反映在基本公共服务供给领域，城乡之间差距明显。

第一，城乡二元体制是城乡基本公共服务非均等化的制度性根源。新中国成立初期，我国在经济上选择了优先发展重工业的经济战略，从而形成了以计划经济为根本特征的城乡二元结构非均衡发展模式。在此基础上，政府在公共产品和公共服务供给方面也实行城乡有别的二元体制，城市公共产品和公共服务由政府提供，资金主要由政府财政预算予以安排，而农村公共产品和公共服务则为制度外提供，主要由农村和农民自行解决，自我承担，各级政府对农村公共产品和公共服务的投入相对较少，从而导致城乡在公共产品和公共服务供给过程中严重失衡，形成很大的历史欠账。

第二，地理环境是制约城乡基本公共服务均等化的客观因素。城乡基本公共服务供给不均等，有其客观的地理环境因素影响。与城市相比，农村地区一般地域广大而农民群众居住分散，公共产品和公共服务的供给成本相比要高出不少。尤其是一些边远山区或者沿海边远海岛，自然条件十分恶劣，不适宜人类居住。这些地区不论是道路，还是水电、通信设施的建设，其投资成本都比较大，而使用人口则主要是特定的少数农民群众，因此，当投资主体缺少投资资金时，这些地区就很有可能成为基本公共服务的盲点。

---

① 《中国公共服务发展报告 2006》发布，http：//www. gov. cn/fwxx/wy/2007 - 04/11/content_578160. htm。

第三，公共财政制度不完善严重影响了城乡基本公共服务均等化水平。城乡基本公共服务均等化供给离不开科学、规范的公共财政制度。然而目前我国的公共财政制度脱胎于计划经济体制时期，至今仍没有完全摆脱城乡分立、差别化、非规范化的不完善状态，严重制约着城乡基本公共服务供给的均等化。具体表现在公共服务资金筹措制度上，城市供给完全由政府财政资金保障，农村则仍然实行制度内、制度外并举的筹资模式，制度外的筹资仍占有相当大的比重。在公共产品供给机制上，义务教育经费标准不同、医疗保险标准不同、户口制度不同等城乡有别的制度，使城乡基本公共服务均等化受到刚性的约束。在中央财政支农资金使用上，没有形成合理科学的支出机制，支出环节众多重复，资金相对分散，涉及中央十多个部委。由于部门利益思想严重，很难做到协调一致，而且在资金使用管理上时常存在着层层收取管理费，甚至扣留、挪用等违规现象，致使投入效率低下。同时，转移支付制度的不完善，使其在统筹和平衡城乡公共产品和公共服务供给水平过程中功能低下。①

受历史原因、发展模式、地理环境和财政制度等多重因素影响，目前我国城乡基本公共服务供给明显不均。集中表现在：一是财政投入不均等。以义务教育为例，教育部、国家统计局和财政部《关于 2008 年全国教育经费执行情况统计公告》表明，2008 年全国普通小学生均预算内事业费支出为 2757.53 元，而农村普通小学生均预算内事业费支出为 2617.59 元，比全国平均标准少 139.94 元；全国普通初中生均预算内事业费支出为 3543.25 元，而农村普通初中生均预算内事业费支出为 3303.16 元，比全国平均标准少 240.09 元。② 二是供给总量不均等。以医疗卫生资源为例，城乡之间差距较大，城乡医疗卫生服务可及性明显不均等。2008 年，我国每千人口床位数城市是农村的 4.22 倍，每千人口卫生技术人员数城市是农村的 2.52 倍，每千人口执业医师数城市是农村的 2.43 倍。三是供给质量不均等。以义务教育为例，城乡教师素质差异较大，直接影响着教育质量水平。从 2007 年全国普通小学教师高学历教师比例来看，城市为 85.30%，农村为 58.53%，城市是农村的 1.45 倍；而从全国普通中学教师高学历教师比例来看，城市为 71.96%，农村为 35.97%，城市是农村的 2 倍。③

---

① 赵云旗：《促进城乡基本公共服务均等化的财政政策研究》，载《经济研究参考》，2010 年第 16 期。

② 2008 年全国教育经费执行情况统计公告，http：//info.jyb.cn/jytjk/200911/t20091120_325011.html。

③ 黄云鹏：《“十二五”促进城乡基本公共服务均等化的对策建议》，载《宏观经济研究》，2010 年第 7 期。

（二）区域之间基本公共服务供给不均

改革开放以来，我国实行了以非均衡发展为目标的梯度推进式的区域发展战略，促成了我国不同地区之间经济和社会发展水平很大的不同。同时也在很大程度上导致了基本公共服务供给区域间的不均衡，在全国范围内呈现出由东向西相对递减的基本公共服务供给格局。王新民、南锐对全国 31 个省域基本公共服务均等化水平的测定结果显示，一方面，省域间基本公共服务均等化水平差距明显。均等化水平最高的北京与均等化水平最低的贵州关联度得分相差 0.3728。即使排名前六位的省域之间，其均等化水平的最终关联度也体现出较明显的差距，这说明省域间基本公共服务均等化水平存在明显差距。另一方面，东中西部基本公共服务均等化水平呈现较为明显的梯度分布。均等化水平排名前 8 名的地区中有 7 个地处东部沿海，1 个处于中部地区，而排名后 8 名中有 7 个在西部地区。这说明东部均等化水平明显高于中部地区，远高于西部地区，阶梯状特征非常明显。[①] 陈昌盛、蔡跃洲对我国政府公共服务的地区综合评估也表明，我国公共服务区域不均等问题严重，公共服务在中西部欠发达地区与东部发达地区之间差距较大。2000～2004 年间，我国各类公共服务地区差异指标中最大与最小之比的 5 年平均值分别为：基础教育 1.728，公共卫生 1.774，社会保障 2.351，基础设施 3.072，公共安全 1.923，环境保护 1.96。[②]

（三）群体之间基本公共服务供给不均

我国基本公共服务不同群体之间不均问题突出，来自国家机关事业单位人员、企业白领、自由职业人、农民工、下岗无业人员等不同群体间享受的基本公共服务相差悬殊，严重不均。我国职工医疗保险费用和公费医疗费用是城镇无保险人群的 3.0 和 4.7 倍。[③] 我国数亿农民工作为城镇产业工人的重要组成部分，难以享受到与城镇居民同等的生存发展权利。农民工多数在非正规部门就业，即使少数在正规企业就业，也是从事非正规就业，其基本权利得不到保障。不仅是农民工自己，由农民工引发的“留守老人”、“留守儿童”、“留守妇女”等问题也日趋严重。很多地方没有将进城农民工子女纳入当地义务教育体系，一些地方公立学校仍然向农民工子女收取借读费。由于各种人群自身素质的不同，使其享受的基本公共服务不均等，而这种不均等的基本公共服务又制约着

---

① 王新民，南锐：《基本公共服务均等化水平评价体系构建及应用——基于我国 31 个省域的实证研究》，载《软科学》，2011 年第 7 期。

② 陈昌盛，蔡跃洲：《中国政府公共服务：体制变迁与地区综合评估》，中国社会科学出版社，2007 年。

③ 田忠林：《推进基本公共服务均等化的探索和思考》，《民生之路——惠及 13 亿人的基本公共服务》，中国经济出版社，2008 年。

这些人群的发展，形成恶性循环，加大了社会问题的复杂性，极易引发社会不满和矛盾。

第四节　政策评估不合理

我国基本公共服务均等化供给政策评估尚处于探索阶段，政策绩效评估体系还很不健全，突出表现在三个方面：评估导向缺乏民本性、评估过程缺乏开放性和评估程序缺乏规范性。

一、评估导向缺乏民本性

政策评估的一项重要工作就是考察政策执行是否达到了预定的政策目标或者完成政策目标的程度，这就需要明确的政策目标导向。然而，基本公共服务均等化供给政策目标具有复杂性、多维性和层次性特点，容易造成政策目标不明。而政策目标不明又必将导致政策评估导向不明。当前社会各界在对基本公共服务均等化供给政策开展评估时，多数人员仅对实际提供的基本公共服务数量和质量水平加以评判，或对社会公众享有基本公共服务的均等化程度进行测度，而几乎没有基于政策的直接受惠者——社会公众的立场，对基本公共服务均等化供给政策的公众满意度进行过考量。相应地，在构建基本公共服务均等化供给政策评价指标体系时，在指标的选择和筛取上，注重选取反映基本公共服务供给数量、均等化供给程度等情况的测度指标，而忽视公众满意水平的衡量，明显地缺乏民本导向。

二、评估过程缺乏透明性

受长期以来我国政府绩效评估模式的影响，当前我国基本公共服务均等化供给政策评估中，评估主体也主要限于政府内部的评估者。在这种内部评估模式下，政府既是运动员，又当裁判员，评估过程完全封闭，缺乏透明、公开、社会公众参与和应有的监督；评估数据、评估方法和评估指标体系等信息不完全公开；评估结果一般也不向社会公布，只在内部通报。这不仅容易导致评估权力的滥用，难以保证政策绩效评估的客观公正，也直接影响社会公众对政策评估的认可程度。

三、评估程序缺乏规范性

“依法治国”的基本方略要求我国在政治、经济、文化和社会各个方面的运行统统按照法律的相关规定进行，而不能受任何个人意志的干预、阻碍或破坏。然而，在公共政策评估领域，我国的法制建设较为滞后，不仅缺乏专门的法律法规，而且也缺乏明确的评估程序准则，这就难以保障政策评估程序的规范性。具体在基本公共服务均等化供给政策评估实践中，大多数基本公共服务政策评估处于自发或半自发状态，随意性大，缺乏统一的规划和指导；没有专门的政策评估机构组织，忽视作为政府行为相对人的社会组织和社会公众的参与；缺乏科学的、规范的政策评估程序，往往只开展“运动式”、“突击式”、“评比式”的内部评估，做出自身评价；没有建立完善的信息发布机制，评估过程“暗箱”中进行。

第六章　我国基本公共服务均等化供给政策的总体要求

结合我国基本公共服务供给政策的现实情况，本章基于“金字塔型”理论分析模型，着重从政策目标、价值取向、政策制定方法论和政策执行模式等方面，提出当前时期我国基本公共服务均等化供给政策的总体要求。

第一节　促进人的全面发展：我国基本公共服务均等化供给政策的终极目标

公共政策目标不仅为政策方案设计、评价和择优提供基础依据，也为政策执行指明方向，同时为政策评估确立了参照标准。因此，合理界定政策目标是推进基本公共服务均等化供给政策实施的首要任务。然而，当前社会各界对于基本公共服务均等化供给政策目标的定位模糊，认识不一，直接影响了政策的制定、执行和评估，必须按照层次性、前瞻性、可检验性等原则加以确定。

一、基本公共服务均等化供给政策的目标定位

当前，众多学者对于基本公共服务均等化供给政策目标的探讨主要集中在“均等化”定位上，并将机会均等、权利均等、能力均等和结果均等加以不同组合，提出了单一目标、双目标和多维目标的不同主张。而刘尚希认为，“均等化”本身不是目标，如果是的话也只能是一个中介目标。并指出，基本公共服务均等化的目标应该从三个方面加以考虑：一是从社会公平正义价值来看，其目标应当是促进基本消费的平等化；二是从人的再生产角度来看，其目标是使每一个国民获得基本的生存条件和获得基本的能力；三是从发展的可持续性来看，基本公共服务均等化的目标是防范和化解消费风险引致的公共风险和公共危机。

本书认为，由于公共政策作为政治系统的输出，“任何决策不外乎为了两个基本目标，一是尽可能满足群众的需要，增进他们的利益。二是以最低的成本去

满足这些需要和增进这些利益"①。而其"终极目标是实现以人为本的全面、协调、可持续的社会发展，此目标决定了公共政策的社会总体利益最大化取向"②。因此，基本公共服务均等化供给政策的目标可以从三个层面加以定位，即"促进人的全面发展"是基本公共服务均等化供给政策的终极目标，"均等化"是实现终极目标的中介目标，而"满足社会公众基本的生存和发展需求"是其出发点和根本目的。

二、"人的全面发展"之内涵

人的全面发展，是学者们一直持续探讨和研究的重要命题。在诸多思想家和哲学家当中，马克思是人的全面发展理论之集大成者。作为贯穿马克思卷帙浩繁论著中的一条红线，人的全面发展理论是马克思主义学说的核心组成部分，也是马克思克服历史的、认识的和阶级的局限，在批判和继承前人关于人的发展思想成果基础上提出的最高命题。

尽管马克思没有就"人的全面发展"给出明确的定义，但是围绕这一命题，学者们分别从"人"、"全面"、"实质"三个维度入手对其内涵进行了深入地解读。这些观点对于深入、全面地理解和把握"人的全面发展"之内涵，都具有十分重要的借鉴意义。其中，中共中央党校哲学教研部韩庆祥教授从"现实的个人"出发指出，人的全面发展包括了人的平等发展、完整发展、和谐发展和自由发展四个方面内容。相比较而言，笔者认为，这一观点对于"人的全面发展"内涵的理解，更加具有全面性、层次性和时代感。从具体内容来看，韩庆祥教授认为，人的平等发展是指"每一个人"从各种束缚和压迫的状态中解放出来，以获得平等的发展条件和机会，进而按照自身的兴趣和社会需求来发展各种潜能。人的完整发展包括了四个方面的基本内容：人的社会关系的全面丰富、人的能力最大限度的发挥、人的个性的全面发展以及人的需要的丰富和满足。其中人的能力的全面发展是"人的全面发展"的核心。而人的和谐发展则包含了人与自然的和谐、人与人的和谐、人与社会的和谐以及个人自身的和谐四个层面内容。与人的平等发展、完整发展与和谐发展相比，人的自由发展是针对劳动的不自由、人格的依附性、个性的模式化现象而言的，它是"人的全面发展"的最高目标。

基本公共服务均等化供给政策，正是我国当前时期实施的一项有利于促进人的平等发展、完整发展、和谐发展和自由发展的公共政策。"促进人的全面发

① 俞可平：《增量民主与善治》，社会科学文献出版社，2005 年版。

② 李玲玲：《试论公共政策的社会总体利益取向》，载《中国行政管理》，2006 年第 3 期。

展”，充分体现了基本公共服务均等化供给政策的终极关怀。从内涵上理解，满足公众合理的生存和发展需求是促进“人的全面发展”的前提和基础，实现人的能力的全面发展是“人的全面发展”的核心内容，人与自然、社会及自我和谐地相处是促进“人的全面发展”的必要条件，而追求平等和自由发展是“人的全面发展”的目标。

三、我国基本公共服务均等化供给政策的终极目标

促进人的全面发展，不仅是公共政策的根本问题，也是基本公共服务均等化供给政策的内在诉求，更是当前时期贯彻落实科学发展观的现实需要，理应成为我国基本公共服务均等化供给政策的终极目标。

（一）促进人的全面发展：公共政策的根本问题

政策科学创立之初，哈罗德·拉斯韦尔就在他的标志性著作《政策科学：范围与方法的最近发展》一书中明确指出：政策科学是某种不同于应用社会科学的东西，因为它主要关注“社会中人的基本问题”①。我国学者张金马在《公共政策分析》一书中认为：“政策制定所涉及的对象范围也正是与人类生活有关的全部领域”②。而学者张晓锋则更为直接地认为，“政策科学是以解决‘人的问题’为己任的，与‘人的问题’相关的社会公共问题构成公共政策的客体”③。

公共政策问题，作为与“人的问题”紧密相关的社会公共问题，一方面从问题产生到解决的整个过程都围绕着人的需要进行，离开人的需要，政策活动将失去动力难以为续；另一方面通过公共政策解决社会公共问题是政府的基本职责所在，否则政府将失去其存在的权威性和合法性。可见，“公共政策客体离开‘人的问题’就没有任何意义，公共政策的基本特征就是充当人们处理社会公共问题以解决人的问题的工具或手段”。任何将社会公共问题与人的问题割裂开来的决策，只能使公共政策成为“权力游戏”的工具，其最终结果必将给人类的长远发展带来危害和灾难。因此，从这个意义来说，公共政策的根本问题实质上就是关注和促进“人的全面发展”问题，以实现政策与人的发展的辩证统一，其最终目的是人的终极关怀。

（二）促进人的全面发展：基本公共服务均等化供给政策的目标诉求

人类发展的最终目的是为了满足人的需求、促进人的全面发展，而人的全面发展的实现又与基本公共服务的供给状况息息相关。这是因为“包括义务教育、

① 陈振明：《论政策分析》，载《岭南学刊》，1995 年第 1 期。

② 张金马：《公共政策分析》，黑龙江人民出版社，2002 年版。

③ 张晓峰：《中国转型时期公共政策中人的问题》，载《中国行政管理》，2004 年第 9 期。

公共卫生和基本医疗、基本社会保障和公共就业在内的基本公共服务是人类发展的决定因素和重要保障"①。因此，中国（海南）改革发展研究院认为，为了促进人类发展水平和公平程度的不断提高，任何国家（地区）都必须有效且公平地提供人类发展所必不可少的基本公共服务，否则将直接影响到一个国家（地区）的人类发展水平和公平程度。我国当前时期实施的基本公共服务均等化供给政策，正是一项着眼于缩小城乡、区域和社会群体之间的差距，以缓解矛盾，推进社会公平正义，促进人的全面发展的重要制度安排，旨在为中国实现公平和可持续的人类发展提供重要的前提条件。

作为一项重要的战略决策，基本公共服务均等化供给政策内在地蕴涵了以人为本、推进社会和谐、促进人的全面发展的基本价值理念；同时又外在地表现为"促进人的全面发展"这一目标的工具。具体在实践过程中，基本公共服务均等化供给政策主要通过三条路径促进人的全面发展：一是提高人的可行能力，直接促进人的全面发展。阿玛蒂亚·森在《以自由看待发展》一书中认为，"自由是发展的首要目的，自由也是促进发展的不可缺少的重要手段"②，并从"实质"意义上将"自由"定义为"享受人们有理由珍视的那种生活的可行能力"③。很显然，这种实质性自由的追求是人的全面发展的题中之义。而包括义务教育、公共卫生、基本医疗、公共就业服务和基本社会保障等基本公共服务对提高人的可行能力必不可少，与人的实质性自由直接相关。它们的均等化供给有利于个人提高对机会的认知能力和抓住机会的能力，改善人的健康状况，降低因生病、失业、工伤等引发的社会风险所带来的不安全感，获得更好的就业机会、赢得尊严，从而直接促进人的全面发展。二是促进社会公平正义，为人的全面发展创造和谐稳定的社会环境。基本公共服务均等化供给有利于保障贫困群体和低收入阶层的基本生活水平，获取最基本的发展机会；逐步缩小城乡、区域和不同群体之间在义务教育、基本医疗、基本社会保障等方面服务水平的差距；遏制不同群体间收入分配差距扩大化的趋势，从多方面促进社会公平正义，减缓社会矛盾，从而为人的全面发展创造和谐稳定的社会环境。三是提高劳动生产率，促进经济增长，为人的全面发展提供物质条件。如健康和教育等基本公共服务的均等化供给，有助于促进人力资本积累，提高劳动生产率和资源的利用效率；基本社会保障水平的提高，则有助于减少居民的预防性储蓄，促进消费，扩大内需；而城乡一体化社会保障体系和平等就业服务机制的建立，有助于改善劳动力市场运行效

① 中国（海南）改革研究院：《基本公共服务与中国人类发展报告》，中国经济出版社，2008 年版。

② 阿玛蒂亚·森：《以自由看待发展》，中国人民大学出版社，2002 年版。

③ 同上。

率，合理配置资源。这些都为经济可持续发展发挥积极地促进作用，从而间接地为人的全面发展提供坚实的物质基础。

（三）促进人的全面发展：贯彻落实科学发展观的必然要求

发展始终是人类社会历史进程中必须要面对的核心问题。关于发展的本质、目的、内涵和要求的总体看法和根本观点就形成了发展观。纵观“二战”以来西方经济学界关于社会发展的理论，大致经历了经济增长论、综合发展观和可持续发展观三个阶段。随着社会经济发展的不平衡、政治制度的不完善、人与自然关系的不协调等问题的产生和恶化，人们对于发展的本质、目的和路径进行了深入地反思，发展观也逐渐从“以物为本”向“以人为本”转变。

科学发展观正是在这样的趋势下，立足我国现阶段基本国情和发展实践，借鉴国外发展经验，适应新的发展要求而提出来的。2003 年 10 月 14 日，中共十六届三中全会上通过的《中共中央关于完善社会主义市场经济体制若干问题的决定》明确要求：坚持以人为本，树立全面、协调、可持续的发展观，促进经济社会和人的全面发展。2007 年 6 月 25 日，胡锦涛在中央党校省部级干部进修班上发表重要讲话，对科学发展观进行了系统总结。指出：“科学发展观，第一要义是发展，核心是以人为本，基本要求是全面协调可持续，根本方法是统筹兼顾”①。作为一种全新的发展观，科学发展观将“以人为本”作为核心，强调一切以人民群众的根本利益为出发点和归宿，以实现人的全面发展为目标，这为推动和促进人的全面发展开辟了更为广阔的前景。

基本公共服务均等化供给政策的提出和实践，就是一项贯彻和落实科学发展观的战略举措。这就要求必须在政策价值理念上坚持“以人为本”，把人的全面发展置于核心地位，强调政策的最终目标是实现人的全面发展。同时，在基本公共服务均等化供给实践中，必须不断优化政策制定和执行过程、创新政策工具、完善政策运行机制，以满足社会公众日益增长的公共服务需要，努力促进人的全面发展。

总之，人的全面发展是公共政策关注的根本问题，也是贯彻落实科学发展观，推进经济发展、促进社会文明进步的动力、目的和归宿。推进基本公共服务均等化供给政策实施，必须坚持以“促进人的全面发展”为终极目标。

---

① 胡锦涛：《高举中国特色社会主义伟大旗帜 为夺取全面建设小康社会新胜利而奋斗——在中国共产党第十七次全国代表大会上的报告》，人民出版社，2007 年版。

第二节 效率与公平统一：我国基本公共服务均等化供给政策的价值取向

当前，社会各界对于基本公共服务均等化供给政策的价值取向还存在争论。从理论和实践层面分析来看，结合当前我国的基本国情，我国基本公共服务均等化供给政策在价值取向上应当坚持效率与公平的有机统一。

一、效率与公平价值取向的内涵

关于效率与公平的内涵，当前学者们从不同维度、不同学科领域、不同研究视角给出了不同的理解和观点。然而作为公共政策的价值取向，效率与公平有其特定的内涵。

（一）效率的内涵

“效率”的概念最早是在19世纪末应用于工程方面，自20世纪初起，开始应用于经济界和企业界。由于政府资源的有限而人民的需求日益增长，效率观念逐渐在公共行政的理论研究和工作实践中得到广泛地应用，曾经一度被视为公共行政的终极目的与根本价值。

在公共政策领域，学者们对效率的内涵理解存在着狭义和广义之分。狭义的效率只是广义的绩效（performance）或生产率（productivity）的一个组成部分。管理学家孔茨指出：“生产率”这一概念反映了个人和组织绩效的多个层面，包括效益和效率。“效益指的是目标的实现程度，而效率则是用最少的资源达到既定的目标”①。从狭义上理解，作为公共政策的价值取向，效率主要衡量政策资源投入与政策产出之间的比率，即政策投入产出率。而广义的效率则认为，效率不仅体现在时效、速度、理想的产出投入比率上，更重要的是体现在社会效益上，强调效率是数量和质量的统一，价值和功效的统一。作为公共政策的价值取向，效率追求的是政策资源配置的有效性。也就是说，公共政策能否最大限度地提高社会全体成员的生活质量，促进经济社会和人的全面发展，取得最好的社会效益。具体体现在三个层面：一是政策目标实现效率，即政策资源配置在多大程度上实现了政策目标；二是政策投入产出效率，即“效率意味着从一个给定的量中获得最大的产出”②；三是政策社会整体效率，即“效率是资源配置使所有的

① Harold Koontz and Heinz Weihrich：*Management*，McGraw – Hill Inc，1998。

② 阿瑟·奥肯：《平等与效率》，华夏出版社，1999年版。

社会成员得到的总的剩余最大化的性质”①。

（二）公平的内涵

公共行政的公平价值是由新公共行政学首先倡导的。鉴于20世纪60年代末美国社会的情势，新公共行政学对传统行政学效率至上进行反思与批判，认为公共行政的核心价值不应当是效率，而应当是社会公平。弗雷德里克森认为：“公平意味着人与人之间的一种公正、正当和公道的精神或习性，……它与自然权力或正义同义”。“社会公平包含着对包括组织设计和管理形态在内的一系列价值取向的选择……总之，倡导公共行政的社会公平是要推动政治权力以及经济福利转向社会中那些缺乏政治、经济资源支持，处于劣势境地的人们”②。

作为公共政策价值的评价尺度，学者们对于公平内涵的理解也有狭义和广义之分。狭义的公平仅仅指某一个领域的公平或某一个环节的公平，主要表现为政府通过公共政策对社会价值或公共利益的均等分配，或可获得政策资源的机会公平和结果公平。从广义的角度来看，王春福教授认为，公平作为公共政策的价值取向，追求的是对社会价值分配的合理性，也就是通过公共政策的作用，为社会公众创造平等发展、充分发挥聪明才智的政策环境。具体包括三个方面：一是机会均等的政策环境；二是规则一致的政策环境；三是收益适当的政策环境。而陈庆云教授则认为，政策机制追求的是“广义的公平”，包括了规则公平、程序公平、环境公平和结果公平，它们在公共管理的政治性、经济性和社会性公共事务中分别表现为政治公平、经济公平和伦理公平。其中“首要的是创造公平的竞争环境，保障市场机制的有效运行”。同时，“在经济活动中，公共管理主体必须维护和保障规则公平、程序公平和环境公平，让市场机制能够充分发挥作用。市场效率的取得、结果公平的实现必须以规则公平、程序公平和环境公平的实现为前提”③。

二、效率与公平价值取向的统一

当效率与公平这对概念被有意识地引入到公共行政领域之后，成了西方公共行政理论倡导的两大基本价值。从传统行政学“效率至上”到新公共行政学倡导“公平”的核心价值，再从新公共管理运动自由化和市场化倾向到新公共服务理论强调通过公民参与和对话协商促进公共利益实现社会公平的主张，可以

① 曼昆：《经济学原理》，三联书店，1999年版。

② Frederickson：*New Public Administration*，the University of Alabama Press，1980。

③ 陈庆云等：《论公共管理中效率与公平的关系及其实现机制》，载《中国行政管理》，2005年第11期。

说，西方公共行政理论百余年的发展历程，实际上就是一个对效率与公平价值的倡导及实现路径的探索过程。尽管学者们鉴于不同时期的社会背景，对两者之间的关系有不同的认定，效率与公平的取向出现轮回与侧重的现象。但是从公共行政理论发展的角度来看，效率与公平的融合是一种趋势。这正如美国著名行政学者梅戈特博士所言："在不同时期，一种价值可能超过另一种价值，但就每一种价值观的合法性而言，它们之间没有拔河赛"[①]，关键在于公共管理者能够理解这些价值，并在公共行政实践中知道如何平衡这些价值。

实现效率与公平价值取向统一，已经成为当前时期公共行政的重要命题。为了寻找实现效率与公平统一的有效路径，学者们从不同维度进行了深入的理论探讨，呈现出三种不同的观点。

一是动态平衡论。王春福认为，公平和效率构成公共政策的双重价值取向，把两者有机统一起来是一个动态的过程。而发展是实现公共政策公平取向和效率取向统一的前提，只有不断地发展，才能在更高的层次上实现二者的统一。在此基础上，"我们所要解决的关键问题是如何通过公共政策功能的发挥，来形成这种动态平衡的内在机制"[②]。仅从公平和效率动态平衡的角度来说，公共政策的功能可以划分为激励功能、约束功能和协调功能，其中，"激励功能表明了公共政策的效率取向；约束功能表明了公共政策的公平取向；协调功能对公共政策的双重价值进行整合"[③]。同时发挥这三大政策功能，效率和公平价值取向就可以在和谐的社会利益关系中实现动态平衡。

二是目的工具论。苗振国等学者基于价值取向的层次性特征，认为社会公共问题的复杂性决定了公共政策价值取向的多维性。很显然，仅仅将注意力局限在双重价值的视野内无法走出价值冲突怪圈。因此，建议引入一种新的、更高层次的价值标准，如以人为本、幸福等作为目的性价值取向，将效率和公平置于工具性价值范畴，作为实现目的性价值取向的手段或方式，内在地统一于对同一目标的追求。从而为调解公共政策效率和公平价值取向之间的冲突，实现两者有机整合提供了一条很具有借鉴意义的实现路径。杨宏山教授也认为，为了有效地调解效率与公平两者之间的内在紧张问题，就必须寻找更高层次的价值规范把他们统一起来，而这一价值规范就是捍卫和实现社会公正。

三是分层组合论。陈庆云教授等认为，在价值层面，"效率与公平两者是有

---

① 张梦中：《美国公共行政（管理）历史渊源与重要价值取向—麦克斯韦尔学院副院长梅戈特博士访谈录》，载《中国行政管理》，2000 年第 11 期。

② 王春福：《论公共政策的双重价值取向》，载《求实》，2005 年第 2 期。

③ 王春福：《论公共政策的双重价值取向》，载《求实》，2005 年第 2 期。

机的统一，效率是公平的基础，公平是效率的保证”①。这是因为社会运行的高效率为实现公平提供了坚实的物质基础。反过来，公平的规则、程序和环境是有效竞争的重要条件，为提高效率提供了重要保障；按贡献原则进行分配的结果公平也对提高效率产生了有效激励。毕竟，“没有公平的效率只能是皮鞭下的效率和饥饿压力下的效率，这种效率在具体行为中虽然广泛存在，但它不可能作为一种社会发展的基本支柱”②。而在实现机制层面，虽然在单一的市场机制下，效率与公平难以同时实现，但是在不同机制的结合下未必不能。关键在于“公共管理应从各种机制的特性出发，寻求不同机制在功能分化基础上的协同”③。如在经济性公共事务的管理中，效率问题主要由市场机制解决，政策机制重点解决公平问题。只有在两种机制的相互作用和协同影响下，才能实现效率与公平的有机统一。

可见，从理论上说，效率与公平价值取向是可以实现统一的。而在实践中实现“效率与公平统一”，必须把握四个方面：①效率与公平的统一是有重点的统一，但两者并非并重关系；②效率与公平的统一既是一种状态，也是一个动态的平衡过程；③效率与公平的统一是一个多维组合的结构化概念；④实现效率与公平统一，根本在于发展，关键在于优化组合，目的是为了促进人的全面发展，增进社会公共利益。

三、我国基本公共服务均等化供给政策的价值取向

我国基本公共服务均等化供给政策应该坚持“效率与公平统一”的价值取向。究其原因，主要有三个方面。

（一）效率与公平统一：公共政策本质的内在要求

公共政策的本质是对全社会的价值或者社会公共利益进行权威性分配，这一本质涵盖了效率与公平统一的内在要求。一方面，公共政策必须以效率为价值起点，否则公共政策的功能发挥将失去其应有的物质基础，同时也难以高效地发挥其对社会公平的促进和调节功能；另一方面，致力于社会公平，促进全社会的进步和正义，以维护和增进社会公共利益，是公共政策的题中之义。而通过政策机制的规范、约束和平衡协调作用，也将有利于维护市场公平，为效率的提高创造更好的政策环境。因此，从公共政策的本质要求来说，在价值取向上必须坚持效

① 陈庆云等：《论公共管理中效率与公平的关系及其实现机制》，载《中国行政管理》，2005 年第 11 期。

② 梁英武：《论“效率”与“公平”的统一》，载《江苏社会科学》，1996 年第 6 期。

③ 陈庆云等：《论公共管理中效率与公平的关系及其实现机制》，载《中国行政管理》，2005 年第 11 期。

率与公平统一。否则，“公共政策不承认、不促进效率，就会丧失其有效性、权威性；不维护、不保障社会公平，社会成员就会抵制它，公共政策会失去存在的基本价值，更难以得到有效执行”①。

（二）效率与公平统一：破解我国基本公共服务供给难题的客观需要

从供给的角度来看，当前我国基本公共服务供给过程中主要存在两大问题：一是供给总量不足，总体上难以满足群众日益增长的公共服务需求；二是供给分配不均，在城乡之间、区域之间、群体之间供给结构上存在明显差别和不公现象。这一现状客观上要求在基本公共服务供给实践中，必须坚持效率和公平价值取向统一。一方面强调效率取向，努力提高基本公共服务体系各项目的管理及运行效率，以提升政府基本公共服务的整体供给能力以及对公共服务资源整体配置的有效性，满足社会成员不断增长的公共服务需求，促使基本公共服务各项制度发挥最大、最好的功效，解决“供给不足”问题。另一方面坚持以社会公平为导向，通过消除人的身份差异和均等共享的制度设计以及基本公共服务均等化供给政策的有效运行，实现社会成员公平地共享经济社会发展成果，以保障起点公平、维护能力和过程公平、促进结果公平，解决“供给不均”问题。

（三）效率与公平统一：促进和谐社会建设的现实需要

社会，是与国家相对应的一个概念，它与政治活动、经济活动相区别，是以人的生活为中心的广泛领域。实现社会和谐，建设美好社会，可以说是人类社会的共同理想。自党的十六大以来，党和政府将以民生为重点的社会建设摆上了重要的议事日程，提出了构建社会主义和谐社会这一理论命题。然而，相比于西方国家，我国社会建设落后，存在着诸多问题。突出表现在：社会建设严重滞后于经济发展；社会发展出现“拉美化”现象，如贫富差距加大、就业形势严峻、社会事业发展缓慢等；社会矛盾和冲突不断增多，统筹协调各方利益关系的难度明显加大；与国际上公共服务水平较高的国家相比，我国政府的公共服务职能还较为薄弱，不仅在供给数量上存在不足和失衡，在服务质量水平上也比较低下，等等。现实的差距与不足，一方面要求政府必须围绕改善民生这一重点，强化公共服务功能，尽快弥补教育、医疗、社会保障、公共卫生等方面公共服务的短缺。另一方面，旗帜鲜明地突出公平、平等和共享理念，大力推进基本公共服务均等化供给，有效地解决人民群众最关心、最直接、最现实的吃穿住行、养老、就医、子女教育等各类民生问题。只有这样，才能更好地推进以改善民生为重点的社会建设，促进社会和谐稳定。

---

① 王洛忠、安然：《论市场经济条件下公共政策的主要价值取向》，载《行政论坛》，2000 年第 5 期。

总之，在推进基本公共服务均等化供给政策实践过程中，实现效率和公平的有机统一是一项系统工程，需要将其置于整个国家公共政策体系中加以权衡和考量。在这个体系中，各项公共政策只有密切配合、相互协调，有效地发挥公共政策体系的整体效应，才能促进社会性效率的提高，增强社会公平感，最终带来国家的发展和社会的和谐稳定。

第三节 有限理性主义：我国基本公共服务均等化供给政策制定的方法论

政策制定的方法论，直接影响或决定着公共政策的质量。有限理性主义，应当成为当前时期我国基本公共服务均等化供给政策制定的方法论。

一、有限理性主义的内涵

理性（rationality）是个非常复杂的概念。按《现代汉语词典》解释，理性有两层意思，一是指属于判断、推理等活动，跟感性相对，如理性认识；二是从理智上控制行为的能力，如失去理性。哲学意义上，理性或理性论是相对于经验论而言的，其价值就在于确定理性是知识的主要来源及其检验标准。这种理性自17世纪开始始终是推动科学发展的主要动力之一，它依靠逻辑和数学的方法寻求普遍适用于客观世界的自然法则，并因此建立了近代自然科学的基础。与哲学意义上的理性相比，社会生活领域里的所谓理性则有所不同，其一般意义是指一种趋利避害的思维方式和行为模式。

理性主义也是一个很复杂的概念。通俗地说，“理性主义是指用理性方法去解释宇宙间的现象、用理性去分析各种问题，和用理性方法去管制个人和社会的生活的各种活动”①。而现代公共政策制定过程中所说的“理性主义”，主要是指为了一定的目的，特定的政策主体利用一切可能收集到的信息，经过客观、准确的计算或者度量，以寻求最佳的政策手段，实现最大化的政策效果。

一般而论，基于理性“经济人”假设基础上的完全理性主义公共政策决策模式要求同时具备以下要件：知晓所有的社会价值偏好及其分布；详细掌握相关资料，并在此基础上制定各种可能的政策方案；充分把握每一种政策方案各种可能的结果；准确估算每一种政策方案的损益期望值与社会价值比；合理选择最经济、有效的政策方案。然而，20世纪50年代之后，人们逐步认识到建立在“经

① 伍启元：《公共政策》，商务印书馆（香港）有限公司，1989年版。

济人”假说之上的完全理性决策理论只是一种理想模式，现实公共政策制定实践中根本不适用。

为了更好地制定实际中的公共政策指导实践，赫伯特·西蒙（Herbent Simon）提出了满意标准和有限理性标准，用“社会人”取代“经济人”，大大拓展了决策理论的研究领域，产生了新的理论——有限理性决策理论。有限理性模型（Bounded Rationality Model）又称西蒙模型。这是一个比较现实的模型，它认为人的理性是处于完全理性和完全非理性之间的一种有限理性，强调公共政策制定遵循“有限理性主义”方法论。有限理性模型的主要观点如下。

（一）“手段—目的”认知图式的局限性

西蒙认为，人们在决策过程里所选的方案，“是达成预期目的的合适的手段。而目的本身往往只是实现更远大目标的工具。这样，我们的目的概念就成为一种系列式的、层级式的概念了。理性概念必然同这种手段—目的链的构成有关”①。但是“手段—目的层级系统很少是整合化的、完全联结起来的链”②。因此，“无论是组织行为还是个人行为，在手段—目的关系上，都达不到完全的整合化”。所以，在用手段—目的层级系统去分析理性行为时，“就有可能导致不正确的结论”③。

（二）理性的限度

西蒙认为，一项决策如果真能在指定情况下使一定的价值最大化，则可称之为“客观理性”。但是实际行为缺乏客观理性，表现为：“按照理性的要求，行为主体应具备关于每种抉择的后果的完备知识和预见。而事实上，对后果的了解总是零碎的”；“由于后果产生于未来，在给它们赋以价值时，就必须凭想象来弥补其时所缺少的体验。然而，对价值的预见不可能是完整的”；“按照理性的要求，行为主体要在全部备选行为中进行选择。但对真实行为而言，人们只能想得到全部可能行为方案中的很少几个”④。

（三）“满意”准则

基于对理性限度的认识，西蒙倡导决策者在决策中追求“满意”标准，而非最优标准。他认为决策都是在有限度的理性条件下进行的。完全的理性导致决策人寻求最佳措施，而有限度的理性导致决策人寻求符合要求的或令人满意的措施。为此，西蒙直接把理性定义为“理性就是要用评价行为后果的某个价值体

① 赫伯特·西蒙：《管理行为—管理组织决策过程的研究》，北京经济学院出版社，1988 年版。
② 同上。
③ 同上。
④ 同上。

系，去选择令人满意的备选行为方案”①。

二、我国基本公共服务均等化供给政策制定的方法论

我国基本公共服务均等化供给政策制定方法论应该坚持有限理性主义取向，主要取决于三大影响因素。

（一）完全理性主义政策制定方法的局限性

完全理性主义政策制定方法的局限性，主要表现在四个方面。

一是从政策制定主体来看，完全理性主义方法假定政策制定主体是公正的、客观的和理智的，他们拥有卓越的能力、智慧、知识和经验。但是在实际政策制定过程中，政策制定主体的公正、客观、理智常常是极为有限的，他们的能力、智慧、知识和经验也千差万别。所以政策制定主体个人能力方面的局限性使其无法针对具体的公共政策问题作出理性的选择。另外，政策制定主体“个人动机的复杂性、因循守旧的保守性、不负责任的工作态度以及惰性等等，都会在相当的程度上影响他们的理性选择”②。

二是从政策制定客体来看，公共政策制定本质上是一个政治过程。因此，在现代民主国家里，每一次制定公共政策，政策制定者和政策分析者都应该或不得不考虑社会公众的态度倾向和心理状态。而社会公众的动机、心理、感情和情绪等人类特质及其相关的行为选择，往往难以准确地加以量化处理，即使可以进行量化处理，其准确性也未必可靠。例如，受到一定的“情结”因素影响，在面对民族、宗教、领土以及财产关系等问题时，人们的行为倾向经常表现出强烈的感情或情绪色彩，并呈现出与之相应的盲动性、冲动性、激烈性和长期性，使政策制定者和分析者难以准确把握。可见，考虑到政策制定客体的影响，任何政策制定事实上都是在目标、价值、利益和偏好的冲突与协调中产生的，这就决定了公共政策只能是在有限理性的前提下渐进发展的，而不可能是绝对理性的产物。

三是从政策分析方法来看，完全理性主义公共政策分析方法存在明显的局限性，表现为过分抬高数学程序的重要性并将其应用于不适合数学计算的领域。从而导致政策制定者和分析者在运用数理模型进行公共政策实证性分析的过程中，或者模型与现实时常混为一谈，或者陷入数据过多的困境而无法自拔，或者因果倒置、削足适履、歪曲事实以符合模型构建要求，或者用封闭的手法割断现实因素之间的联系及其发展变化，或者错用模型而付出机会成本。另外理性主义往往

① 赫伯特·西蒙：《管理行为—管理组织决策过程的研究》，北京经济学院出版社，1988 年版。

② 张国庆：《论理性主义公共政策分析的局限性》，载《北京大学学报（哲学社会科学版）》，1997 年第 4 期。

采用逻辑推论作为公共政策分析和制定的主要的甚至是唯一的方法，而现实常常出现非预期的政策后果。

四是从政策分析条件来看，完全理性主义公共政策分析的又一个假设前提是，政策制定者和分析者具备完备的知识、掌握全部的资料。而事实上人类关于自然和自身的知识永远是相对的、有限的、发展的。实际获取足量的真实资料也可能是没有保障的，或者虽然在理论上可以获得足够的真实的资料，但因为成本太高而不得不放弃。并且由于时间错位，即使依据现实的知识和资料也并不一定就能够准确地预测到每一种政策方案的可能的结果及其成本效益比，甚至不能准确地预测到主要政策方案可能产生的结果及其成本效益比。这就大大降低了政策分析的有效性和可靠性。

（二）我国“自上而下”政策制定模式的现实困境

戴伊和齐格勒于2001年出版了《自上而下的政策制定》一书，揭示了现代民主国家的根本理念“主权属于人民”与实际上由掌管政权的少数人主导这一难以克服的悖论，并指明公共政策本质上总是统治阶级的政策。我国也不例外，虽然强调社会主义民主，实际上解放后长期实行的是“自上而下”的政策制定模式，即社会利益的表达与综合并非由各种社会结构来承担，而是由政治系统内部权力精英通过分析、研究和调查而将他们所认定的社会利益输入到公共政策中去的。尽管这种模式本身强调政策制定主体要完全理性地制定公共政策，但是三个方面的现实困境使完全理性成为泡影。

一是缺乏社会监督制约。在我国公共政策制定过程中缺乏必要的有效监督机制和责任追究机制，使“自上而下”的政策制定模式存在着巨大的社会风险。例如，由于监督制约不力，政策制定者往往只会顾及政绩需要而脱离现实；或者仅从部门的局部利益考虑而不顾全局；或者假公济私，从而使制定出来的公共政策带有片面性，失去公正性和科学性。

二是社会公众参与不足。由于我国几千年封建专制的历史，“专制”、“集权”和“官本位”思想在政府官员的头脑中根深蒂固。在“自上而下”的精英制定政策模式中，脱离群众、封锁政府与公民之间沟通的渠道以达到垄断政策过程的目的，已成为常态现象。从而造成目前我国公民参加公共政策制定的制度性渠道不完善，由此导致民众试图扩大公共政策制定的非制度性渠道。而非制度性渠道又往往伴随着民众的非理性化政治参与，这既会威胁到社会的和谐稳定，又会给公共政策的制定带来很多非理性影响。

三是信息不对称。信息是理性制定公共政策的前置性要素。然而，我国“自上而下”过分集权的决策体制不可避免地导致政策制定时存在严重的“信息不对称”现象。但是在高度集权的条件下，信息不对称问题不仅不会因为高度集权而减少，反而会因为高度集权而严重化。这是因为在高度集权的制度中，由于信息不对称非常严重，正规的信息渠道往往为了迎合上级的意图而传递符合上级意向但不符合实际情况的信息。此时，上层决策人员往往耳目失聪，从而使得他们所制定的政策缺乏科学性和可行性，也较少顾及客体的利益，忽视社会公众的需求和权利。

（三）基本公共服务均等化供给政策制定过程的复杂性

基本公共服务均等化供给问题，既是经济问题，也是社会问题，同时又是政治问题，表现出多方面特征：一是政策目标多维，富有层次性；二是政策内容多样，涉及领域广泛；三是政策受众群体身份多重，需求存在明显的差异；四是政策执行主体多元，供给职能界限模糊；五是政策环境复杂多变，难以准确把握。这些特征共同造成基本公共服务均等化供给政策制定过程具有明显的复杂性，难以做到完全理性。主要表现为以下几方面。

一是问题认定复杂化。问题是应有现象与实际现象的偏差，在公共领域表现为社会公共事务现有状态与公众期望状态之间的差距。解决社会公共问题是制定公共政策的直接目的，而确认问题是解决公共问题的基础。然而，基本公共服务均等化供给政策的特征使公共问题的认定复杂化，不仅仅只是一个简单的数量多与少问题，而是一个“质”的问题。因为基本公共服务均等化供给政策的制定涉及经济、政治、文化、社会、技术等诸多方面，覆盖了教育、医疗、文化、卫生、社会保障、环境、公共基础设施等诸多领域，牵涉到众多社会群体的实质性利益，这就导致政策制定实践中准确地界定事务的“应有”状态与“现实”状态存在困难，也就是说，问题难以准确认定。可以确信，在问题难以准确认定的基础上，政策制定可能成为“无的放矢”，而要完全理性地制定政策更是不可能完成的任务。

二是利益分配复杂化。合理分配公共利益，是政策制定的实质内容，也是每一项政策关注的最终实质性结果。由于基本公共服务均等化供给政策本身就涉及众多群体的不同利益需求，同时又受到经济社会条件的限制，使得政策制定者怎样区分不同利益群体、如何分配不同群体利益成为艰难的抉择，不能只是仅仅考虑成本收益因素，还必须综合考虑政策制定所带来的政治影响和社会影响，然而这些影响难以简单地通过数学计算处理，必然涉及价值选择和价值判断过程。

三是方案选择复杂化。设计、选择和合法化公共问题解决方案是政策制定的核心程序。基本公共服务均等化供给政策内在蕴涵的“均等”价值取向以及复杂性特征要求解决方案的选择标准不能简单地以成本—收益分析为基础，还必须充分考虑政府承担基本公共服务供给“托底”责任、维护政治稳定、促进社会和谐等价值因素。同时由于人们认知的差异性、目标群体利益需求的多样性和公共政策资源的有限性，政策方案选择本身必然存在着权衡全局、综合考虑的要求。

总之，有限理性主义，对于政策制定实践具有十分重要的现实指导意义。在基本公共服务均等化供给政策制定过程中，各种因素的综合影响客观上要求必须坚持有限理性主义方法论。

第四节　一主多元：我国基本公共服务均等化供给政策执行的基本模式

实践证明："人类社会中的物品供给，是非线性的开放系统，只有不同供给机制的互补与相互作用，才能实现公共物品的有效供给"①。本书认为，"一主多元"供给模式是我国现阶段基本公共服务均等化供给政策执行的基本模式，有利于实现不同供给机制的互补，提高基本公共服务供给的有效性。

一、"一主多元"供给模式的内涵

"一主多元"供给模式，就是在基本公共服务均等化供给过程中，形成以政府为主导、私营部门和第三部门广泛参与的多元供给机制互补的格局。其基本理念是：一方面，依靠单一的政府或市场均不是公共服务供给的有效解困之道；另一方面，政府继续"垄断"公共产品的供给既不明智也不现实，有必要将提供公共服务的权限与责任适度地转移给私营部门与第三部门，从而引入竞争与合作机制，形成一种政府主导型的多元组织（如政府、市场、第三部门）供给的互补格局，进而有效地提升公共服务供给的质量、效益与效能。

可见，"一主多元"供给模式是政府主导型模式，即基本公共服务供给责任主体是政府，但不全是政府；供给过程中强调政府、市场和社会之间实行广泛的多元合作。这种模式既不同于政府供给模式，又不同于多中心供给模式。政府供给模式强调公共服务全部由政府供给，政府是公共服务供给的唯一主体。其理论依据在于古典经济学认为公共服务具有非排他性属性，无法消除"搭便车"现象，使得以赢利为目的的私营部门丧失提供公共服务的积极性，因而只能由政府来提供。而多中心供给模式则强调公共服务供给责任由政府、市场和社会共同承担，多主体供给。其思想源于多中心治理理论的核心思想：打破政府作为唯一管

① 席恒：《利益、权力与责任：公共物品供给机制研究》，中国社会科学出版社，2006年版。

理主体和单一权力中心的现状，实现管理主体和权力中心的多元化，形成多中心的治理模式。这一核心思想体现在公共服务供给上，就是以多样化的供给方式取代单一政府提供方式。

具体在基本公共服务“一主多元”模式供给实践中，还需要强调三方面要求。

一是多元供给主体进行必要的原则性分工。政府要强化普遍义务性服务的供给责任。“一主多元”供给模式中，政府的供给责任不是减少了，而是从微观上升到了中观和宏观。其核心职责在于向社会全体成员提供普遍的无差别的义务性公共服务，目标是人人享有“均等”的基本公共服务。可见，政府必须负责提供底线服务，这道底线是维持社会正常发展所必需的，对社会的发展而言，无疑具有基础性地位。这是其他组织无法替代的。

市场要发挥差异性服务的供给作用。市场化供给方式排斥整体性服务的需求，关注于个人需求的满足。然而个人需求是有差异的，营利组织则能够很好地回应消费者的服务细分，使不愿平均无差别享受公共服务的部分公众可以在自愿多付费的前提下进行选择，以便享受更多更优的服务，从而满足消费者的差异化服务需求。

第三部门要充当供给公益性服务的供给角色。公共服务市场化与政府供给之间的衔接并不紧密，对于政府没能力提供而市场又不愿提供的公共服务领域，比如志愿、环保等公益性服务，非营利组织等第三部门的供给角色不可或缺。因为非营利组织可以分担部分社会管理和服务职能，可以化解一部分市场的消极影响，在政府与市场之间能够起到很好的缓冲作用。

二是供给方式根据公共产品和服务的不同属性灵活确定。公共服务多元化供给既可以解决政府提供效率低下的问题，又可以解决私人部门惟利是图的问题。因此，埃莉诺·奥斯特罗姆等提出以多样化的供给方式取代单一政府提供方式。这种多样化既包括通过政府以外的其他主体提供，也包括政府可根据公共产品和服务的不同属性，采取多种不同方式供给的可能性。比如公共基础设施原则上应由政府来供给，但部分公共基础设施如通信类、交通类可以通过市场化供给的模式，也可以充分调动社会公众参与的积极性，整合社会多元资源和力量共同提供；有些基本医疗和公共卫生、社会保险等公共服务也可以采取政府与市场、社会相结合的方式进行运作；而环保服务等公益类的基本公共服务，除政府提供外，还可以依托民间组织参与处理。

三是政府切实履行基本公共服务多元供给的监管职责。基本公共服务“一主多元”供给模式，本质上既要发挥政府在基本公共服务供给中的主导作用，又要实现公共服务供给渠道的多元化。为了更好地满足社会公众日益增长的多元化公共服务需求，政府还必须对私营部门和第三部门提供公共产品和公共服务进行必要的限制、特许和监督，乃至对具体服务或产品的质量进行规定。也就是说政府在承担起普遍义务性服务供给责任的同时，还应重点在服务范围、服务标准和服务价格等方面提出要求并实施监管。以便在构建起竞争性的、多元化的、互补型的基本公共服务供给格局基础上，建立起有效的监管体系，切实提高公共服务资源的配置效率，保证公共服务的供给质量。

二、我国基本公共服务均等化供给政策执行的基本模式

“一主多元”供给模式是我国现阶段基本公共服务均等化供给模式的必然选择。主要基于三方面因素考虑。

（一）“一主多元”供给模式：克服公共服务供给“三重失灵”的有益探索

至今，世界各国政府在不同程度上已经探索尝试了公共服务的政府供给、市场供给和社会供给的不同模式。但是从已有探索实践来看，“公共服务供给中政府失灵、市场失灵与社会失灵的同时存在造成了公共服务供给效率、效益和质量的低下”①。

公共服务供给的政府失灵主要表现为：一是“谋求私利”问题。现实的政府并不是除了公共利益之外没有自益的组织，而是一个有着广泛自身利益的共同体。并且由于其特殊地位，政府机构及其行政人员比私营部门中的经理更有条件谋求自身的利益。二是“供给效率”问题。由于政府习惯于垄断，在公共服务供给中常常出现卖方垄断、生产垄断、销售垄断和一定程度上的价格垄断现象，缺乏有效的竞争机制，容易导致供给效率低下。三是“供给成本”问题。由于政府供给公共服务不会把一项活动的成本与维持它的收入直接联系在一起，容易造成“成本”与“收益”无关的假象，因此政府机构在提供公共服务时通常就不会注重成本——收益分析，使公共资源被大量浪费。四是“机构膨胀”问题。20 世纪 90 年代以来，随着公共服务的社会需求的增长，政府部门日益膨胀。几乎同时，公共服务的质量下降、服务提供机构的效率低下和缺乏应对市场的能力等问题日益凸现。

公共服务供给的“市场失灵”主要表现为：公共服务的市场化运作过程中存在着一系列的公共风险。首先是公平风险。世界银行指出，大量私营企业参与供水和卫生设施等公共服务，并不必然意味着穷人就能够得到更好的公共服务。除非公共服务合同是仔细制订的，否则这些合同可能会将为低收入地区提供的公

---

①　许继芳、周义程：《公共服务供给三重失灵与我国公共服务供给模式创新》，载《南京农业大学学报（社会科学版）》，2009 年第 1 期。

共服务排斥在外，并形成地方性垄断企业。其次是寻租风险。在完全的市场供给模式下，不存在寻租；在完全的政府供给模式下，也不存在为特许权而进行的寻租。但是在公共服务市场化供给过程中，由于将原来完全由政府供给和生产的一部分公共产品经营权逐步转移到私人手中，由此产生的这种权力所带来的收益就自然而然地成为寻租的目标。再次是质量风险。公共服务供给中的市场失灵还常常表现为供给质量水平低下问题。如 18 世纪后期，英国在公路供给、运河建设和铁路建设中采取市场机制，结果导致管理混乱并造成经济上的严重损失。最后是政府合法性风险。公共服务市场化过程中，由于责任的模糊，政策制定者和公众在这种情况下不清楚有关的事务到底由谁来负责，从而导致公务人员每逢发生问题便把责任推卸给供货商。

公共服务供给的社会失灵主要表现为：一是公益性不足。从社会学意义上说，公民社会是介于国家和社会之间的中间领域，其组成要素是各种非国家或非政府所属的公民组织，包括非政府组织、公民的志愿性社团、协会、社区组织、利益团体和公民自发组织起来的运动等，它们又被称为“第三部门”。由于它们存在的广泛性、影响的强力性以及群众基础的宽厚性，已经成为现代治理中不可忽视的一维。但是严格地说，第三部门并不是一个整体，甚至不存在一个明确的界定。而是由各种不同价值取向、不同行为动机和不同关注焦点的人群发起、自下而上地建构，在开展活动过程中表现出多元的、竞争的和相互独立的特性，因此，它们难以像政府部门那样以社会公共利益的需求为导向，提供的服务所能满足的社会需求，或体现的公共利益，只能是从某一角度、某一侧面出发，甚至有些组织可能发展成为只为特殊群体利益服务的、排他性非常强的极端组织，或者可能为少数人控制，变成图利的私人组织。二是规范性不足。尽管第三部门具有非营利性质，在公共服务供给过程中，对于缓解当前供给总量不足和分配不均都具有十分重要的现实意义。但是无论在资金使用、人员安排，还是组织运行方面，第三部门都还尚未形成一整套很完备的管理制度及监督机制，因此操作过程中规范性不足，有待改善。三是独立性不足。由于一些接受捐款较多的第三部门，它们所开展的非营利活动往往把持在掌握其经济命脉的人员或组织手中，因此，捐赠人的话语权将直接影响到它们决策与行为的独立性。

面对公共服务供给“三重失灵”的困境，为了探寻有效的公共服务供给之道，我们必须突破只能在政府、市场与社会之间做出非此即彼进行选择的惯性思维方式，构建起“一主多元”的公共服务供给模式。这样既可以解决政府供给公共服务效率低下的问题，又可以解决私人部门唯利是图的问题，同时还能充分发挥社会力量，整合多方资源，多渠道地供给基本公共服务，形成相互合作、合力供给的互补格局。

（二）“一主多元”供给模式：适应基本公共服务属性特征的可行路径

对照非排他性和消费的非竞争性两大属性特征，基本公共服务大部分属于“纯公共产品”，如公共安全、义务教育、基本社会保障等，只能由政府供给，才能体现出效率与公平。从效率层面来讲，早在1954年，萨缪尔森从公共产品非排他性和非竞争性特点出发，系统地探讨了市场机制及私人部门无法有效解决公共产品的供给问题。因为非排他性特征会使人们产生隐瞒自己真实需求偏好的动机，产生“免费搭便车”问题，导致公共服务的有效供给数量无从确定。而非竞争性特征意味着新增消费的边际成本为零，公共产品的这种特性导致市场价格机制难以有效发挥作用，所以公共服务只能由政府补助或由政府提供。从公平层面来讲，政府为公众提供基本公共服务这是为了守住社会的“底线”公平。这种底线是必须承担的责任意义上而言的，是政府和社会必须保障的责任底线。因此，在基本公共服务的供给过程中，政府始终是主导的、不可或缺的。特别是“纯公共产品”性质的基本公共服务供给，政府作为责任主体必须发挥主导作用，否则政府将失去其应有的存在价值。

而对于少部分“准公共产品”性质的基本公共服务，如公共基础设施、公共文化设施等，则明显具有由市场和社会供给的可行性。早在20世纪60年代科斯（Ronald Coase）和公共选择学派就对占主流的政府供给理论提出质疑，阐述了公共产品和服务的市场供给思想和主张。除了引入市场机制外，很多学者如美国学者萨拉蒙等还提出了公共服务供给的第三条路径——“第三部门”供给，以解决公共服务单纯地由政府或市场供给引发的问题。尤其是在资金筹集和成本受到约束条件限制时，某些志愿组织、社区组织等“第三部门”在公共服务的供给中可以发挥不可替代的作用。它们与政府部门合作和协调，不仅能低成本高效率地提供公共品，也能充分发挥“互补效应”，更好地满足地方居民日益增长且处于不断变化中的公共品需求。

（三）“一主多元”供给模式：符合现阶段我国基本国情的必然选择

虽然政府必须承担起提供基本公共服务的职能，但是当前我国的基本国情决定了不可能让政府生产和提供所有的基本公共服务。

一方面，当前时期由我国政府单一供给基本公共服务面临着诸多困难。尽管与改革开放初期相比，我国的综合实力大幅度增强，财政收入规模迅速扩大，但是现阶段的基本公共服务供给，是在我国社会主义市场经济基本框架已经形成但还需继续完善的条件下，政府为实现社会公平和公正目标，通过完善财政体制和提供财政保障使每个公民有机会、有能力、有权利享受与公民基本权利相关的公共服务项目，包括义务教育、公共卫生和基本医疗、社会救济和公共就业服务等。显然，单靠政府供给基本公共服务，将面临着资金短缺、供给不均和供给不足等难题，必须采取灵活措施引入市场机制和社会参与机制加以克服。比如可以通过招标采购、合约出租、特许经营、政府参股、财政贴息、投资补助等形式，将原来由政府承担的部分基本公共服务职能交由市场主体行使；也可以探索发展自治型社区，鼓励公益性社会组织健康发展，灵活多样地参与供给。

另一方面，政府单一供给基本公共服务难以满足群众多元化需求。随着生产力的进步和社会文明程度的提高，我国公众对公共服务的需求总量呈扩大之势，需求类型也逐步由生存型向发展型、享受型转变。人们不仅希望增加收入、积累财富，而且对义务教育、基本医疗、社会保障、文化事业、生态环境、公共安全等愈加关注。与此同时，在经济体制深刻变革、社会结构深刻变动、利益格局深刻调整、思想观念深刻变化的过程中，不同社会群体对于基本公共服务需求呈现出越来越明显的差异性、层次性。如医疗服务，现在健康水平对于中低收入群体、特别是贫困人口的威胁相当大，农村中存在大量因病致贫的现象。因此，完善社区医疗服务，改革城镇基本医疗保障体制，加快建立新型农村合作医疗体系，已经成为中低收入群体越来越迫切的需求。而对于高收入群体而言，他们则需要高端优质的医疗服务。再如基础教育，农村孩子迫切需要国家对基础教育的投入，使他们能获得起码的义务教育。而对城市高收入家庭的孩子而言，他们则需要高品质的私立学校教育。可以说，由于财力、理念、效能等诸多因素的制约，各级政府所提供的基本公共服务在总量上尚嫌不足，在基本公共服务供给与社会公众需求的契合度方面还存在不少差距，必须借助市场和社会力量加以弥补。

总之，在我国基本公共服务均等化供给过程中，必须确立“一主多元”的供给模式，以更好地满足公众多元化需求，尽最大可能使每一个社会成员都能在和谐的社会环境中各得其所。

第七章　我国基本公共服务均等化供给政策评估

政策评估标准的选择是政策评估的首要任务，因为“政策评估在本质上是寻求、证明和确定政策价值的过程，评估价值标准的选择、排序和组合将直接影响评估的结论及其合理性和可靠性①。借鉴西方国家丰富的政策评估理论和经验，本章选取公众满意度作为我国基本公共服务均等化供给政策的评估标准，构建起测度指标体系，并以舟山市为考察对象，开展基本公共服务均等化供给政策评估的个案实证研究。

第一节　公众满意度概述

满意度研究，始于西方国家私营部门对客户进行引导、识别、保持、发展的客户关系管理（Customer Relationship Management，CRM）的实践。自博尔丁（Boulding）等学者在 1983 年通过理论和实证方法论证了满意度和忠诚之间强正相关关系之后，对于满意度的研究一直方兴未艾。

公众满意度的概念是从企业管理学中的“顾客满意度”借鉴而来。“顾客满意度是指顾客的感觉状况水平，这种水平是顾客对企业的产品和服务所预期的绩效和顾客的期望进行比较的结果”②。由于顾客满意度充分反映了市场对一个企业的产品质量高低和服务态度优劣的认可程度，直接关乎服务时代下企业的生存和发展，顾客满意度成为企业全面质量管理的首要原则和战略管理的核心内容。

20 世纪 70 年代末以来，为了推进公共管理改革、提高政府绩效，摆脱管理、财政和信任危机的困境，西方国家掀起了声势浩大的新公共管理运动。认为，公共管理部门管理和服务的主要接受者是公众，社会公众就是政府的“顾客”，公众对公共部门的满意程度和信任程度是检验公共部门绩效的主要标准，公共部门应该借鉴私营部门的方法进行管理。于是，将顾客满意度引入政府绩效评估，以

---

① 张国庆：《现代公共政策导论》，北京大学出版社，1997 年版。

② 朱国玮、胡伟：《ACSI 用于评价政府部门顾客满意度——美国的实践及对我国的启示》，中国行政管理学会 2004 年年会论文集，2004 年版。

公众满意度来评判政府行为的绩效水平。作为一项重要的评判标准，公众满意度迅速在各国政府绩效评估中，尤其在公共服务领域，得到了广泛的运用。从政府绩效评估的角度来看，公众满意度是指公众对政府绩效的实际感知与公众的期望值相互比较后形成的一种感觉状况水平。

第二节　公众满意度标准的必要性分析

公众满意度，作为当代政府绩效评估的有效管理工具，强调“公众为本”，以满足公众的合理需求为最终评价标准，蕴涵了公共责任和公众至上的管理理念，理应成为我国基本公共服务均等化供给政策的评估标准。这不仅符合政策评估的发展趋势，同时也是拓宽公众参与渠道、建设服务型政府的客观需要，更是基本公共服务均等化供给政策自身的复杂性特征所决定的。

一、公众满意度标准：符合公共政策评估的发展趋势

政策评估是一种推动政府承担公共责任的有效机制。随着评估技术的演变，20 世纪初以来，政策评估的发展历经四代变迁。第一代是二战之前的“实验测量”阶段。这一阶段的评估受科学行为主义影响，评估者仅以技术人员角色通过实验测量公共政策的效率与效果。第二代是“二战”后至20 世纪60 年代的“实地试验”阶段。这一阶段的评估具有高度的目标导向，评估者根据预期的特定目标，通过对现实生活环境的调查对已执行的政策方案进行评估，评判结果优劣。第三代是20 世纪60 年代到70 年代中期的“社会实验”阶段。这一阶段评估关注公共政策能否解决社会问题，强调评估者本身的判断不可或缺性，试图冲破行为主义评估模式的束缚。但是总体来说，前三代评估过度倾向管理主义，过分强调量化方法，难以调和价值的多元主义。鉴于此，20 世纪 70 年代中期以后，政策评估迈入第四代。这一阶段开始注重定性研究途径，在评估范式上从实证本位向规范本位转变。其主要特点表现为两个方面：一方面正视社会中存在的多元价值观，重视对于政策利害相关者内心感受的回应；另一方面突出评估者的中立角色，要求评估者必须避免主观偏见，通过诠释辩证的相互协商过程，与被评估对象建立良好的关系。以便在了解不同政策利益相关者观点的基础上，在多元观点间寻求妥协，达成阶段性共识。

由斯德克（Stake）提出的回应性评估模式（Responsive Evaluation Model）是这一时期非常重要的政策评估模式。该模式认为，“政策评估应该以政策运作，而非以政策目标为导向，同时必须回应民众广泛的需求，从不同价值观点来判断

政策成败”①。以公众满意度作为我国基本公共服务均等化供给政策评估的根本标准，正是回应性评估模式的生动实践，符合公共政策评估实践的发展趋势。这一实践充分认识到，公众是政府进行公共管理和提供公共服务的最终承受者，只有公众的满意度才能真实反映公共需求的满足程度，从而坚持公众导向，以公众为中心，以满意度为尺度，对基本公共服务均等化供给政策进行评价。

二、公众满意度标准：建设服务型政府的客观要求

为了迎接经济全球化挑战，进一步推动政府管理体制改革，应对社会转型，更好地树立、贯彻和落实科学发展观，我国提出“建设服务型政府”的目标和要求。然而迄今为止，关于服务型政府的概念尚未形成共识。有学者认为，目前国内学术界对于服务型政府的理论探讨主要集中在四个角度：政府与公民关系转变的角度、政府职能历史演进的角度、政府职能结构调整的角度、政府工作方式改变的角度。尽管学者们从各个角度对于服务型政府内涵的理解都有其相对合理性，但是本书认为基于政府与公民关系改变的角度更能很好地把握服务型政府的本质特征。因为在这一研究视角下，服务型政府就是指“在公民本位、社会本位理念指导下，在整个社会民主秩序的框架下，通过法定程序，按照公民意志组建起来的以为公民服务为宗旨并承担着服务责任的政府”②。这就改变了过去政府模式的探讨中总是纠缠于政府与市场、政府与社会在职能分割的“量”上谁多谁少的问题，而是从“质”的角度指出，建设服务型政府需要实现从政府本位向社会本位、从官本位向公民本位、从权力本位向权利本位的转变，从而重新确定了政府与公民的主仆关系，明确了服务型政府建设最本质的要求。

而坚持公民本位、社会本位，就意味着在服务型政府建设过程中，政府提供什么样的服务应该由公民的需求所支配，而不再是政府自己做主，直接支配；政府提供服务也不是基于权力和权力所带来的权威，而是以其优质的服务赢得公民对他们的信任，进而靠信任带来的权威来执行公共政策。相应地，服务型政府建设视阈下，客观上要求以公众满意度作为公共政策的评价标准，以保障政府一切行为的出发点和最终归宿都是为公众提供满意的服务，更好地回应和满足公众的需求，从而维护公民权利的落实，实现公民最大限度的利益。

---

① 李德国、蔡晶晶：《西方政策评估：范式演进和指标构建》，载《科技管理研究》，2006年第8期。

② 刘熙瑞：《服务型政府——经济全球化背景下中国政府改革的目标选择》，载《中国行政管理》，2002年第7期。

三、公众满意度标准：拓宽公民参与渠道的现实需要

“公民依法享有参与国家政治生活、管理国家以及在政治中表达个人见解和意见的权利”①。表现在公共政策领域，公民有参与并影响公共政策制定、执行和评估等各个环节的权利。然而，在政策评估环节，公民参与的程度和方式，在根本上受制于现有的政治体制和决策机制。同时由于受公众认知能力有限、官僚体制的障碍、公众参与热情度不足、参与成本高、网络参与无序等因素影响，公众往往被排除在政策评估主体之外，或者在政策评估中处于“失语”状态。这种状况与公众是政策的直接对象，是政策利益的最终获得者这一地位不相符。需要采取公开政务信息、成立公众参与政策评估的政治组织、建立健全公众评议政府绩效制度等措施，拓宽公众参与渠道，将政策评估权真正交给社会公众。

公众满意度标准的选择，为公众参与基本公共服务均等化供给政策评估拓宽了渠道，提供了直接参与的机会。通过公众参与评估，一方面有利于实现公共管理理念的转变，培育和巩固政府为民服务的公益精神，纠正政策目标、范围界定和价值取向在决策和执行层面与公共利益可能发生的偏离，提高政策制定的科学性和政策执行的有效性；另一方面也有利于社会公众了解基本公共服务均等化供给政策的价值取向、目标导向、内容范围、运行过程、质量水平和实施效果，满足公众的参与要求，从而提高对政府的信任度和满意度。

四、公众满意度标准：基本公共服务均等化供给政策的特征决定

基本公共服务均等化供给政策是一个目标多维、内容多样、受众多元的系统。从政策目标分析，是一个多维目标的组合，既存在“均等化”中介目标，又存在“促进人的全面发展”这一终极目标；在“均等化”目标中，既涉及机会均等、过程均等之说，又可包含结果均等之意。从政策内容分析，是一个政策的集合，既涉及与人的基本生存需求相关的公共卫生、基本医疗、基本社会保障、环境保护等领域，又涉及提供公共就业、基础教育、公共文化等服务，以促进人的全面发展。从政策客体分析，受众多元，影响面广，可以说涵盖了所有的社会群众。这些特征都使得基本公共服务均等化供给政策具有明显的复杂性。

而评估标准的选择，首要的就是要针对被评估政策的具体特征进行，以便真实地评价政策的质量和效果。公众满意度标准的选择，一方面，可以对基本公共服务均等化供给政策进行广泛的、多样的、全过程的评价，而不仅仅局限于价值

① 许崇德：《中华法学大辞典·宪法学卷》，中国检察出版社，1995年版。

取向、政策质量、政策执行过程、政策产出的有效性等某一方面的评价；另一方面，使公众能够在对基本公共服务均等化供给政策的评价中充分表达自己不同的意见，甚至是相反的观点，从而满足公众不同的关心、需求和期望，在不同观点相互冲突和妥协的过程中，对基本公共服务均等化供给政策的评估达成基本共识。

第三节 公众满意度测度指标体系

构建科学合理的测度指标体系是开展政策评估的基础。本节在建立基本公共服务均等化供给政策公众满意度结构模型的基础上，结合“金字塔型”理论分析模型、专家访谈情况和文献研究，从公众期望、感知质量、感知效果、信任度和公众抱怨五个维度构建起基本公共服务均等化供给政策公众满意度测度指标体系。

一、公众满意度结构模型

作为一个抽象的概念，国内外学者将满意度与其他相关变量联系起来，通过建立模型加以测算。1989 年，瑞典成为第一个正式拥有评估产品和服务质量的跨行业、企业的国家顾客满意度调查工具——瑞典顾客满意度晴雨表 SCSB（Sweedes’ Customer Satisfaction Barometer）。1994 年，由卡莱斯·福纳尔（Claes Fornell）教授领导的设立在密歇根大学商学院的国家质量研究中心和美国质量协会将 SCSB 引入美国并加以改造，构建了美国顾客满意度指数 ACSI（American Customer Satisfaction Index），它是一个测量用户满意程度的经济指标，由用户对在美国本土购买的美国国内企业的产品或者是在美国市场上占有相当份额的国外企业提供的产品和服务质量做出评价。ACSI 模型是用来测评指数的一个方程组模型，该模型由满意度与其决定因素——顾客期望、感知质量、感知价值、顾客抱怨和顾客忠诚 5 个变量组成一个整体逻辑结构（见图 7.1）。ACSI 模型也是迄今为止，最为成熟和被广泛运用的满意度指数模型。世界上许多国家都以 ACSI 模型方法为蓝本，结合本国实际情况进行修正，开发了评价公共部门行为公众满意度的相关测评模型和方法。1998 年，清华大学经济管理学院受国家质量监督检验检疫总局委托，建立了我国第一个全国性的顾客满意度指数模型 CCSI（China Customer Satisfaction Index）。学者盛明科和刘贵忠对 CCSI 模型加以修正，提出了与我国国情相符的公共服务满意度测评模型 CPSI（China Public Satisfaction Index）。

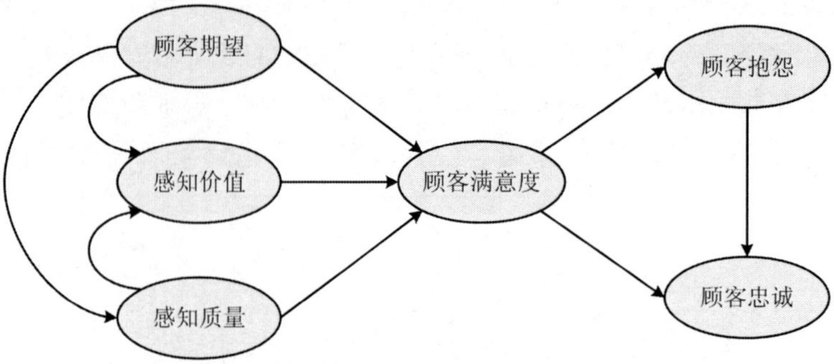

图 7. 1　美国顾客满意度指数（ASCI）模型

借鉴以上测度模型，在对相关变量进行修正的基础上，本研究构建起基本公共服务均等化供给政策公众满意度结构模型。在这一模型中，公众满意度是最终所求的目标变量；公众满意度水平由公众期望、感知质量、感知效果、公众抱怨和信任度 5 个结构变量的测评所决定，其中公众期望、感知质量、感知效果是公众满意度的原因变量，直接决定着公众对基本公共服务均等化供给政策的满意程度，而公众抱怨和信任度是公众满意度的结果变量。如果公众抱怨能够得到政府妥善处理，会重新实现公众满意；公众满意也会发展到其最高境界——公众信任（见图 7. 2）。

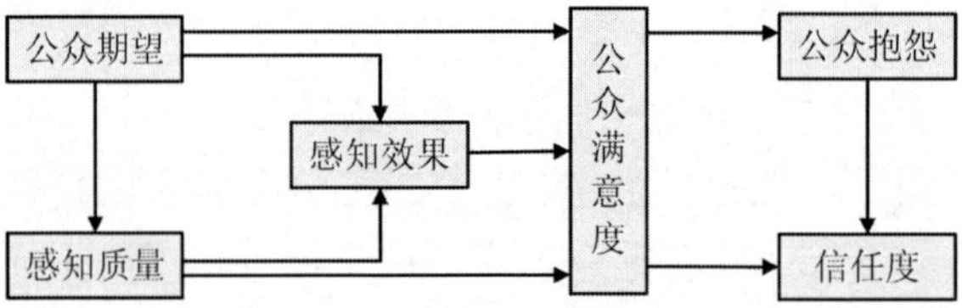

图 7. 2　基本公共服务均等化供给政策公众满意度结构模型

具体变量内涵界定如下：

（1）公众满意度是指社会公众对基本公共服务均等化供给政策的实际感知与之前期望相对比所产生的一种感觉状况水平。值得说明的是，这里的“满意度”是公众对迄今为止一段时期基本公共服务均等化供给政策总体情况的评价，而不是仅对某一时点基本公共服务均等化供给政策情况的评价。

（2）公众期望是指公众预期会从政府得到何种质量和效果的基本公共服务均等化供给政策，而不是指基本公共服务均等化供给政策应该达到何种质量和效果水平。也就是说，公众可以通过各种渠道获取信息，对自身的期望值进行理性调整，使反复调整后的期望值能够准确反映基本公共服务均等化供给政策当前的质量和效果状况。

（3）感知质量是指公众感受到的基本公共服务均等化供给政策的优劣程度。涉及价值取向的合理性、政策制定科学化、民主化、规范化程度、政策执行过程的合法合规性、结果契合性、落实到位性情况等多方面内容。

（4）感知效果是指公众感受到的基本公共服务均等化供给政策目标的达成水平或者改善程度。

（5）公众抱怨表现为公众对于基本公共服务均等化供给政策有不满情绪。

（6）信任度表现为公众对于基本公共服务均等化供给政策的认可情况和参与程度。

二、访谈

为建立起基本公共服务均等化供给政策公众满意度测度指标体系，在确定公众满意度结构模型的基础上，本研究对浙江大学、中共浙江省委党校、浙江海洋学院、舟山市委政策研究室、舟山市发改委、中共舟山市委党校等单位的11名专家进行了访谈。访谈工作上门拜访进行，形式为单独访谈，访谈人数11人，每人访谈时间约为30分钟。

访谈目标。通过访谈，根据中央政府提出的基本公共服务均等化供给政策的目标和要求，结合“金字塔型”理论分析模型和满意度主流理论，以确定基本公共服务均等化供给政策公众满意度的评价指标。

访谈方法。由于涉及个体的观点，本研究不采用焦点组访谈方式，而使用个人访谈，力求所获得的信息真实、可靠。

访谈提纲。首先，表明本次访谈内容将被严格保密，结果仅作为学术研究之用，请被访谈者发表真实想法和意见；其次，介绍研究目的、意义，简要阐述基本公共服务均等化供给的前人研究成果；第三，着重突出公众满意度定义，解释公众期望、感知质量、感知效果、公众抱怨和信任度在基本公共服务均等化供给政策公众满意度指标体系中的构成，使访谈者对研究的内容认识趋同；最后，围绕以下问题进行交流。

①您对基本公共服务均等化供给政策的情况是否熟悉？

②您对基本公共服务均等化供给政策的期望表现在哪些方面？

③您认为基本公共服务均等化供给政策的质量体现在哪些方面？

④您认为基本公共服务均等化供给政策的效果体现在哪些方面？

⑤对于当前基本公共服务均等化供给现状，您是否有“抱怨”感？若有，表现是什么？

⑥您认为群众对于基本公共服务均等化供给政策的信任度表现在哪里？

其中，①、②、③、⑤、⑥采用非结构化访谈方式，不给选择和提示；④使用结构化访谈方式，给出浙江省和舟山市政府实施基本公共服务均等化行动计划中的测度指标，由被访谈者从中加以选择确定并提出修正意见。

三、测度指标设计

满意度评价本身具有一定的模糊性，是一个复杂的过程，因此，在基本公共服务均等化供给政策公众满意度测度指标设计时遵守以下原则。

科学性。测度指标体系的建立必须系统、完整。各指标之间应具有一定的逻辑关系，指标要与测评对象和目标相适应，指标定义要清楚，计量方法要科学。

层次性。指标体系应根据研究对象的结构分出层次，并在此基础上将指标加以分类，从而使指标体系结构清晰，层次感强，便于从不同层次对基本公共服务均等化供给政策进行分析评价。

灵敏性。指标体系能准确敏感地体现公众对基本公共服务均等化供给政策的各种期望，及时反映公众满意度的真实状态。

广泛性。评价指标应具有高度的概括性，能反映其最本质、最重要的信息，系统地再现和评价基本公共服务均等化供给政策各方面的情况。

可测性。评价指标应可以被相对精确地测量，包括可直接通过统计调查获取的客观存在的指标以及通过评分方法求值的主观指标。

独立性。在设计指标时尽量减少指标之间的重叠区域，将其相关性减少到最低限度。

通用性。指标体系应具有广泛的适用性。

以这些原则为指导，并在前几章对我国基本公共服务均等化供给政策的现实情况、总体要求以及公共政策、公共服务供给等理论加以深入地文献研究的基础上，本研究结合专家访谈情况和“金字塔型”理论分析模型，从公众期望、感知质量、感知效果、信任度和公众抱怨五个维度对基本公共服务均等化供给政策公众满意度各类指标加以设计，构建起测度指标体系（见表7.1）。值得说明的是，由于对于基本公共服务的范围界定仍然存在分歧，因此，“感知效果”维度中的三级指标可以根据学者的不同观点选取不同功能和性质类型的基本公共服务，以对其“均等化供给”程度进行测定。

表 7.1 基本公共服务均等化供给政策公众满意度测度指标体系

	一级指标	二级指标	三级指标
公众满意度（U）	公众期望	总体期望	对基本公共服务均等化供给政策质量的预期评价
			对基本公共服务均等化供给政策实施效果的预期评价
	感知质量	价值取向	制定政策时坚持效率与公平价值取向统一情况
			执行政策时坚持效率与公平价值取向统一情况
		政策制定	政策惠及公民的均等化程度情况
			政策制定的科学化程度情况
			政策制定的透明度情况
			政策制定的公民参与度情况
			政策制定的社会监督制约情况
		政策执行	各级党委政府重视情况
			公共财政资金投入情况
			供给资源可整合性程度情况
			政策执行落实到位情况
			基本公共服务供给与公民需求的契合性程度情况
			供给过程合法合规性情况
			建立健全长效机制情况
	感知效果	服务类型	保障性基本公共服务供给均等化程度情况
			发展性基本公共服务供给均等化程度情况
	信任度	认可参与	对基本公共服务均等化供给政策的认可情况
			对基本公共服务均等化供给政策的参与情况
	公众抱怨	不满情绪	对基本公共服务均等化供给政策价值取向的不满情绪
			对基本公共服务均等化供给政策制定的不满情绪
			对基本公共服务均等化供给政策执行的不满情绪

第四节　个案实证研究

为了评估基本公共服务均等化供给政策的成效，本节以舟山市为考察对象，结合主流的满意度理论，基于公众满意度标准，建立基本公共服务均等化供给政策评价指标体系，对舟山市基本公共服务均等化供给政策开展评估，并找出影响其公众满意程度的主要变量。所得结论，可以为舟山市基本公共服务均等化供给政策实施的改进，提供实证支持。

一、建立测度指标体系

建立起舟山市基本公共服务均等化供给政策公众满意度测度指标体系（见表7.2），是开展个案实证研究的重要步骤。在设计指标体系过程中，“感知效果”

表7.2　舟山市基本公共服务均等化供给政策公众满意度测度指标体系

	一级指标	二级指标	三级指标
公众满意度（U）	公众期望 u_1	总体期望 u_{11}	对基本公共服务均等化供给政策质量的预期评价 u_{111}
			对基本公共服务均等化供给政策实施效果的预期评价 u_{112}
	感知质量 u_2	价值取向 u_{21}	制定政策时坚持效率与公平价值取向统一情况 u_{211}
			执行政策时坚持效率与公平价值取向统一情况 u_{212}
		政策制定 u_{22}	政策惠及公众的均等化程度情况 u_{221}
			政策制定的科学化程度情况 u_{222}
			政策制定的透明度情况 u_{223}
			政策制定的公众参与度情况 u_{224}
			政策制定的社会监督制约情况 u_{225}
		政策执行 u_{23}	各级党委政府重视情况 u_{231}
			公共财政资金投入情况 u_{232}
			供给资源可整合性程度情况 u_{233}
			政策执行落实到位情况 u_{234}
			基本公共服务供给与公众需求的契合性程度情况 u_{235}
			供给过程合法合规性情况 u_{236}
			建立健全长效机制情况 u_{237}

续表

	一级指标	二级指标	三级指标
公众满意度（U）	感知效果 u_3	社会保障 u_{31}	平等就业公共服务情况 u_{311}
			社会保险覆盖面情况 u_{312}
			城乡低收入家庭住房困难解决情况 u_{313}
			分层分类救助制度实施情况 u_{314}
			普惠式社会福利实施情况 u_{315}
		社会事业 u_{32}	教育公平程度情况 u_{321}
			城乡公共卫生体系和基本医疗服务体系建立和健全情况 u_{322}
			城乡公共文化服务网络覆盖情况 u_{323}
			全民健身服务体系完善情况 u_{324}
			城乡计生服务均衡发展情况 u_{325}
		公共设施 u_{33}	城乡公共交通一体化情况 u_{331}
			城乡供水供电一体化情况 u_{332}
			城乡邮政通信一体化情况 u_{333}
			城乡污水和垃圾处理一体化情况 u_{334}
	信任度 u_4	认可参与 u_{41}	对基本公共服务均等化供给政策的认可情况 u_{411}
			对基本公共服务均等化供给政策的参与情况 u_{412}
	公众抱怨 u_5	不满情绪 u_{51}	对基本公共服务均等化供给政策价值取向的不满情绪 u_{511}
			对基本公共服务均等化供给政策制定的不满情绪 u_{512}
			对基本公共服务均等化供给政策执行的不满情绪 u_{513}

维度下的二、三级测度指标，根据《浙江省人民政府关于印发基本公共服务均等化行动计划的通知》（浙政发〔2008〕51 号）① 和《舟山市人民政府关于印发舟山市基本公共服务均等化行动计划实施方案的通知》（舟政发〔2008〕77 号）② 中的相关内容加以修订设计，即从社会保障、社会事业、公共设施三个维度选取了平等就业公共服务、社会保险、普惠式社会福利、教育、城乡公共卫生、城乡公共文化服务、城乡公共交通、城乡供水供电等 14 类基本公共服务作为评判对象。同时，本书还结合了对舟山市各县（区）、部分市属单位实施基本公共服务均等化供给政策实践进行深度调研的情况，以保证指标的可理解性。

① 《浙江省人民政府关于印发基本公共服务均等化行动计划的通知》http：//www. zj. gov. cn/gb/zjnew/node3/node22/node166/node229/node1512/userobject9ai116977. html。

② 《舟山市人民政府关于印发舟山市基本公共服务均等化行动计划实施方案的通知》http：//www. zhoushan. gov. cn/html/103906. html。

二、确定权重

在构建好公众满意度测度指标体系，即建立层次分析结构模型后，测度指标上下层次之间的隶属关系就已明确，之后就是要确定各层各因素之间的重要性排序问题。满意度测评指标体系反映测评对象的质量水平和特征，而每一测评指标变化对满意指数变化的影响程度是不同的。为了明确各项指标在测评指标体系中所具有的重要程度，需要分别赋予各项指标权重数。权重确定与分配是测评指标体系设计中非常关键的一个步骤，对于能否客观、真实地反映舟山市基本公共服务均等化供给政策满意度起着至关重要的作用。

本研究采用美国著名的运筹学家、匹兹堡大学教授萨蒂（T. L. Saaty）的层次分析法（Analytical Hierarchy Process，AHP）来确定测度指标权重。即在构建测度指标体系的基础上，通过专家对测度指标的两两比较赋分，得出层次分析法的判断矩阵，计算判断矩阵的特征向量和最大特征值，同时对判断矩阵进行一致性检验后得到各指标的权重值。

一般来说，在单人单准则下，层次分析法权重向量的常用算法包括特征向量法、对数最小二乘法、最小二乘法和最小偏差法。特征向量法是 AHP 的一种基本算法，其具体计算过程主要包括三个步骤：构造判断矩阵、层次单排序、进行一致性检验。而多人单准则下权重向量的算法，大多是在单人单准则下权重向量算法基础上的拓展，大体上可以分为三种：拓广优化算法、判断矩阵综合法、权重向量综合法。

本研究在多人单准则下进行权重向量计算，采用判断矩阵综合法，即邀请浙江大学、浙江海洋学院、舟山市委政策研究室、舟山市发改委、中共舟山市委党校的 7 名专家（从学科结构上看，以系统科学和管理科学学科的专家为主，兼及公共管理学、社会学相关学科的专家；从职业结构上看，包含学术机构、政府业务管理部门等单位的专家），通过问卷对测度指标进行两两比较加以赋值（见附录 1），取得判断矩阵群，计算各层级矩阵群中相应元的加权几何平均（本研究赋予每位专家同一权重），用以构造各层级指标的综合判断矩阵（见附录 2）。在此基础上，再选用单人单准则下权重向量的算法，计算各综合判断矩阵的特征向量和最大特征值，同时对判断矩阵作一致性检验后得到各层级指标的权重值。

基于 AHP 计算方法，本书利用 yaahp v0. 5. 2 层次分析法软件计算确定舟山市基本公共服务均等化供给政策公众满意度各层级测度指标的权重（见表 7. 3）。

三、抽样

本项研究通过对被访问公众进行问卷调查获取数据。

表 7.3 公众满意度测度指标权重

	一级指标（权重）	二级指标（权重）	三级指标（权重）
(A, 1.0000)	(a_1, 0.3786)	(a_{11}, 1.0000)	(a_{111}, 0.3333)
			(a_{112}, 0.6667)
	(a_2, 0.1964)	(a_{21}, 0.1634)	(a_{211}, 0.8000)
			(a_{212}, 0.2000)
		(a_{22}, 0.5396)	(a_{221}, 0.4347)
			(a_{222}, 0.2946)
			(a_{223}, 0.1376)
			(a_{224}, 0.0512)
			(a_{225}, 0.0819)
		(a_{23}, 0.2970)	(a_{231}, 0.1634)
			(a_{232}, 0.1129)
			(a_{233}, 0.0683)
			(a_{234}, 0.3508)
			(a_{235}, 0.2237)
			(a_{236}, 0.0486)
			(a_{237}, 0.0323)
	(a_3, 0.2869)	(a_{31}, 0.4934)	(a_{311}, 0.2608)
			(a_{312}, 0.3953)
			(a_{313}, 0.1174)
			(a_{314}, 0.0715)
			(a_{315}, 0.1550)
		(a_{32}, 0.1958)	(a_{321}, 0.4644)
			(a_{322}, 0.2971)
			(a_{323}, 0.1224)
			(a_{324}, 0.0761)
			(a_{325}, 0.0400)
		(a_{33}, 0.3108)	(a_{331}, 0.2521)
			(a_{332}, 0.5110)
			(a_{333}, 0.0710)
			(a_{334}, 0.1659)
	(a_4, 0.0835)	(a_{41}, 1.0000)	(a_{411}, 0.5000)
			(a_{412}, 0.5000)
	(a_5, 0.0546)	(a_{51}, 1.0000)	(a_{511}, 0.1047)
			(a_{512}, 0.6370)
			(a_{513}, 0.2583)

（一）问卷设计

在大量的文献阅读和专家访谈的基础上，本书设计制定了调查问卷（见附录3）。在公众满意度调查问卷的前言中注明是以课题组研究的名义发放问卷，尽量避免不必要的误会。问卷内容包括两个部分：第一部分为被访问公众的个人资料，包括户籍、职业、政治面貌、年龄和受教育程度五个要素；第二部分主要调查公众对基本公共服务均等化供给政策满意度及其相关变量的看法。问卷从公众期望、感知质量、感知效果、公众抱怨及信任度等五个维度对基本公共服务均等化供给政策公众满意度进行描述，并依据表7.2设计和确定测度指标。同时采用数字测量标度，使用1～5刻度来设计问题的答案选项，均为单选。由被调查公众在对这些测度指标的满意度进行判断之后，在“评判得分”中勾出自己的感受分值。

（二）问卷预调查

预调查进行了两次。

第一次预调查发放问卷10份，回收10份，主要目的是通过问卷的填写发现问题并进行改进。发现的问题主要包括：问卷含有若干容易引起歧义和混淆的变量。改进之处包括：在填写说明中增加了咨询电话，对公众抱怨和不满情绪的划分等级增加了解释部分，并适当修正了相应的测度指标，以便群众容易了解。

第二次预调查发放问卷30份，回收有效问卷30份。第二次预调查的目的是对基本公共服务均等化供给政策公众满意度的总体状况有一个大致的把握，以便确定样本数量。

预调查结果表明，填写人在了解基本公共服务均等化供给政策的基础上，改进后的问卷使填写人均能准确表达自己对基本公共服务均等化供给政策公众满意度测度指标的感受，可在5分钟之内填写完问卷，不会对其工作产生太大干扰，填写人抵触情绪较小。但是在难以理解测度指标内涵的情况下，容易产生反感情绪，导致填写人随意评判，甚至有放弃填写的想法。

（三）确定样本数量

根据以往经验，如果是全国性或者多省市研究，样本量在1000份至3000份之间比较适合；如果是省级或者大型城市的地区性研究，样本量在500份至1000份之间比较适合；对于中等城市，样本量在200份至300份之间比较适合。满意度模型中观测变量总数35个，如果样本量过小，会导致估计误差过大，使调查结果失去意义。根据国外的相关研究，在观测变量超过20的情况下，样本量个数要超过变量的5倍，就有统计学上的意义。

一般来说，样本量越大，参数估计精度越好。但是，样本量大小还与处理效果、实验误差、抽样误差和资料性质等因素有关。对预调查结果进行处理表明：统计效果比较明显；误差较小，达到了统计学意义上的显著性；样本个体差异小，反应较一致；且本研究属于计量资料，样本量可相对较小。

因此，本研究综合考虑各方面因素，预计样本量在500份左右，即可对舟山市基本公共服务均等化供给政策公众满意度问题做出判断。

四、问卷调查

（一）问卷调查过程

问卷调查从2010年7月10日起，通过三条途径同时进行：一是由浙江海洋学院管理学院公共管理专业12名大学生，组成“基本公共服务均等化供给”调查暑期社会实践小组，通过直接走访群众，并在解释沟通的基础上开展问卷调查；二是在联系沟通的基础上，通过E－mail形式向市属15个部门邮寄问卷加以调查；三是委托相关乡镇（街道），在提供基本公共服务均等化供给政策背景知识及测度指标释义的基础上，由乡镇（街道）的机关工作人员、大学生村官和社区干部通过走访群众、发放问卷直接填写等方式进行问卷调查。8月5日前调查问卷回收完毕。共计发放问卷500份，回收问卷500份，回收率100%。

（二）样本区域分布

舟山是全国唯一以群岛设市的地级行政区划，由1390个岛屿组成，下辖2区（定海区、普陀区）2县（岱山县、嵊泗县）。2009年年末户籍人口总数967721人，人口密度672人/平方千米，常住人口106.3万人。2009年全市实现地区生产总值533.26亿元，连续11年保持两位数增长，按常住人口计算，人均生产总值50379元，折算成美元约为7375美元，居全省各市的第四位。财政总收入76.99亿元，其中地方财政一般预算收入48.78亿元。城镇居民人均可支配收入24082元，渔农村居民人均纯收入12612元。

根据人口分布、行政区划、城乡布局、地理环境、单位性质等综合因素，此次问卷范围涉及舟山市2县、2区的15个乡镇（街道）及15个相关市属部门，其中城市街道4个、渔农村乡镇11个（见表7.4，表7.5）。问卷总数达500份。

表 7.4 样本区域分布表（单位：份）县（区）

县（区）	乡镇（街道）	问卷分布数
定海区（160）	金塘镇	40
	岑港镇	20
	白泉镇	30
	昌国街道	40
	临城街道	30
普陀区（165）	六横镇	40
	普陀山镇	10
	桃花镇	30
	沈家门街道	45
	勾山街道	40
岱山县（110）	高亭镇	40
	东沙镇	30
	衢山镇	40
嵊泗县（50）	菜园镇	30
	枸杞乡	20
市属单位（15）	相关部门	15

表 7.5 市属部门样本分布表（单位：份）

序号	部门	问卷分布
1	市委办	1
2	市府办	1
3	市发改委	1
4	市交通委	1
5	市财政局	1
6	市民政局	1
7	市卫生局	1

续表

序号	部门	问卷分布
8	市渔农办	1
9	市环保局	1
10	市人事劳动社会保障局	1
11	市人口计生委	1
12	市教育局	1
13	市文广新闻出版局	1
14	市体育局	1
15	市城建委	1

（三）被调查人群特征分析

从表7.6中可以看出，样本人群的户籍、职业、年龄、政治面貌和受教育程度等特征属性分布比较理想，达到预想的分层配比抽样的要求，为本项目研究结果具有统计上的意义以及与实际情况的吻合打下了良好基础。

表7.6　样本人群特征属性

户籍	舟山（84.40%）	其他（15.60%）	
职业	公务员（14.00%）	政治面貌	中共党员（27.80%）
	工人（12.00%）		群众（70.20%）
	渔农民（45.20%）		民主党派（1.20%）
	其他（28.80%）		其他（0.80%）
年龄段	35岁以下（44.20%）	受教育程度	高中及以下（54.40%）
	35～44岁（29.40%）		大专（23.00%）
	45～55岁（18.60%）		本科（21.00%）
	55岁以上（7.80%）		研究生及以上（1.60%）

（四）有效问卷及缺失值的处理

在进行问卷统计的时候，发现有2份问卷存在问题。其中漏掉若干问题的1份（有1个题项未作答）；部分符号不可识别的1份（有2个题项打“√”处位于相邻刻度分值的分割线上）。由此带来了缺失值问题。对于缺失值的处理，一般有如下方法：删除不完整的问卷；对于某一个问题或题目缺失值不予考虑；填补缺失值。

考虑到本研究采集样本量属于中等规模，存在缺失值问卷数量少及情况简单，因此，对于缺失值不大于问题总量5%（即2个），本研究采用样本均值代替缺失值的插补处理方法，当问卷漏选和符号不可识别选项超过3个（包括3个）时，问卷剔除。以上共计剔除问卷0份，本研究有效样本500份，占发放问卷总量的100%。

五、信度检验

信度（Reliability）是指测量（或研究）结果的一致性或者稳定性程度，是反映被测特征真实程度的指标。在实际应用中，主要包括重测信度、复本信度、折半信度、同质性信度和评分者信度。其中同质性信度（homogeneity reliability）也称为内部一致性信度，是指测验内部的各题目在多大程度上考察了同一内容。通常用克劳伯克（Cronbach）α 系数法来加以表示。

由于本问卷采用多重计分方式，分为5个等级，通常适用于采用态度、意见式问卷（量表）的 Cronbach α 信度系数法进行信度分析。Cronbach α 信度系数的计算公式为：

$$R_a = \frac{K}{K-1}\left(1 - \frac{\sum S_i^2}{S_T^2}\right)$$

其中，K 为量表中题项的总数；S_i^2 为第 i 个测评题目的内方差；S_T^2 为全部题项总得分方差。

α 系数值界于0～1之间。一般认为，α 系数值界于0.65～0.70之间是最小可接受值，α 系数值界于0.70～0.80之间信度较为理想，α 系数值界于0.80～0.90之间信度为优。

利用 SPSS Statistics 17.0 统计软件计算结果为：$\alpha = 0.956$，表明问卷信度非常理想。

六、效度检验

效度（Validity）即有效性，它是指测量工具或手段能够准确测出所需测量的事物的程度。为了检验测度指标体系对于基本公共服务均等化供给政策公众满意度测量的有效性，一方面本研究利用 SPSS Statistics 17.0 统计软件进行了卡方检验（Chi - square），结果显示具有统计显著性的卡方检验成对的变量不具有共线性，所有卡方检验都被发现在 $P<0.01$ 水平上具有统计显著性，从而表明测量模型具有较好的判别效度。另一方面，舟山市基本公共服务均等化供给政策公众满意度测度指标体系涉及指标较多，达 35 个，有必要通过因子分析检验测度指标体系的结构效度，并判断各指标对基本公共服务均等化供给政策公众满意度影响的重要程度，以便抓住问题的主要方面，在提供基本公共服务中有的放矢。

本研究采用因子分析方法提取出主要信息。由于是对变量的分析，因此采用 R 型因子分析。

因子分析的模型为：

$$\begin{cases} x_1 = a_{11}F_1 + a_{12}F_2 + \cdots + a_{1n}F_n + \varepsilon_1 \\ x_2 = a_{21}F_1 + a_{22}F_2 + \cdots + a_{2n}F_n + \varepsilon_2 \\ \cdots\cdots \\ x_m = a_{m1}F_1 + a_{m2}F_2 + \cdots + a_{mn}F_n + \varepsilon_m \end{cases}$$

用矩阵表示为：$x = AF + \varepsilon$

$$A = \begin{vmatrix} a_{11} & a_{12} & \cdots & a_{1n} \\ a_{21} & a_{22} & \cdots & a_{2n} \\ \cdots & \cdots & \cdots & \cdots \\ a_{m1} & a_{m2} & \cdots & a_{mn} \end{vmatrix}$$

这里，n 代表样本数量，$n=500$；m 代表影响舟山市基本公共服务均等化供给政策公众满意度变量的数量，$m=35$；$x_1, x_2, ..., x_m$ 为实测变量；$a_{ij}(i=1,2,\cdots,m, j=1,2,\cdots,n)$ 为因子载荷；$F_i(i=1,2,\cdots,m)$ 为公共因子；$\varepsilon_i(i=1,2,\cdots,m)$ 为特殊因子。

利用 SPSS Statistics 17.0 统计软件进行数据分析。

首先进行变量之间的 KMO 检验。

KMO（Kaiser－Meyer－Olkin）统计量检验用于检查变量间的偏相关性，取值在 0 和 1 之间。当 KMO 统计量越接近于 1 时，表明变量间的相关性越强，因子分析的效果越好，而当 KMO 值越接近于 0 时，则意味着变量间的相关性越弱，原有变量越不适合作因子分析。

Kaiser 给出了常用的 KMO 度量标准：0.9 以上表示非常适合；0.8 表示适合；0.7 表示一般；0.6 表示不太适合；0.5 以下表示极不适合。利用 SPSS Statistics 17.0 统计软件对变量之间的相关性进行 KMO 检验（见表 7.7），其数值为 0.918，表明各变量之间相关性很理想，数据适宜进行因子分析。

表 7.7　KMO 检验

KMO 和 Bartlett 的检验		
取样足够度的 Kaiser - Meyer - Olkin 度量。		.918
Bartlett 的球形度检验	近似卡方	15954.408
	df	595
	Sig.	.000

进行因子分析，输出统计结果如表 7.8。

表 7.8　公因子方差

m	初值	提取	m	初值	提取
u_{111}	1.000	0.841	u_{313}	1.000	0.794
u_{112}	1.000	0.860	u_{314}	1.000	0.844
u_{211}	1.000	0.850	u_{315}	1.000	0.796
u_{212}	1.000	0.848	u_{321}	1.000	0.444
u_{221}	1.000	0.739	u_{322}	1.000	0.875
u_{222}	1.000	0.799	u_{323}	1.000	0.922
u_{223}	1.000	0.869	u_{324}	1.000	0.939
u_{224}	1.000	0.766	u_{325}	1.000	0.915
u_{225}	1.000	0.743	u_{331}	1.000	0.723
u_{231}	1.000	0.901	u_{332}	1.000	0.765
u_{232}	1.000	0.721	u_{333}	1.000	0.713
u_{233}	1.000	0.752	u_{334}	1.000	0.653
u_{234}	1.000	0.825	u_{411}	1.000	0.896
u_{235}	1.000	0.714	u_{412}	1.000	0.902
u_{236}	1.000	0.816	u_{511}	1.000	0.905
u_{237}	1.000	0.837	u_{512}	1.000	0.908
u_{311}	1.000	0.476	u_{513}	1.000	0.934
u_{312}	1.000	0.740			

注：根据因子分析输出结果整理制作。

通过观察表 7. 8，可以发现提取主成分之后，除 u_{311} 、u_{321} 、u_{334} 以外，各变量信息提取都在 0. 700 之上，信息提取相对充分。

表 7. 9　解释的总方差

成分	初始特征值			提取平方和载入			旋转平方和载入		
	合计	方差的%	累积%	合计	方差的%	累积%	合计	方差的%	累积%
1	12. 517	35. 764	35. 764	12. 517	35. 764	35. 764	5. 874	16. 784	16. 784
2	3. 928	11. 224	46. 988	3. 928	11. 224	46. 988	4. 183	11. 953	28. 737
3	2. 723	7. 779	54. 767	2. 723	7. 779	54. 767	3. 778	10. 795	39. 531
4	2. 073	5. 924	60. 691	2. 073	5. 924	60. 691	3. 191	9. 116	48. 647
5	1. 872	5. 348	66. 039	1. 872	5. 348	66. 039	2. 843	8. 123	56. 771
6	1. 511	4. 317	70. 355	1. 511	4. 317	70. 355	2. 791	7. 975	64. 746
7	1. 461	4. 174	74. 529	1. 461	4. 174	74. 529	1. 863	5. 323	70. 069
8	1. 049	2. 996	77. 525	1. 049	2. 996	77. 525	1. 833	5. 236	75. 305
9	. 887	2. 535	80. 060	. 887	2. 535	80. 060	1. 664	4. 755	80. 060
10	. 812	2. 320	82. 380						
11	. 582	1. 663	84. 043						
12	. 538	1. 536	85. 579						
13	. 456	1. 303	86. 882						
14	. 393	1. 122	88. 004						
……（中间略去）									
33	. 089	. 255	99. 646						
34	. 064	. 184	99. 830						
35	. 060	. 170	100. 000						
提取方法：主成分分析。									

从表 7. 9 可以看出，通过主成分方法提取的 9 个公共因子，解释了总变异的 80. 60%，即 9 个主成分对舟山市基本公共服务均等化供给政策公众满意度影响变量的解释力度为 80. 60%。而舍弃的 26 个主成分解释的方差仅占 19. 4%。达到了较好的解释效果。但是同时也可以看出，尽管各变量之间的偏相关系数很

高，但是主成分不明显，第一个主成分的特征根为12.517，仅解释了总变异的35.764%。究其原因，可以从三个方面加以分析：一是说明基本公共服务均等化供给政策公众满意度涉及多维变量，变量之间关系复杂，对其产生影响的变量很难用高度统一的公共因子加以简单描述；二是由于涉及影响变量复杂，设计的指标归类界限不是特别清楚，容易导致在提出主成分过程中，指标的主成分归属不太稳定。所以尽管指标之间的偏相关性很高，但是相关性的内容差异较大，造成主成分提取不集中，而是相对分散；三是由于测评刻度只设定1~5之间，刻度辨别度不是很明显，容易导致提取主成分不集中。

表7.10 旋转成分矩阵

	1	2	3	4	5	6	7	8	9
u_{111}	.249	.134	.121	.130	.097	.148	.159	.061	.818
u_{112}	.226	.187	.068	.116	.085	.120	.156	.118	.834
u_{211}	.178	.211	.012	.157	.117	.066	.820	.061	.236
u_{212}	.171	.211	.029	.124	.193	-.037	.829	-.024	.177
u_{221}	.219	.779	.065	.138	.112	.036	.132	.125	.114
u_{222}	.181	.841	.077	.153	.064	.034	.121	.063	.077
u_{223}	.212	.877	.083	.142	.055	.076	.096	.084	.049
u_{224}	.236	.796	-.026	.130	.125	.059	.099	.174	.000
u_{225}	.228	.784	.055	.118	.116	.085	.113	.077	.137
u_{231}	.909	.162	.043	.106	.078	.083	.080	.063	.105
u_{232}	.788	.196	.050	.136	.071	.075	.127	.080	.084
u_{233}	.825	.178	.046	.039	.029	.110	.071	.094	.098
u_{234}	.871	.109	.090	.126	.090	.096	.049	.034	.097
u_{235}	.751	.247	.048	.175	.105	.123	.060	.155	.041
u_{236}	.852	.188	.108	.112	.068	.037	.132	.066	.053
u_{237}	.879	.138	.027	.060	.056	.092	.083	.102	.113
u_{311}	.333	.330	.046	.176	.038	.169	.196	.379	.102
u_{312}	.124	.186	.159	.747	.091	.252	.110	.125	.085
u_{313}	.175	.156	.147	.804	.137	.134	.077	.156	.070

续表

	1	2	3	4	5	6	7	8	9
u_{314}	. 165	. 146	. 175	. 837	. 129	. 158	. 102	. 091	. 058
u_{315}	. 178	. 219	. 153	. 787	. 114	. 152	. 108	. 135	. 085
u_{321}	. 256	. 185	. 198	. 113	. 156	. 140	. 441	. 186	-. 139
u_{322}	. 063	. 063	. 886	. 195	. 075	. 161	. 037	. 102	. 010
u_{323}	. 047	. 079	. 929	. 110	. 069	. 162	. 035	. 046	. 063
u_{324}	. 088	. 045	. 929	. 119	. 081	. 187	. 046	. 052	. 068
u_{325}	. 102	. 037	. 924	. 129	. 061	. 135	. 028	. 082	. 057
u_{331}	. 163	. 017	. 243	. 171	. 135	. 761	. 050	. 082	. 038
u_{332}	. 156	. 040	. 163	. 084	. 030	. 833	. 028	. 016	. 101
u_{333}	. 040	. 080	. 138	. 219	. 103	. 788	. 008	. 005	. 078
u_{334}	. 149	. 154	. 145	. 157	. 036	. 653	. 034	. 359	. 055
u_{411}	. 222	. 217	. 160	. 223	. 230	. 157	. 044	. 796	. 105
u_{412}	. 222	. 267	. 151	. 270	. 218	. 126	. 041	. 783	. 088
u_{511}	. 090	. 149	. 095	. 128	. 894	. 122	. 137	. 086	. 094
u_{512}	. 133	. 128	. 097	. 130	. 902	. 089	. 087	. 132	. 029
u_{513}	. 118	. 109	. 080	. 136	. 917	. 070	. 141	. 121	. 062
注：提取方法为主成分分析法；旋转法为具有 Kaiser 标准化的正交旋转法；旋转在 6 次迭代后收敛									

从表 7.10 可以看出，第一个因子 u_{231} 主要由变量 u_{231} 、u_{232} 、u_{233} 、u_{235} 、u_{235} 、u_{236} 和 u_{237} 决定，可以提炼归纳为“政策执行”因子，对应指标体系中的二级指标 u_{23} ；第二个因子 u_{221} 主要由变量 u_{221} 、u_{222} 、u_{223} 、u_{224} 和 u_{225} 决定，可以提炼归纳为“政策制定”因子，对应指标体系中的二级指标 u_{22} ；第三个因子 u_{322} 主要由变量 u_{322} 、u_{323} 、u_{324} 和 u_{325} 决定，可以提炼归纳为“社会事业”因子，基本上对应指标体系中的二级指标 u_{32}（除了不能涵盖“教育公平程度情况 u_{321} ”指标之外）；第四个因子 u_{312} 主要由变量 u_{312} 、u_{313} 、u_{314} 和 u_{315} 决定，可以提炼归纳为“社会保障”因子，基本上对应指标体系中的二级指标 u_{31}（除了不能涵盖“平等就业公共服务情况 u_{311} ”指标之外）；第五个因子 u_{511} 主要由变量 u_{511} 、u_{512}

和 u_{513} 决定，可以提炼归纳为“不满情绪”因子，对应指标体系中的二级指标 u_{51}；第六个因子 u_{331} 主要由变量 u_{331}、u_{332}、u_{333} 和 u_{334} 决定，可以提炼归纳为“公共设施”因子，对应指标体系中的二级指标 u_{33}；第七个因子 u_{211} 主要由变量 u_{211} 和 u_{212} 决定，可以提炼归纳为“价值取向”因子，对应指标体系中的二级指标 u_{21}；第八个因子 u_{411} 主要由 u_{411} 和 u_{412} 决定，可以提炼归纳为“认可参与”因子，对应指标体系中的二级指标 u_{41}；第九个因子 u_{111} 尽管特征根值为0.887，没有超过1，但是根据经验法可以提取作为公共因子，主要由变量 u_{111} 和 u_{112} 决定，可以提炼归纳为“总体期望”因子，对应指标体系中的二级指标 u_{11}。

从以上提取的公共因子分析，总体上来说，所设计的舟山市基本公共服务均等化供给政策公众满意度测度指标体系具有比较好的结构效度。同时，经过最大方差法旋转后的公共因子系数明显向0和1两个方向分化，有了更为鲜明的统计学意义。

七、满意度的模糊综合评判

国内学者对满意度的测评研究，主要是使用模糊理论建立数学模型来判定的，如冯晓云、赵冬梅、李治的模糊多目标算法，王谦、李锦红的模糊综合评判方法等。相比较而言，尽管模糊数学评价方法在各指标权重的确定上带有主观性，并且这些测评模型仅仅对顾客满意度的现状进行了评价，而没有进一步预测它的变化。但是模糊数学评价方法的评价思维过程更符合人的判断特征，接近实际情况。因此，本研究采用该方法。

模糊评价是根据给出的评价指标和实测值，经过模糊变换后对事物做出评价的一种方法。而综合评判则是对多种因素所影响的事物或现象做出总的评价，即对评价对象全体，根据所给的条件，给每个对象赋予一个评价结果，以此来对该事物的优劣做出科学评判。具体过程如下：

（一）计算原理

1. 建立因素集

$U = \{u_1, u_2, \cdots, u_n\}$　　$u_i(i = 1,2,\cdots,n)$ 为一级指标；

$u_i = \{u_{i1}, u_{i2}, \cdots, u_{im}\}$　　$u_{ij}(j = 1,2,\cdots,m)$ 为二级指标；

$u_{ij} = \{u_{ij1}, u_{ij2}, \cdots, u_{ijp}\}$　　$u_{ijk}(k = 1,2,\cdots,p)$ 为三级指标。

2. 建立权重集

$A = \{a_1, a_2, \cdots, a_n\}$　　一级指标权重集。其中，a_i 为一级指标权数；

$A_i = \{a_{i1}, a_{i2}, \cdots, a_{im}\}$　　二级指标权重集。其中，a_{ij} 为二级指标权数；

$A_{ij} = \{a_{ij1}, a_{ij2}, \cdots, a_{ijp}\}$　　三级指标权重集。其中，a_{ijk} 为三级指标权数。

3. 建立备择（评判）集

$V = \{v_1, v_2, \cdots, v_q\}$，其中 $v_l(l = 1,2,\cdots,q)$ 表示某个评价等级。

4. 建立三级模糊综合评判数学模型

$$
B = A \circ R = A \circ \left| \begin{array}{c} A_1 \circ \left| \begin{array}{ccc} A_{11} & \circ & R_{11} \\ A_{12} & \circ & R_{12} \\ \vdots & \vdots & \vdots \\ A_{1m} & \circ & R_{1m} \end{array} \right| \\ A_2 \circ \left| \begin{array}{ccc} A_{21} & \circ & R_{22} \\ A_{22} & \circ & R_{22} \\ \vdots & \vdots & \vdots \\ A_{2m} & \circ & R_{2m} \end{array} \right| \\ \vdots \qquad \vdots \\ A_n \circ \left| \begin{array}{ccc} A_{n1} & \circ & R_{n1} \\ A_{n2} & \circ & R_{n2} \\ \vdots & \vdots & \vdots \\ A_{nm} & \circ & R_{nm} \end{array} \right| \end{array} \right|
$$

其中：R_{ij} 为单个因素的隶属度矩阵；R 为总评价矩阵；“∘”为矩阵合成运算。

（二）实证过程

对调查问卷结果的满意度隶属度进行统计，其中，隶属度 A、B、C、D、E 分别代表很满意、满意、基本满意、不满意、很不满意五个评判等级，具体见表 7.11。

1. 一级模糊综合评判

评判对象为二级指标 u_{ij}，评价要素为对应的三级指标，其中第 k 要素 u_{ijk} 对备择集中第 l 个元素的隶属度为 r_{kl}，则因素 u_{11} 的等级评判矩阵为：

$$
R_{11} = \begin{bmatrix} 0.1260 & 0.4920 & 0.3160 & 0.0580 & 0.0080 \\ 0.1240 & 0.4760 & 0.3440 & 0.0480 & 0.0080 \end{bmatrix}
$$

权重向量为：$A_{11} = [0.3333 \quad 0.6667]$

一级模糊综合评判结果为：

$$
B_{11} = A_{11} \circ R_{11} = [0.3333 \quad 0.6667] \circ \begin{bmatrix} 0.1260 & 0.4920 & 0.3160 & 0.0580 & 0.0080 \\ 0.1240 & 0.4760 & 0.3440 & 0.0480 & 0.0080 \end{bmatrix}
$$

$$
B_{11} = [0.1260 \quad 0.4760 \quad 0.3440 \quad 0.0580 \quad 0.0080]
$$

同理：

B_{21} = [0.0360 0.2480 0.5260 0.1680 0.0240]

B_{22} = [0.0340 0.3100 0.4370 0.1940 0.0420]

B_{23} = [0.0640 0.3508 0.3508 0.1000 0.0260]

B_{31} = [0.1660 0.3953 0.3260 0.1640 0.0300]

B_{32} = [0.1260 0.3200 0.4300 0.1140 0.0340]

B_{33} = [0.1660 0.4900 0.3120 0.1080 0.0260]

B_{41} = [0.0800 0.2900 0.4360 0.2240 0.0180]

B_{51} = [0.0480 0.2180 0.5080 0.2240 0.0220]

2. 二级模糊综合评判

A_2 = [0.1634 0.5396 0.2970]

表 7.11 满意度隶属度

一级指标	二级指标	三级指标代码	隶属度				
			A（R_{k1}）	B（R_{k2}）	C（R_{k3}）	D（R_{k4}）	E（R_{k5}）
u_1	u_{11}	u_{111}	0.1260	0.4920	0.3160	0.0580	0.0080
		u_{112}	0.1240	0.4760	0.3440	0.0480	0.0080
u_2	u_{21}	u_{211}	0.0340	0.2480	0.5260	0.1680	0.0240
		u_{212}	0.0360	0.3040	0.4960	0.1500	0.0140
	u_{22}	u_{221}	0.0300	0.3100	0.4520	0.1940	0.0140
		u_{222}	0.0280	0.2880	0.4820	0.1720	0.0300
		u_{223}	0.0340	0.2820	0.4420	0.2060	0.0360
		u_{224}	0.0320	0.2080	0.4680	0.2500	0.0420
		u_{225}	0.0260	0.2680	0.4480	0.2200	0.0380
	u_{23}	u_{231}	0.0420	0.3580	0.4840	0.0920	0.0240
		u_{232}	0.0360	0.3600	0.5000	0.0840	0.0200
		u_{233}	0.0420	0.3640	0.4940	0.0820	0.0180
		u_{234}	0.0640	0.3580	0.4900	0.0760	0.0120
		u_{235}	0.0380	0.3380	0.5040	0.1000	0.0200
		u_{236}	0.0240	0.3460	0.5240	0.0800	0.0260
		u_{237}	0.0500	0.3800	0.4720	0.0780	0.0200

续表

一级指标	二级指标	三级指标代码	隶属度				
			A（R_{k1}）	B（R_{k2}）	C（R_{k3}）	D（R_{k4}）	E（R_{k5}）
u_3	u_{31}	u_{311}	0.0920	0.3060	0.4080	0.1640	0.0300
		u_{312}	0.1660	0.4040	0.3260	0.0880	0.0160
		u_{313}	0.1660	0.4020	0.3120	0.0920	0.0280
		u_{314}	0.1780	0.3700	0.3440	0.0880	0.0200
		u_{315}	0.1880	0.3320	0.3520	0.1060	0.0220
	u_{32}	u_{321}	0.1020	0.3200	0.4300	0.1140	0.0340
		u_{322}	0.1260	0.5060	0.3200	0.0240	0.0240
		u_{323}	0.1560	0.5180	0.2780	0.0340	0.0140
		u_{324}	0.1780	0.5060	0.2680	0.0320	0.0160
		u_{325}	0.2120	0.5020	0.2400	0.0300	0.0160
	u_{33}	u_{331}	0.1560	0.4580	0.3140	0.0600	0.0120
		u_{332}	0.1660	0.4900	0.3120	0.0260	0.0060
		u_{333}	0.1700	0.4900	0.3060	0.0300	0.0040
		u_{334}	0.1040	0.3420	0.4200	0.1080	0.0260
u_4	u_{41}	u_{411}	0.0720	0.2640	0.4360	0.2100	0.0180
		u_{412}	0.0800	0.2900	0.3920	0.2240	0.0140
u_5	u_{51}	u_{511}	0.0480	0.2360	0.5200	0.1780	0.0180
		u_{512}	0.0280	0.2180	0.5080	0.2240	0.0220
		u_{513}	0.0400	0.2100	0.5120	0.2180	0.0200

$$R_2 = \begin{bmatrix} 0.0360 & 0.2480 & 0.5260 & 0.1680 & 0.0240 \\ 0.0340 & 0.3100 & 0.4370 & 0.1940 & 0.0420 \\ 0.0640 & 0.3508 & 0.3508 & 0.1000 & 0.0260 \end{bmatrix}$$

则 $B_2 = A_2 \circ R_2 = [0.0640 \quad 0.3100 \quad 0.4370 \quad 0.1940 \quad 0.0420]$

同理：

$A_3 = [0.4934 \quad 0.1958 \quad 0.3108]$

$$R_3 = \begin{bmatrix} 0.1660 & 0.3953 & 0.3260 & 0.1640 & 0.0300 \\ 0.1260 & 0.3200 & 0.4300 & 0.1140 & 0.0340 \\ 0.1660 & 0.4900 & 0.3120 & 0.1080 & 0.0260 \end{bmatrix}$$

则 $B_3 = A_3 \circ R_3 = [0.1660 \quad 0.3953 \quad 0.3260 \quad 0.1640 \quad 0.0340]$

此外：

$B_1 = B_{11} = [0.1260 \quad 0.4760 \quad 0.3440 \quad 0.0580 \quad 0.0080]$

$B_4 = B_{41} = [0.0800 \quad 0.2900 \quad 0.4360 \quad 0.2240 \quad 0.0180]$

$B_5 = B_{51} = [0.0480 \quad 0.2180 \quad 0.5080 \quad 0.2240 \quad 0.0220]$

3. 三级模糊综合评判

$$R = \begin{bmatrix} B_1 \\ B_2 \\ B_3 \\ B_4 \\ B_5 \end{bmatrix} = \begin{bmatrix} 0.1260 & 0.4760 & 0.3440 & 0.0580 & 0.0080 \\ 0.0640 & 0.3100 & 0.4370 & 0.1940 & 0.0420 \\ 0.1660 & 0.3953 & 0.3260 & 0.1640 & 0.0340 \\ 0.0800 & 0.2900 & 0.4360 & 0.2240 & 0.0180 \\ 0.0480 & 0.2180 & 0.5080 & 0.2240 & 0.0220 \end{bmatrix}$$

一级指标权重集为：

$A = [0.3786 \quad 0.1964 \quad 0.2869 \quad 0.0835 \quad 0.0546]$

$B = A \circ R$

$= [0.3786 \quad 0.1964 \quad 0.2869 \quad 0.0835 \quad 0.0546]$

$$\circ \begin{bmatrix} 0.1260 & 0.4760 & 0.3440 & 0.0580 & 0.0080 \\ 0.0640 & 0.3100 & 0.4370 & 0.1940 & 0.0420 \\ 0.1660 & 0.3953 & 0.3260 & 0.1640 & 0.0340 \\ 0.0800 & 0.2900 & 0.4360 & 0.2240 & 0.0180 \\ 0.0480 & 0.2180 & 0.5080 & 0.2240 & 0.0220 \end{bmatrix}$$

$= [0.1660 \quad 0.3786 \quad 0.3440 \quad 0.1940 \quad 0.0420]$

则三级模糊综合评判结果为：$[0.1660 \quad 0.3786 \quad 0.3440 \quad 0.1940 \quad 0.0420]$

对模糊综合评判结果进行归一化处理：

$$A' = \left[\frac{0.1660}{1.1246} \quad \frac{0.3786}{1.1246} \quad \frac{0.3440}{1.1246} \quad \frac{0.1940}{1.1246} \quad \frac{0.0420}{1.1246}\right]$$

$= [0.1476 \quad 0.3367 \quad 0.3059 \quad 0.1725 \quad 0.0373]$

其中：$1.1246 = 0.1660 + 0.3786 + 0.3440 + 0.1940 + 0.0420$

4. 综合评判结果的确定

舟山市基本公共服务均等化供给政策公众满意度等级评语集为：

$V = \{v_1 \quad v_2 \quad v_3 \quad v_4 \quad v_5\} = \{A \quad B \quad C \quad D \quad E\}$，其中 A、B、C、D、E 分别

代表很满意、满意、基本满意、不满意、很不满意五个评判等级。按最大隶属度原则，0.3786 > 0.3440 > 0.1940 > 0.1660 > 0.0420，则满意度等级为 B，即“满意”。

八、主要结论

实证结果表明，舟山市基本公共服务均等化供给政策公众满意度等级为“满意”。尤其是对于“效果”维度下的 11 项测度指标，包括社会保险覆盖面情况（u_{312}）、城乡低收入家庭住房困难解决情况（u_{313}）、分层分类救助制度实施情况（u_{314}）、普惠式社会福利实施情况（u_{315}）、城乡公共卫生体系和基本医疗服务体系建立和健全情况（u_{322}）、城乡公共文化服务网络覆盖情况（u_{323}）、全民健身服务体系完善情况（u_{324}）、城乡计生服务均衡发展情况（u_{325}）、城乡公共交通一体化情况（u_{331}）、城乡供水供电一体化情况（u_{332}）和城乡邮政通信一体化情况（u_{333}），由于实施效果明显，公众给予了很高的评价，“满意”以上评判等级的满意度隶属度均超过了 0.5。

与此同时，研究中也不可避免地发现了一些问题。主要体现在三个方面：一是从基本公共服务均等化供给政策实施效果来看，公众对于平等就业公共服务情况（u_{311}）、教育公平程度情况（u_{321}）、城乡污水和垃圾处理一体化情况（u_{334}）三项测度指标评判较差，需要引起社会各界更加关注；二是对于“政策制定”项下的各项测度指标评价不是很理想，尤其是对于政策制定的公民参与度情况（u_{224}）、政策制定的社会监督制约情况（u_{225}）更为不满，说明公众对于基本公共服务均等化供给政策制定的质量有更高的期待；三是对于基本公共服务均等化供给政策，在价值取向、政策制定和政策执行三个方面，公众均存在一定程度的不满情绪，表明当前现状有待社会各界共同努力进一步改善。

这一实证结果，与浙江省统计局 2010 年 9 月份发布的《2009 年度浙江省民生指数与民生评价报告》结果基本吻合。此《报告》涉及公共财政民生投入、收入分配与公平、就业与社会保障、教育均衡发展、医疗和健康、文化与体育、人居环境与环境保护、公共安全、保障性住房、弱势群体保障等十个方面的评价内容，这些内容绝大多数属于基本公共服务范畴。从总体评价结果来看，在 11 个地市中，舟山市 2009 年民生改善水平连续第三年保持在全省前 3 位，民生综合指数和民生评价指数均列全省第 3 位（见表 7.12）。说明这些年舟山市委市政府在推进基本公共服务均等化、改善民生方面取得了明显的成效，也得到了群众的较好评价。

表7.12　2009年浙江省11市民生评价各项指数结果

	民生改善进程		民生改善水平		民生调查满意度		民生评价指数		民生综合指数	
	指数	排序	指数	排序	指数	排序	指数	排序	指数	排序
杭州市	110.56	8	122.97	1	69.25	5	116.76	1	97.76	1
宁波市	110.20	9	117.32	2	66.99	9	113.76	2	95.05	2
温州市	110.58	7	89.56	10	63.06	11	100.07	11	85.27	11
嘉兴市	109.27	11	103.02	4	69.80	3	106.15	5	91.61	5
湖州市	114.61	2	102.41	5	70.96	1	108.51	4	93.49	4
绍兴市	109.47	10	96.58	6	68.96	6	103.03	7	89.40	7
金华市	111.09	6	91.15	8	67.49	8	101.12	10	87.67	9
衢州市	112.48	3	96.57	7	69.63	4	104.53	6	90.57	6
舟山市	111.93	5	112.17	3	68.62	7	112.05	3	94.68	3
台州市	112.39	4	90.95	9	66.18	10	101.67	8	87.47	10
丽水市	115.90	1	87.16	11	70.95	2	101.53	9	89.30	8
最高最低差距	6.63		35.81		7.90		16.69		12.49	
差异系数	0.019		0.119		0.034		0.054		0.042	

资料来源：http：//zjnews.zjol.com.cn/05zjnews/system/2010/09/03/016899884.shtml

第八章　超越现实：推进基本公共服务均等化供给政策实施

基本公共服务均等化供给是经济社会又好又快发展的必然要求，也是保障人民群众根本利益和社会主义市场经济条件下强化政府公共服务职能的现实需要，更是实现人的全面发展和构建和谐社会的有力支撑。然而，推进基本公共服务均等化供给政策实施是一项长期的、系统的工程，涉及经济社会发展的方方面面。而当前时期，其基本任务是建立健全惠及全民的基本公共服务体系，重中之重在于强化政府以保障和改善民生为重点的基本公共服务供给职能，而完善基本公共服务均等化供给导向的公共财政体制是其重要保障，构建运转有序的基本公共服务均等化供给政策公众参与机制则是必要手段。

第一节　建立健全惠及全民的基本公共服务体系

2010 年 10 月 18 日，党的十七届五中全会通过的《中共中央关于制定国民经济和社会发展第十二个五年规划的建议》提出，“必须逐步完善符合国情、比较完整、覆盖城乡、可持续的基本公共服务体系，提高政府保障能力，推进基本公共服务均等化”①。然而，建立健全基本公共服务体系是一项长期的、复杂的、系统的社会工程，涉及事项纷繁复杂。当前时期最为紧迫地主要涉及基本公共服务的法律法规体系、总体规划、供给范围、供给标准及考核评估体系等五个方面内容。

一、健全基本公共服务法律法规体系

健全基本公共服务法律、法规体系，不仅有利于增强基本公共服务均等化供给的约束性和规范性，而且有利于维护和保障公民均等地享有基本公共服务的权利。改革开放三十多年来，我国已经初步建立了公共服务政策法规体系，在基本

---

① 《中共中央关于制定国民经济和社会发展第十二个五年规划的建议》（2010 年 10 月 18 日），http：//politics. people. com. cn/GB/1026/13066190. html。

公共服务供给方面发挥了重要保障作用。但是现行的基本公共服务法律法规体系存在着众多问题：其一，不同的基本公共服务领域立法进程不一，各地的基本公共服务立法协调性不够，缺乏全国统一的关于基本公共服务的法律；其二，现有的基本公共服务法律法规立法层次不够高，许多还是部门或地方规定，权威性不足；其三，公共财政法律法规尚不完善。结果导致“在缺乏刚性约束的情况下，一些地方政府就很容易在基本公共服务供给中责任不到位；由于某些基本公共服务的标准缺乏全国统一的法规政策规定，不仅不利于基本公共服务均等化，还对劳动者跨地区流动形成障碍”①。因此，必须建立一个系统、稳定、协调一致的基本公共服务法律法规体系，保障基本公共服务的供给，加快推进基本公共服务均等化。

第一，提升立法层次，建立具有权威性的基本公共服务法规体系。以《中华人民共和国宪法》为基础，以公民为中心，以《宪法》中规定的养老保障、医疗保障、社会救助、公共就业、基础教育等公民基本权利为依据，对现有基本公共服务的法律、法规和部门规章条例加以整合。并在条件许可的情况下把部门法规提升到法律层面，明确规定基本公共服务的范围、目标以及政府间的供给责任，从而建立起权威、规范和全国统一的基本公共服务法律法规体系，为逐步推进基本公共服务均等化奠定坚实的法理基础，提供强有力的法律保障。

第二，加快公共财政立法，保障基本公共服务均等化推进。财政能力和资源对于基本公共服务均等化实现具有至关重要的保障作用，因此，公共财政立法是基本公共服务法律法规体系建设中不可或缺的重要内容。但是，当前时期，作为基本公共服务供给财政能力重要来源的财政转移支付，仍然以财政部 1995 年颁布并于 2002 年修订的《过渡期财政转移支付办法》为依据，缺乏权威性。同时，现有《预算法》中也没有公共财政转移支付的相关法律条款，这就导致转移支付缺乏明确的数量和周期的法律保障，难以有效地发挥财政转移支付作为中央和省级财政均衡地方财力的作用。因此，应尽早将公共财政纳入法制化轨道，加快公共财政立法进程，以建立起基本公共服务均等化为导向的公共财政法律法规体系，推进基本公共服务均等化。

第三，推进基本公共服务专项立法，健全基本公共服务法律法规体系。目前我国不同类型的基本公共服务立法情况差异很大，各地各级政府出台的政策、法规也亟待统一规范。“以养老保险为例：目前没有全国统一的制度安排，中央政府通常只给一些原则性的指导意见，地方根据自身财政能力和偏好制定政策和规定，导致城乡之间、地区之间和不同产业之间在参保资格、政府投入、覆盖率、

① 中国（海南）改革研究院：《基本公共服务与中国人类发展报告》，中国经济出版社，2008 年版。

保障水平和实施上的显著差异”①。为此，必须在整合梳理的基础上，分阶段、分领域加快基本公共服务专项立法的进程，从而对各地各部门以及不同领域的基本公共服务立法进行规范和监督，为基本公共服务均等化提供系统、科学的法律体系。

二、制定实施基本公共服务体系建设总规划

基本公共服务体系建设是一项艰巨而复杂的长期系统工程，应广泛征求民意，集中多方力量和智慧共同推进。当前时期应尽快制定和实施基本公共服务体系建设总体战略规划，使之与经济社会发展总体规划相衔接，与构建社会主义和谐社会等综合考评体系相衔接，统筹安排、系统规划，分步骤、分阶段、有重点地推进。

制定和实施基本公共服务体系建设总规划时，至少应关注四个方面问题：其一，内容体系问题。对基本公共服务体系的范围和内容应做出明确的界定，并且要顾及各方面的因素。其二，供给标准问题。在近阶段应制定可操作的基本公共服务国家最低标准，“使基本公共服务覆盖到全体社会成员，并明确基本公共服务均等化的实施进度和保障措施”。其三，考核评估问题。对构建基本公共服务均等化供给政策评价指标体系作出明确的规定。其四，统一协调问题。“在正视基本公共服务水平存在一定差距的前提下，先行在全国统一制度安排，解决不同省（市）、不同部门各自制订政策，政策口径不统一、方向不明确，跨城乡、区域对接困难的问题”②，以制定有利于推进基本公共服务均等化的综合性制度安排。

三、合理界定基本公共服务内容体系

界定基本公共服务内容体系对于完善和健全基本公共服务体系具有重要的基础性意义。对于基本公共服务体系内容体系，不同学者有不同观点。然而，从实践操作来看，界定当前时期我国基本公共服务内容体系应把握其三个方面特征：其一，阶段性。基本公共服务是建立在一定的经济社会发展基础上，在特定阶段保证全体公民享有公平和普惠性的公共服务。因此，要从我国现阶段的历史特点出发，根据人民群众最关心、最迫切和最需要解决的问题来确认我国现阶段须提供的基本公共服务。其二，梯度性。由于我国地域广阔，各地区间发展不平衡，同时受二元经济社会结构制约，我国基本公共服务供给存在着较大的地区差距和

① 中国（海南）改革研究院：《基本公共服务与中国人类发展报告》，中国经济出版社，2008 年版。
② 迟福林：《政府转型与基本公共服务》，载《中国浦东干部学院学报》，2009 年第 1 期。

城乡差距。因此，在界定基本公共服务内容体系时要注意梯度性，全面顾及各地区、城乡之间发展水平的差异。其三，动态性。基本公共服务的内容体系是动态的。随着经济发展水平和政府公共服务供给能力的提高，以及人民群众的公共服务需求日益丰富和多样，基本公共服务供给范围和标准应该做出相应地调整。

四、明确制定基本公共服务供给国家标准

制定基本公共服务供给的国家标准，“既是推进基本公共服务均等化、规范化的基础性工作，也是落实公共服务责任制的前提条件”①。而当前我国基本公共服务体系建设面临一个基础性问题就是基本公共服务标准不统一、不规范、不清楚，甚至某些基本公共服务缺乏实物标准和一般标准，这就导致基本公共服务均等化供给缺乏参照依据。因此，我们有必要制定国家层面的、动态的、统一的供给标准，建立起一个基本参照系，为全国各类基本公共服务均等化供给提供依据。

第一，提供最低国家标准。“任何公共服务一旦被确定为基本公共服务，就必须有一个最低质量标准。所有的服务提供者，包括最边远地区和最贫困地区的服务提供者，都必须保证达到该标准”②。换句话说，基本公共服务供给的最低国家标准是国家对社会公众的“托底”责任，具有基础性和普惠性。制定基本公共服务供给的最低国家标准，将有利于协调全国范围内的基本公共服务供给，推进基本公共服务均等化。因此，中央政府必须承担起宏观调控职责，在国家层面上遵照“起点均等”原则明确制定基本公共服务供给的保障性标准，并以“国家标准”引导和协调“地方标准”，从而保证全体公民公平地享有最低国家标准水平的基本公共服务。

第二，坚持动态性调整。基本公共服务供给国家标准应该是动态的，需要在最低国家标准的基础上随着经济和社会发展的变化而不断调整。因此，必须依据不同阶段的经济社会发展水平建立一个动态的基本公共服务国家标准体系，同时根据形势的变化不断调整修订，使基本公共服务国际标准更具有现实性和可操作性。

第三，坚持实物标准与货币标准相结合。在明确基本公共服务供给国家标准时，需要坚持实物与货币标准相结合的原则，以便在技术上更有利于对地方财政平衡能力和转移支付数额进行准确核定。也就是说，在着力制定全国统一的基本

① 国家行政学院课题组：《关于公共服务体系和服务型政府建设的几个问题》，载《国家行政学院学报》，2008 年第 5 期。

② 中国（海南）改革研究院：《基本公共服务与中国人类发展报告》，中国经济出版社，2008 年版。

公共服务设施、设备、人员配备等实物标准的同时，还须充分考虑各地经济社会发展实际和差异以及当地价格和消费指数，制定与实物标准相对应的货币标准，使标准更具可参照性。

五、建立基本公共服务供给绩效评估体系

基本公共服务绩效评估体系是基本公共服务体系建设的重要组成部分。目前我国基本公共服务绩效评估体系尚处于探索起步阶段，离系统的、科学的和全面的评估体系要求还存在不少差距，亟待从三个方面加以改进：

第一，提高基本公共服务在政府绩效考核体系中的比重。政府绩效考核体系对于基本公共服务供给具有导向作用，因此要在政府绩效考核体系中增加对基本公共服务项目的考核，把基本公共服务指标纳入干部考核体系，加强基本公共服务绩效评估与干部选拔和考核的关联性。在此基础上，建立起相应的问责机制，强化政府绩效考核中的公共服务导向。

第二，强化公众评议基本公共服务绩效的主体地位。社会公众是基本公共服务供给的直接受益对象，因此对于基本公共服务的质量、水平和绩效情况最具有发言权。而现行的基本公共服务绩效评估以政府内部评议为主，忽视了公众参与，并且评估过程缺乏透明性、公开性。因此，需要在多元评估主体参与的基础上，坚持公众满意度评判标准，强化公众在基本公共服务绩效评估中的主体地位。

第三，建立科学的基本公共服务绩效评估指标体系。建立一套科学的、行之有效的评价指标体系是有效评估基本公共服务绩效的基础。为此，在建立基本公共服务绩效评估指标体系过程中，必须做到四个方面：一是因地制宜，依据我国的基本国情或各地区经济社会发展状况，合理确定指标构成和指标所占的权重；二是体现科学性，尽量减少主观随意性，做到定量与定性相统一；三是体现可操作性，做到不烦琐，可操作；四是及时修订评估指标体系。

第二节　强化政府以保障和改善民生为重点的基本公共服务供给职能

转变政府职能、建设服务型政府是推进基本公共服务均等化的必然要求，而政府职能转变的重中之重在于强化以保障和改善民生为重点的公共服务供给职能。这就要求政府要正确处理好与市场、社会的关系，实现由“经济建设型”向“公共服务型”转变，切实承担起基本公共服务均等化供给的责任，提高社

会公众满意度。当前时期，应重点推进直接关乎民生的教育、就业、收入分配、社会保障、医疗、公共卫生和社会管理等领域的基本公共服务供给。

一、优先发展教育，实现基本公共教育均等化

教育乃民生之基，是提高国民综合素质、促进人的全面发展的根本途径。教育公平是社会公平的重要基础。优先发展教育，实现基本公共教育公平化，是实现社会公平正义、推进基本公共服务均等化的重要途径。因此，“要转变政府教育管理职能，落实政府发展和管理教育责任，积极推动建设覆盖城乡的基本公共教育服务体系，逐步实现基本公共教育服务均等化”。[①]

第一，建立中央和地方政府义务教育投资共同负担机制。目前，我国实行义务教育投资由地方负责、分级管理的体制，这种投资体制打破了过去那种高度集中、管理僵化的分配格局，增加了基础教育管理与发展的灵活性。但是，这一体制下，由于义务教育投资主要由县乡政府财政提供，容易导致义务教育的普及和发展取决于各地区的经济发展水平，取决于各地方政府的财政状况。也就意味着那些经济不发达、贫困落后地区以及广大农村地区的义务教育将很难得到有效的投资保障，以致各地区、城乡之间的义务教育发展不均衡。因此，我国应将“义务教育全面纳入财政保障范围，实行中央政府和地方各级人民政府根据职责共同负担，省、自治区、直辖市人民政府负责统筹落实的投入体制。进一步完善中央财政和地方财政分项目、按比例分担的农村义务教育经费保障机制，提高保障水平”[②]，以保障全国各地区义务教育水平的均等化。

第二，加大财政投入力度，完善教育经费筹集机制。教育经费投入是支撑国家长远发展的战略性、基础性投资，是推动教育事业持续发展的物质基础。十七大报告明确指出，“要坚持教育公益性质，加大财政对教育投入”。因此，实现基本公共教育均等化，最为关键之一就是要坚持教育公益性质，大幅度增加财政性教育经费投入，力争到“2012 年实现国家财政性教育经费支出占国内生产总值的 4%，并保持稳定增长”[③]。同时，建立以政府投入为主、多渠道筹集教育经费的机制，充分调动社会各界进行教育投入的积极性，多渠道增加教育投入。

第三，促进教育公平，形成惠及全民的公平教育体系。《国家中长期教育改

① 胡锦涛：在全国教育工作会议上的讲话（2010 年 7 月 13 日），http：//www. chinadaily. com. cn/df-pd/chongqing/2010 - 09 - 09/content_ 843565. html。

② 《国家中长期教育改革和发展规划纲要（2010 - 2020 年）》，http：//www. gov. cn/jrzg/2010 - 07/29/content_ 1667143. htm。

③ 胡锦涛：在全国教育工作会议上的讲话（2010 年 7 月 13 日），http：//www. chinadaily. com. cn/df-pd/chongqing/2010 - 09 - 09/content_ 843565. html。

革和发展规划纲要（2010－2020年）》指出，“坚持教育的公益性和普惠性，保障公民依法享有接受良好教育的机会。建成覆盖城乡的基本公共教育服务体系，逐步实现基本公共教育服务均等化，缩小区域差距。”① 这就要求从三个方面建立和形成惠及全民的公平的教育体系。一是促进公共教育资源公平配置。重点在财政拨款、基础设施建设、师资配置等方面向农村倾斜，同时加大对民族地区、边疆地区、贫困地区和革命老区义务教育的转移支付力度。二是健全国家资助政策体系。一方面，逐步对农村家庭生活贫困和城镇低保家庭子女的学前教育进行适当的费用资助，提高农村义务教育家庭困难寄宿生的生活补助标准，并建立和完善普通高中、本科高校及职业学校困难学生的资助政策；另一方面，进一步加大农村、边远贫困地区、民族地区教育投入及困难学生的资助力度。三是转变政府教育管理职能。进一步加大省级政府的教育统筹水平，统筹管理义务教育，推进城乡义务教育均衡发展，促进区域教育协作。

二、提高就业公共服务水平，促进就业最大化

就业是民生之本、和谐之基，是人民群众最关心、最直接、最现实的利益问题。提高就业公共服务水平是促进就业最大化的一个重要途径，也是推进基本就业公共服务均等化，贯彻落实《就业促进法》和党的十七大确定的“实施扩大就业的发展战略”的重要内容。

第一，强化各级政府基本就业公共服务责任。各级政府应把促进就业摆在基本公共服务的突出位置，把扩大就业、控制失业率作为宏观调控的重要目标，努力实现促进就业与促进经济增长的协调互动。尤其是在制定政策、安排政府投资和确定重大建设项目时，充分考虑其对促进就业的影响。因此，须进一步健全和加强县级以上人民政府就业工作制度，强化统一领导、职责明确和分工协作的工作协调机制。

第二，扩大就业公共服务政策扶持覆盖面。一方面对经过实践检验、行之有效的现行小额担保贷款、职业介绍、职业培训补贴、税费减免等就业公共服务扶持政策予以延续，并进行相应地补充、完善和拓展，扩大政策覆盖面，提高优惠幅度，加大扶持力度。另一方面制定和完善就业公共服务扶持政策和就业援助制度，实现扶持范围从解决下岗失业人员再就业问题扩大到农民工和高校毕业生等在内的各类群体，以形成一整套更为全面的促进就业扶持政策体系，加快推进公共就业服务均等化。

① 《国家中长期教育改革和发展规划纲要（2010－2020年）》，http：//www.gov.cn/jrzg/2010－07/29/content_1667143.htm。

第三，完善基本就业公共服务制度和体系。采取多项措施，提高就业公共服务的效率和质量，努力实现扩大就业和经济发展的良性互动。一是建立统一、公平竞争的劳动力市场。二是健全就业与再就业援助制度，重点帮助零就业家庭和就业困难人员实现就业。三是建立健全绩效评估体系，落实就业公共服务分工协调机制和促进就业目标管理责任制。

三、深化收入分配制度改革，遏制收入差距扩大化

收入是民生之源。合理的收入分配制度是社会公平的重要体现。当前我国城乡之间、不同区域之间、不同阶层之间的居民收入分配差距较大，调节收入分配已经不仅直接关系到公民的基本权利维护和促进人的全面发展，也关乎社会的长治久安。为此，深化收入分配制度改革，遏制收入差距扩大化势在必行。

第一，完善收入分配制度，调整国民收入分配格局。围绕“居民收入增长和经济发展同步”、“劳动报酬增长和劳动生产率提高同步”的发展目标，完善收入分配制度，调整国民收入分配格局。一方面坚持和完善按劳分配为主体、多种分配方式并存的分配制度，并在坚持劳动、资本、技术和管理等生产要素按贡献参与分配的基础上，合理调整国民收入分配格局，再次分配更加注重公平，逐步提高居民收入在国民收入分配中的比例，使改革开放成果惠及广大人民。另一方面进一步理顺分配关系，逐步提高劳动报酬在初次分配中的比重，特别是提高城乡居民中低收入者的收入水平，建立企业职工工资正常增长机制和支付保障机制，逐步提高最低工资标准，尤其是解决农民和农民工两个群体收入增长过慢的问题。此外，还可以通过政策导向和制度安排，创造条件让更多群众拥有财产性收入，使广大劳动者拥有更多的财富，缩小贫富差距，促进共同富裕。

第二，调节不合理收入，规范收入分配秩序。对广大劳动者和经营者的合法收入进行保护，对于过高收入，通过税收手段进行调节，而对非法手段获得的非法收入坚决进行打击和取缔，以逐步形成公开透明、公正合理的收入分配秩序。

第三，充分发挥税收杠杆对收入分配的调节作用。一是健全个人收入申报制度，强化个人所得税征管，试点开征遗产税等特别税。二是提高垄断行业利润上缴国家的比例，引入竞争机制，使垄断行业从业人员收入水平维持在合理比例上。三是降低生活必需品的增值税税率，以减轻低收入阶层和困难群体的流转税负担。四是对消费税结构和征收范围进行调整，提高消费税在税收收入中的比重。

第四，协调城乡、区域发展，缩小城乡、区域收入差距。继续推进新农村建设，努力增加农民收入，以缩小城乡居民收入差距。进一步推进西部大开发，发挥中央财政功能，加强宏观调控，促进区域均衡发展，调节区域收入差距。对城

乡低收入困难群众以及西部地区、贫困地区人民群众给予更多关爱，继续通过转移支付形式加大对革命老区、边疆地区、民族地区和地区的发展扶持力度，从而达到缩小城乡、区域贫富差距的目的。

四、完善社会保障体系，力争基本社会保障全民化

社会保障是民生之盾，是社会安定的重要保证。社会保障与人们的基本权利有关，主要由社会保险、社会救济、社会福利和优抚安置等组成，旨在保障社会公众在年老、患病、失业、工伤和生育等困难状态时的基本生活不受影响。建立一个全民享有的保基本、多层次、可持续的基本社会保障体系，是基本公共服务均等化的题中之义，也是政府履行公共服务职能的一项重要举措。

第一，规范社会保险制度。社会保险是社会保障的核心内容。经过多年的努力，2010 年 10 月 18 日十一届全国人大常委会第十七次会议表决通过了《社会保险法》，这也意味着我国各种社会保险制度将由一部专门的综合性法律加以规范，各自为政的破碎局面即将终止。当前时期应当依据《社会保险法》，规范和完善基本养老保险、基本医疗保险、工伤保险、失业保险和生育保险等社会保险制度，切实保障公民在年老、疾病、工伤、失业和生育等情况下依法从国家、社会获得必要的物质帮助的权利。同时，还应严格执行国家统一的会计制度和规定，规范各项社会保险基金的管理。

第二，逐步建立统一衔接的社会保障体系。我国现行的社会保障体系存在多重分割，尤其是城乡一体的社会保障体系还没有完全建立起来，存在体制分割、缺乏衔接等突出问题。因此，建立社会保险、社会福利、社会救助和社会慈善等相互衔接且覆盖城乡的综合社会保障体系，以及建立各地区间养老保险、最低生活保障制度等相互转移、统筹管理的机制，将有利于建立起全国统一衔接的社会保障体系。

第三，加快农村社会保障事业发展。长期实行的城乡二元发展体制使农村社会保障事业发展较慢，目前存在的突出问题是农村养老保险和最低生活保障水平与城市相差很大。因此，须加快农村社会保障事业发展步伐，逐步提高农村社会保障水平。一是探索建立符合农村特点的多种形式的农村养老保险制度，并使之与城镇职工养老保障制度相衔接。二是在全国范围内建立农村居民最低生活保障制度的基础上，多方筹措低保资金，并根据经济发展情况逐步提高低保标准。三是积极探索建立失地农民和进城农民工的社会保障制度，妥善解决失地农民和进城农民工的社会保障问题。

第四，加大财政投入力度，多方筹集社会保障资金。进一步增加社会保障尤其是基本社会保障的财政投入，加大转移支付力度。同时，多渠道筹集社会保障

资金，使基本社会保障范围扩展到每一个国民。在此基础上，提高社会整体保障水平。

第五，完善社会救助体系。社会救助体系是社会保障的重要补充。因此，在健全社会保障体系的同时，应适时地完善社会救助体系，以保证社会成员在遇到特定风险后仍能有基本生活保障。一是提高社会各界的参与意识，现代社会的救助体系不能缺少社会公众的广泛参与；二是推进社会救助立法，在法律上对社会救助的准入、评估、监督等作出明确规定；三是加强社会救助的管理，将社会救助与社会慈善、社会保障等进行统一管理，做到有效衔接和互相配合。

五、建立基本医疗卫生制度，推动医疗卫生服务公益化

就医是民生之急。医疗卫生服务直接关系到人的生、老、病、死一系列过程及整个健康问题。为此，我们必须“建立健全覆盖城乡居民的基本医疗卫生制度，为群众提供安全、有效、方便、价廉的医疗卫生服务”[①]，以逐步实现人人享有基本医疗卫生服务的目标，提高全民健康素质和水平。

第一，坚持公共医疗卫生的公益性质。改革开放以来，随着医疗卫生体制改革的商业化、市场化进程不断推进，计划经济时期已经形成的几乎所有社会成员享有低水平的基本医疗卫生服务的局面不复存在。公共医疗卫生服务公益性的缺失，最终带来了公平性不足、卫生投入效率低下、公众个体卫生支出大幅增长、城乡和区域之间医疗卫生资源配置严重不均等不良后果。为改变这一现状，我们必须坚持公共医疗卫生的公益性质，把基本医疗卫生制度作为一项公共产品看待并向全民提供，以保证惠及全民、人人受益。

第二，建立健全覆盖城乡居民的基本医疗卫生制度。“建设覆盖城乡居民的公共卫生服务体系、医疗服务体系、医疗保障体系、药品供应保障体系，形成四位一体的基本医疗卫生制度”。[②] 这是一项重大的制度创新，也是推进医药卫生体制全面改革的关键环节。当前时期，深化医药卫生体制改革，建立健全覆盖城乡居民的基本医疗卫生制度，应着重从五个方面加以努力：一是通过扩大基本医疗保障覆盖面、提高医疗保障水平、规范基本医疗保障基金管理、完善城乡救助制度等途径，加快推进基本医疗保障制度建设，切实减轻城乡居民个人支付的医药费用负担，解决群众“怕看病”问题。二是初步建立国家基本药物制度，保

① 中共中央国务院：《关于深化医药卫生体制改革的意见》，http：//news. xinhuanet. com/newscenter/2009－04/06/content_ 11138803. htm。

② 中共中央国务院：《关于深化医药卫生体制改革的意见》，http：//news. xinhuanet. com/newscenter/2009－04/06/content_ 11138803. htm。

证群众基本用药的可及性、安全性和有效性，解决群众“看病贵”问题。三是不断健全基层医疗卫生服务体系，方便群众就医，解决群众“看病难”问题。四是逐步推进基本公共卫生服务均等化，使基本公共卫生服务覆盖城乡居民，最大限度地预防疾病，解决群众“常看病”问题。五是从管理体制、运行机制、监管机制、补偿机制和投资体制等方面着手推进公立医院改革试点，提高公立医院服务水平，解决群众“看好病”问题。

第三，建立政府主导的多元卫生投入机制。强化政府在提供公共医疗卫生服务中的主导地位，并明确政府、社会与个人的卫生投入责任，形成投资主体多元、投资方式多样的医疗卫生投入机制。具体来说，“公共卫生服务主要通过政府筹资，向城乡居民均等化提供。基本医疗服务由政府、社会和个人三方合理分担费用。特需医疗服务由个人直接付费或通过商业健康保险支付”。① 同时，还应积极鼓励和引导社会资本发展医疗卫生事业，促进非公立医疗卫生机构的发展。

六、健全社会管理格局，推进社会管理多元化

通俗地说，社会管理是指政府及其他社会公共组织，通过制定制度和社会政策，对涉及公众利益的各种公共事务进行管理，化解社会矛盾，维护社会秩序和稳定，以适应经济与社会发展的形势，满足社会公众的需要。可见，社会管理是民生之盾，事关群众生命安全与社会和谐稳定。然而，当前我国社会结构和利益格局发生深刻变化，社会不和谐因素明显增多，呈现出流动性大、多元化、贫富差距拉大、开放性强等特点，社会管理面临着前所未有的挑战。在这种情况下，传统的社会管理体制和管理方式已不适应新形势下社会发展的现实需要。为此，党的十七大报告强调要健全党委领导、政府负责、社会协同、公众参与的社会管理格局，最大限度地激发社会创造活力，最大限度地增加和谐因素，最大限度地减少不和谐因素，以健全基层社会管理体制。这就要求各级政府最大程度地调动各种社会力量，建立起多元化社会管理体系，共同推进社会管理，促进社会和谐稳定。

第一，转变社会管理理念，完善社会管理机制。一是树立“管理即服务”的理念。为人民服务是政府的神圣职责，以人为本是科学发展观的本质和核心，各级政府在加强和改进社会管理中须树立“管理即服务”的理念，坚持以人为本，以发展社会事业和解决民生问题为重点，在创新服务方式中实施管理，在改

---

① 中共中央国务院：《关于深化医药卫生体制改革的意见》，http：//news. xinhuanet. com/newscenter/2009 - 04/06/content_ 11138803. htm。

进管理方式中体现服务。二是统筹协调各方利益关系。坚持把改善人民生活作为正确处理改革发展稳定关系的结合点，适应我国现阶段社会结构和利益格局的发展变化，正确处理好最广大人民的根本利益、现阶段群众的共同利益和不同群体的特殊利益之间的关系，提高决策的科学性，形成科学有效的利益协调机制、诉求表达机制、矛盾调处机制和权益保障机制。三是建立健全应急管理体制机制，有效化解各种社会风险。四是完善社会治安防控体系，把社会治安综合治理措施落实到社会基层，从源头上防范和化解社会矛盾，促进社会和谐稳定。

第二，推进城乡社区建设，夯实社会管理基础。健全新型社区管理和服务体制，努力将社区建设成为管理有序、服务完善、文明祥和的社会生活共同体，夯实社会管理基础。一是适应新的形势要求，积极探索社区发展和管理新模式。二是健全社区管理组织体系，全面开展城市社区建设，积极推进农村社区建设。三是提高居（村）民的自治程度，增强群众的社会责任感和自我管理能力。四是开展社区群众性自助和互助服务，发展社区服务业，提高社会公共服务水平。

第三，培育发展社会组织，推进社会管理多元。社会组织具有提供服务、反映诉求、规范行为的作用，因此，坚持培育发展和管理监督并重方针，完善培育扶持和依法管理社会组织的政策，将有利于充分发挥他们在社会管理中的“润滑剂”作用。

第三节　完善基本公共服务均等化供给导向的公共财政体制

完善公共财政体制是推进基本公共服务均等化和提高基层政府基本公共服务供给能力的重要途径和根本保障。为此，应结合我国现阶段国情实际，以基本公共服务均等化为导向，完善公共财政体制，实现从经济建设型财政向公共服务型财政转变。

一、优化公共支出结构

公共支出是政府为履行国家职能，按照一定的政治经济原则，将集中掌握的资金（资源）应用于社会公共需要的总和。优化财政支出结构，建立与公共财政相适应的公共支出结构是完善公共财政体制的必然选择。改革开放30多年来，我国财政收入从1978年的1132亿元增加到2009年的68477亿元。应当说，现在正是加大基本公共服务供给支出的大好时机。为此，我们应当按照公共财政的要求，尽快调整财政支出结构，继续加大对基本公共服务的投入力度，使更多的财力用于基本公共服务，以维护和保障公民基本权益，解决基本公共服务供求矛盾，推进基本公共服务均等化。

第一，调整支出结构，提高基本公共服务支出比重。改革开放30多年来，我国经济运行方式发生了重大变化，从过去长期实行的计划经济模式向市场经济模式转变。在这个转变过程中，随着各级政府社会管理和公共服务职能不断增强，政府财政支出的重心也逐渐从经济建设开始向公共服务领域倾斜。但目前我国公共支出结构还不尽合理，在很大程度上制约着基本公共服务均等化的进程，应重点从两个方面加以调整：一方面，降低经济建设性支出，增加基本公共服务投入。当前，公共支出比例最高的仍然是经济建设性支出，教育、医疗、就业和社会保障等公共服务投入比例较低。因此，应逐步降低经济建设型支出，相应地提高与基本公共服务相关的公共支出在财政总支出中的比重，并将每年的财政收入增量部分尽可能多地投入到基本公共服务中去。另一方面，控制和压缩不合理的财政支出项目。由于公共财政是政府弥补“市场失灵”的重要手段，它只能满足社会公众的公共需要，追求公益目标，而不应直接从事市场活动和追逐利润。因此，首先应逐步减少直至退出对一般性竞争领域的公共支出；其次，大力压缩和归并各种财政补贴，将不合理的财政支出项目通过取消或归并的方式进行压缩或转移；最后，借鉴国际惯例，严格控制和压缩行政管理经费，建立规范的行政管理法律制度，使国家财政彻底摆脱“吃饭财政”困境，提高财政支出效益。

第二，确立基本公共服务公共支出的重点领域。公共财政的基本职能就是满足社会公共需要，保障公共服务供给。在推进基本公共服务均等化过程中，公共财政改革必须坚持以人为本，满足社会公众的公共需求，让更广大人民群众共享改革开放成果，共沐公共财政阳光。这就要求，公共财政支出须向基本公共服务领域倾斜，向社会事业发展领域中的薄弱环节倾斜，向农村倾斜，向困难地区、困难基层、困难群众倾斜，优先保障农村、落后地区、民族地区和困难群体最急需的基本公共服务。同时还应不断加大对教育、公共卫生、就业再就业服务、社会保障、公共基础设施等重点基本公共服务领域的公共财政资金投入。

第三，明确基本公共服务公共投资重点。公共投资也称为财政投资，是指以政府为主体，将其从国民收入或社会产品中累积起来的财政资金用于国民经济各部门的一种集中性、政策性投资。作为政府克服市场失灵、用来干预经济的一项政策手段，公共投资对基本公共服务供给的影响极大，会对基本公共服务均等化实现状况产生决定性影响。因此，完善财政体制、推进基本公共服务均等化过程中，必须重视公共投资，适时调整投资结构和方向，明确投资重点，提高投资的社会效益和经济效益。一是调整财政投资政策取向，实现由经济建设向促进科学发展转变，重点支持能够促进城乡、区域协调发展以及事关广大人民群众生命财产安全和切身利益的项目，做到以人为本，满足最广大人民群众的基本生存和发展需要；二是强化农业基础地位，加大农业投入，促进农业内部生产结构的变化，支持风险大、回报率低但对农业生产有重要保护、开发作用的项目；三是加强供电、供水、交通运输、邮电通信和廉租房等公共基础设施建设的投资，通过调整基础设施在城乡间、区域间的布局，促进城乡、区域间的基本公共服务供给均等化；四是逐步加大对社会公共事业发展、环境保护和生态建设等方面的财政投入。

二、科学配置政府间事权财权

通俗地说，事权是各级政府在基本公共服务供给中应承担的职责和任务，财权则是各级政府获得财政收入、决定财政支出的权力。目前我国存在着“事权层层下放，财权层层上收”的情况，导致中央与地方各级政府事权与财权配置不对称。这种事权财权配置不对称的情况导致地方政府提供基本公共服务能力弱化，是造成基本公共服务供给非均等化的重要体制原因。为此，我们应进一步明确中央和各级地方政府的基本公共服务财政支出责任，合理调整政府间的财政收入划分，理顺省以下财政管理体制，增强基层政府基本公共服务供给能力，健全财力与事权相匹配的财税体制。

第一，明确各级政府的基本公共服务支出责任。明确界定各级政府的事权和公共服务支出责任是处理政府间财政关系的基础，也是建立规范的政府间财权划分关系的前提。因此，应按照公共物品的公益性、层次性和重要性原则合理划分各级政府间的事权范围，科学界定各级政府基本公共服务支出责任。一是按公益性原则来分，“凡属于社会公共领域的事务，市场不能解决或不能有效解决的，财政就必须到位，没有到位的应当逐步到位；凡属于可以通过市场机制解决的领域，财政不应介入，已经介入的要逐步退出；介于二者之间的，财政要发挥‘四两拨千斤’的杠杆作用，积极引导社会资金投入”①。二是按层次性原则来分，对全国性公共产品和服务以及具有调节收入分配性质的支出责任由中央全额承担；地方性公共产品和服务的支出责任由地方政府全额承担；具有跨地区“外部性”的公共产品和服务的支出责任，须分清主次责任，由中央与地方各级政府按照一定比例共同承担。三是按重要性原则来分，对于“社会保障和生态环境等公共服务，由于涉及面广且具有更大的外部性，主要应由中央政府和省级政府提供，由县级政府管理；义务教育和公共卫生等公共服务，应由中央、省和县三级

① 金人庆：《完善公共财政制度 逐步实现基本公共服务均等化》，载《求是》，2006 年第 22 期。

政府共同承担，各级政府承担的比例，应视各地经济发展水平而定”①。

第二，合理调整各级政府的收入划分。在中央和省级政府财力不断扩大，但事权却不断下移的情况下，为保证各级政府有足够的财力履行基本公共服务供给职责，财权划分必须以事权划分为基础。也就是说，政府间收入划分必须结合基本公共服务公共支出责任来加以合理调整，重点可以采取将预算外收入纳入预算管理、完善相关税收制度、改革分税制等相关措施。

第三，增强基层政府的基本公共服务供给能力。地方政府是基本公共服务的主要供给主体之一，与基本公共服务均等化的实现密切相关。当前，基层政府财政普遍比较困难，提供基本公共服务的能力不足，事权与财权不匹配的矛盾尤为突出。为切实提高基层政府履行职责、提供基本公共服务的能力，我们必须积极稳妥地推进地方财政管理制度改革。一是完善省以下财政体制。按照城乡一体化原则，以公共服务为导向，简化财政层级，提高财政支出行政效率。积极探索将“五级财政”转变为“三级财政”，进一步强化省级与县级财政。尤其是逐步推广“省管县”财政管理体制，使省级财政在一般性转移支付、专项转移支付、体制内补助、财政结算和资金调度等方面能够直接核算到县，增强省级财政对县级财政的直接指导和协调能力，强化基层政府基本公共服务供给的体制保障能力。二是推进县乡财政体制改革。县乡财政在推进基本公共服务均等化过程中具有不可替代的作用，应以有利于保障基本公共服务均等化为导向，加强对县乡基本公共服务支出职能的财力支持，进一步规范县与乡的财政关系。三是完善财政补助和激励机制。在鼓励县乡政府不断增强其自身财力的基础上，积极完善财政补助和激励机制，探索和建立缓解县乡财政困难的长效机制，是保障县乡政府财力、推进基本公共服务均等化的重要手段。

三、完善财政转移支付制度

政府间转移支付制度是实现基本公共服务均等化的主要实现手段。新中国成立以来，我国一直采取以农哺工的资金积累模式和城市为主的发展战略，并且由于我国地域广阔，各地社会经济发展不均衡，造成各区域和各级政府间公共服务供给财力差异较大。因此，建立科学合理的财政转移支付制度是完善公共财政体制的内在需要。然而，我国现行的转移支付制度存在诸多问题：一是政府间事权财权划分不清，导致政府间转移支付的责任模糊不清；二是转移支付的结构不合理，存在支付规模过小，重点不突出，难以实现转移支付的预期目标；三是转移支付形式过多，相互之间缺乏统一协调机制；四是转移支付制度缺乏相应的立法

① 安体富：《完善公共财政制度 逐步实现公共服务均等化》，载《财经问题研究》，2007 年第 7 期。

以及监督机制。为实现基本公共服务均等化目标，加快形成统一、规范、透明、合理的财政转移支付制度成为当务之急。

第一，优化转移支付结构。一是提高一般性转移支付比重。我国的财政转移支付包括三部分：一般性转移支付、专项转移支付和税收返还。一般性转移支付，特别是均衡性转移支付是平衡地方政府的财政能力，实现财政能力均等化，推进基本公共服务均等化的保障。目前，我国转移支付结构不尽合理，最能平衡地区间财力差异的一般性转移支付尽管比例逐年升高，但仍未超过专项转移支付比重。据财政部公布的《关于2009年中央和地方预算执行情况与2010年中央和地方预算草案的报告》提供的数据表明，2009年，中央对地方转移支付28612.3亿元，其中：一般性转移支付11319.89亿元（包含了原体制补助数140.14亿元，均衡性转移支付3918亿元），占39.56%；专项转移支付12359.14亿元，占43.19%[①]。可见，一般性转移支付尤其是均衡性转移支付和体制性倾斜的定额补助（原体制补助）规模与比例有待提高。应尽快建立以一般性转移支付为重点，以专项转移支付为补充的合理结构，提高政府对一般基本公共服务的保障能力和财政水平，更好地体现转移支付制度的公平性，推进基本公共服务均等化。二是规范和清理专项转移支付。应尽量明确专项支出的实际用途，尽量减少"其他支出预算数"。同时加强中央对地方专项转移支付的管理，对交叉、重复的项目进行清理、归并，对资金分散、多头管理、难以发挥规模效益以及对突出中央宏观调控政策意图不明显的项目予以取消。从而使专项转移支付补助范围收缩到基础教育、社会保障、公共卫生、基础设施、社会治安和生态保护等基本公共服务项目上，以保障各地区基本公共服务水平大体均衡。三是逐步取消税收返还制度。自1994年分税制改革之后形成的税收返还制度，是中央对地方财政专项转移支付的重要形式。但是税收返还制度实际上是对既得利益者的维护，将阻碍基本公共服务均等化的实现。因此，应逐步缩小税收返还的规模，在条件成熟时最终取消税收返还制度。

第二，完善转移支付形式。转移支付形式可以分为：纵向转移支付、横向转移支付以及纵向和横向相结合的转移支付形式。纵向转移支付是指中央对地方以及上级政府对下级政府的财政转移支付形式。即依据特定的财政管理体制，中央政府把地方政府、上级政府把下级政府的一部分财政集中起来，再根据财政平衡状况和宏观调控进行分配，以达到均衡各地财力的目的。横向转移支付是指同一级地方政府间的转移支付。即同级政府之间的横向财政平衡。目前我国主要实行

---

① 《关于2009年中央和地方预算执行情况与2010年中央和地方预算草案的报告》2010年3月16日，http://www.mof.gov.cn/zhengwuxinxi/caizhengxinwen/201003/t20100316_276816.html。

纵向财政转移支付形式。但由于我国区域发展不平衡，区域经济发展不平衡的特殊国情，单靠中央对地方的纵向转移支付很难实现地区间的基本公共服务均等化供给目标。解决这个难题的途径之一就是加强地区间的横向转移支付。尽管我国尚未建立起完善的财政横向转移支付制度，但积累了不少的政治思想基础和实践经验。早在1988年，邓小平同志就明确地提出了“两个大局”的思想，即“沿海地区要加快对外开放，使这个拥有两亿人口的广大地带较快地先发展起来，从而带动内地更好地发展，这是一个事关大局的问题。内地要顾全这个大局。反过来，发展到一定的时候，又要求沿海拿出更多力量来帮助内地发展，这也是个大局。那时沿海也要服从这个大局”①。《中华人民共和国国民经济和社会发展第十一个五年规划纲要》明确把区域基本公共服务均等化作为一个重要目标，要求“按照发挥比较优势、加强薄弱环节、享受均等化基本公共服务的要求，逐步形成主体功能定位清晰，东中西良性互动，公共服务和人民生活水平差距趋向缩小的区域协调发展格局”②。而且在实践中，我国长期以来实行的东西部地区一对一的援助就体现了横向转移支付的性质，加之目前我国东部发达地区的经济发展水平已经有条件从财力上支持不发达地区的发展，在我国建立横向转移支付制度已具备现实基础。因此，应该从法律上明确发达地区对欠发达地区的横向转移支付责任，并试行“以纵向转移支付为主，以横向转移支付为辅，纵横转移相互结合”的转移支付形式，进一步健全和完善财政转移支付制度。

第三，加快推进转移支付的法制化进程。目前，我国有关财政转移支付的法律规范散见于相关的法律与规章之中，尚无一部有关政府间转移支付的专门法律，这种情况制约了财政转移支付的功能完善及发挥。鉴于转移支付在调整政府间财政关系和推进基本公共服务均等化过程中的重要地位，需要加强财政转移支付的立法，逐步健全转移支付的法律体系，达到规范转移支付制度的目的。首先，确立《预算法》的基础地位，推进《预算法》的修订，解决《预算法》与部门法律之间的不衔接等问题。其次，制定一些专门的行政法规作为过渡措施，对财政转移支付在实际操作中一些难点问题和具体措施进行规范，并对转移支付的基本原则、支付程序、机构设置、监督机制以及转移支付的具体内容和形式进行明确界定，以促进现阶段的财政转移支付规范化。最后，在充分实践和总结经验的基础上，借鉴国外成功实践，制定实施《财政转移支付法》，明确各级政府在财政转移支付中的支付比重和增长比例、责权划分等，使我国的财政转移支付

---

① 邓小平：《邓小平文选（第3卷）》，人民出版社，1993年版。

② 《中华人民共和国国民经济和社会发展第十一个五年规划纲要》，http：//politics. people. com. cn/GB/1026/4208451. html。

实践有法可依。

第四，健全转移支付的监督机制。充分发挥财政转移支付促进基本公共服务均等化的作用，就必须建立健全财政转移支付的监督机制，以确保转移支付资金的使用落在实处。一是建立一套适合各级政府、不同部门，可操作的效益评价和一系列量化指标体系，对财政转移支付资金去用的社会效益和经济效益进行考察和评价，促进其效益最大化。二是逐步建立专门的财政转移支付管理机构，明确相关的工作程序和规范，并引入相互制衡的工作机制，加强对财政转移支付的管理。三是加强各级人大对财政预算和预算执行情况的审查，将财政转移支付资金纳入人大监督的范围内。同时根据各种转移支付形式的不同特点发挥好政府的审计功能，对财政转移支付资金的分配办法、使用程序以及经济社会效益进行全过程跟踪、反馈和监督管理，并合理地引入社会公众监督机制，以增强转移支付的公开性、透明度。

第四节　构建运转有序的基本公共服务均等化供给政策公众参与机制

构建运转有序的公众参与机制，是维护和保障公众享有基本公共服务基本权利的现实需要，也是增强对公众需求的回应、提高基本公共服务均等化供给政策公众满意度的必要手段，涉及基本公共服务供给政策的制定、执行和评估等重要环节。

一、政策制定公众参与

2004 年 3 月，国务院颁布实施《全面推进依法行政实施纲要》，要求“建立健全公众参与、专家论证和政府决定相结合的行政决策机制。实行依法决策、科学决策、民主决策”。党的十七大报告提出，“制定与群众利益密切相关的法律法规和公共政策原则上要公开听取意见”。这就要求在基本公共服务均等化供给政策制定过程中，必须建立有效的公众参与机制。

第一，提高公众参与意识。公众参与意识是公民对自己在公共事务中的一种自觉参与意识和主体意识。中国几千年儒家思想为主线的政治文化传统以及小农意识阻碍了公众参与意识的发展。在计划经济时代，政府包办一切，公众的主体意识非常淡薄。尽管社会主义市场经济下政治和民主的发展在一定程度上激发了人们对公共事务的参与愿望，但在短时期内很难达到自主、自觉。为了使公众充分认识到参与基本公共服务均等化供给政策制定是自己的根本权利，也是维护自身基本权利的重要途径，从而自觉地投身到政策制定实践中来，必须要通过宣传、培训等途径培养和提高公众的主体意识、权利意识和责任意识。只有这样，公众才能自觉、有效地参与基本公共服务均等化供给政策制定。

第二，拓宽公众参与渠道。随着经济社会的不断发展，公民的主体意识和权利意识不断提高，公众参与需求、意愿和热情将逐步增加，但是参与渠道却并没有随之增加，这就容易挫伤公众参与的积极性和热情。为解决这一矛盾，必须拓宽公众参与渠道。一是进一步实施在社会各阶层广泛参与基础之上的公开听证制度。二是建立和强化民意调查制度。三是开辟新的参与渠道，建立公众参与基本公共服务公共事务的有效机制，为不同社会群体开辟制度化的利益表达渠道。

第三，规范公众参与程序。为了保障公众参与的有效性与公正性，必须健全公众参与程序的法律保障。当前时期，可以根据行政许可法、信息公开条例等相关法规，制定公众参与的相关细则，明确规定各种不同类型、不同形式的公共政策制定公众参与的程序与方法，规范公众参与政策制定的程序。

二、政策执行公众参与

社会公众是公共政策的目标群体，对政策执行过程和执行成效均能产生重大影响。建立运转有序的公众参与机制，将有利于政策执行顺利进行。

第一，建立公众参与政策执行的互动机制。政府是基本公共服务均等化供给政策执行的重要主体，但并不是唯一的主体。实际上，在推进基本公共服务均等化供给政策实施过程中，尽管政府需要发挥主导作用，并承担“托底”之责，但这并不排斥公众参与政策执行。相反，如果能够为公众参与政策执行创造良好的平台、渠道和机制，充分调动社会公众的积极性，形成政府与公众的良性互动，将有利于大大提高基本公共服务均等化供给政策的执行效率。

第二，搭建公众参与政策执行的有效平台。社区民间组织具有公益性、非营利性、组织灵活、自律以及自发性等特点，在基本公共服务均等化供给过程中发挥着重要作用，是社会公众参与基本公共服务均等化供给政策执行的主要载体和现实平台。因此，政府应采取多项措施，鼓励和推动社区民间组织的发展。一是把政府与民间组织职能分开，减少社区民间组织的行政化倾向，增强其独立性。二是政府应在资金、政策方面给予社区民间组织更多的扶持，同时也可以将某些公益性、社会性和服务性的基本公共服务供给职能直接转移给社区民间组织来承担，使社区民间组织在参与基本公共服务供给过程中发展壮大。三是各种社会化与专业化有机结合的社区民间组织应增强作为意识，积极发挥自身在组织和提供社区服务、参与公共事务中的重要作用。四是加强社区民间组织的监管，完善社区民间组织的准入、退出及约束机制。

第三，提供公众参与政策执行的法制保障。《中华人民共和国宪法》第二条明确规定：“人民依照法律规定，通过各种途径和形式，管理国家事务，管理经济和文化事业，管理社会事务”。也就是说，在我国，社会公众参与公共事务受宪法保护。然而，宪法的规定还需要一套更为具体的法制制度作为保障，否则就会流于形式，成为空洞的规定。因此，在宪法为公众参与公共事务提供保障的基础上，还应在国家立法和各级行政机关相关规章制度中明确规定公众参与公共政策执行的具体范围和形式，强化公众参与政策执行的法制保障。

三、政策评估公众参与

在基本公共服务均等化供给政策评估过程中建立公众参与机制，应坚持以公民为中心，以满意为尺度，增强评估过程的透明性和公开性，以保证公民充分参与基本公共服务均等化供给政策评估，及时地回应公众需求。

第一，保障公众参与政策评估的权利。当前，政府是我国公共政策评估的主要主体。而社会公众作为基本公共服务的最终接受者，政策评估参与程度非常低，几乎被排斥在评估主体之外。因此，必须通过法律法规的形式明确社会公众作为基本公共服务均等化供给政策评估的主体地位，以保障公众参与政策评估的权利。

第二，改善公众参与政策评估的方式。我国目前的公共政策评估主要采取自上而下式的政府内部评估形式。在这种评估方式下，政府既是制定和执行政策的主体，又是评估政策的主体，评估缺乏客观性、公正性和科学性，很容易导致评估流于形式，不起任何作用。为了破解这一难题，在基本公共服务均等化供给政策评估中，可以引入由社会公众、社会组织或者专家学者作为评估主体的第三方外部评估方式，也可以采取混合式评估方式，由政府官员、基本公共服务涉及的社会公众代表、社区民间组织、媒体、专家等联合组成评估委员会开展评估。

第三，提高公众参与政策评估的能力。现代公共政策评估往往涉及许多专业性标准，科学技术含量不断提升，导致普通的社会公众难以理解和掌握。同时，受公众专业知识水平低、手段缺乏、政治参与能力有限等诸多因素的影响，公共政策评估中的公众参与能力常常与实际要求不符。因此，需要加强公众参与政策评估的教育培训，提高公众自身的素质、参与技能以及相关的专业知识水平，以提高公众参与基本公共服务均等化供给政策评估的能力。

主要参考文献

英文文献

[1] Allison, G. T. Essence of Decision [M]. Boston, Mass: Little Brown, 1971

[2] Ameson, R. J. Equality and Equal Opportunity for Welfare [J]. Philosophical Studies, 1989 (56): 77 - 79

[3] Annica Sandström, Lars Carlsson. The Performance of Policy Networks: The Relation between Network Structure and Network Performance [J]. Policy Studies Journal, 2008 (4): 497 - 524

[4] B. Guy Peters. Policy Instruments and Public Management: Bridging the Gaps [J]. Journal of Public Administration Research and Theory, 2000 (1): 35 - 47

[5] B. Guy Peters and Frans K. M. Van Nispen. Public Policy Instruments [M]. Northampton: Edward Elgar Publishing. Inc., 1998

[6] B. Hjern and D. O. Poeter. Implementation Structures: a New Unit of Administrative Analysis [J]. Organizational Studies, 1981 (2): 211 - 227

[7] B. W. Hogwood and L. A. Gunn. Policy Analysis For The Peal World [M]. Oxford University Press, 1986

[8] Billis D, Glennerster H. Human Services and the Voluntary Sector: Towards a Theory of Comparative Advantage [J]. Journal of Social Policy, 1998 (1): 79 - 98

[9] Boulding, William and Kalra, etal. A Dynamic Process Model of Service Quality: From Expectation to Behavior Intentions [J]. Journal of Marketing Research, 1987, (24): 7 - 27

[10] Burton Weisbrod. Toward a Theory of the Voluntary Nonprofit Sector in a Three - Sector Economy [A]. E. phelps, ed., Altruism Morality and Economic Theory [C]. New York: Russel Sage, 1974

[11] Carl V. Patton and David S. Sawicki. Basic Method of Policy Analysis & Planning [M]. Pretice - Hall Inc., Englewood Cliff, NJ, 1986

[12] C. E. Lindblom. The Science of "Muddling Through" [J]. Public Administration Review, 1959 (2): 79 - 81

[13] C. E. Lindblom. Policy Analysis [J]. American Economic Review, 1958 (6): 300 - 301

[14] Charles O. Jones. An Introduction to The Study of Public Policy [M]. North Scituate

Ma : Duxbury Press, 1977

[15] Charles O. Jones, An Introduction to the Study of Public Policy, (3rd. ed.). Monterey [M]. California: Books/Coles Publishing Company, 1984

[16] David A Rochefort, Michael Rosenberg, Deena White. Community as a policy instrument: A comparative analysis [J]. Policy Studies Journal, 1998 (3): 549 –568

[17] David Easton. The Political System: An Inquiry into the State of Political Science [M]. New York: Knop, 1971

[18] Ducan Macrae, Jr. Concepts and Methods of Policy Analysis [J]. Society, 1973 (6): 17 –23

[19] David Osborne and Ted Gaebler. Reinventing Government How the Entrepreneurial Spirit is Transforming the Public Sector [M]. Addison –Wesley Publishing Company, Inc, 1992

[20] Dworkin, R., What is Equality? [J]. Philosophy and Public Affairs, 1981 (10): 185 –246

[21] David Parker, Keith Hartley. Transaction costs, relational contracting and public private partnerships: a case –study of UK defense [J]. Journal of Purchasing & Supply Management, 2003 (4): 1 –12

[22] David Marsh. Comparing Policy Networks [M]. Open University Press, 1998

[23] Denhardt Robert B and Denhardt Janet Vinzant. The New Public Service, Serving Rather than Steering [J]. Public Administration Review, 2000 (6): 549 –559

[24] Daniel Stufflebeam. Evaluation Models [J]. New Directions for Evaluation, 2001, (89): 7 –98

[25] D. Lerner and H. D. Lasswell. The Policy Sciences: Recent Development in Scape and Method [M]. Stanford, CA: Stanford University Press, 1951

[26] E. Guba & Y. Lincoln. The Countenances of Fourth Generation Evaluation: Description, Judgment, and Neogiation. in D. Palumbo. (eds.), The Politics of Program Evaluation. Beverdly Hills, California: Sage, 1987

[27] E. G. Guba and Y. S. Lincoln. Fourth generation evaluation [M]. Newbury Park, Calif: Sage Publications, 1989

[28] E. Latham. The Group Basis of Politics [M]. N. Y.: The Free Press, 1956

[29] Elmore, Richard F. Organizational Models of Social Program Implementation [J]. Public Policy, 1978 (2): 185 –228

[30] E. S. Quade, Analysis For Public Decision (3 edition) [M]. New York: Elsevier Science Publishing Co., Inc., 1989

[31] E. S. Savas. Privatization: the Key to Better Government [M]. NJ: Chatham House, 1987

[32] Evert Vedung, Public Policy and Program Evaluation [M]. New Brunswick and London: Transaction Publishers, 1997

[33] E. W. Anderson, C. Fornell. Foundations of the American Customer Satisfaction Index [J]. Total Quality Management, 2000 (7): 869 - 882

[34] Feldma, Martha S. Order without Design: Information Production and Policy Making [M]. Stanford University Press, 1989

[35] Frank J. Goodnow. Political and Administration - A Study in Government [M]. London: Macmillan &Co. Ltd., 1914

[36] Frederickson. New Public Administration [M]. the University of Alabama Press, 1980

[37] Frederickson, H. G. The Spirit of Public Administration [M]. Jossey - Bass, 1997

[38] G. C. Edwards, Ⅲ and Ⅰ. Sharkansky. The Policy Predicament [M]. San. Francisco: W. H. Freeman and Co, 1978

[39] Gidron, B., Kramer, R., Salmon, L. M. Government and The Third Sector [M]. San Francisco: Jossey Bass Publishers, 1992

[40] Goldin, Kenneth D. Equal Access VS Selective Access: A Critique of Public Goods Theory [J]. Public Choice, 1979 (29): 53 - 71

[41] Harald Demsetz. Private Production of Public Goods [J]. Journal of Law and Economics, 1970 (13): 293 - 306

[42] Harding, A. Public - Private Partnerships in Urban Regeneration [A]. M. Campbell. Local Economic Policy [C]. London: Cassell, 1990

[43] Harold Koontz and Heinz Weihrich. Management [M]. New York: McGraw - Hill Inc., 1998

[44] H. D. Lasswell and A. Kaplan. Power and society [M]. NH: Yale University Press, 1970

[45] Henry Hansmann. The Role of Nonprofit Enterprise [J]. Yale Law Journal, 1980 (89): 835 - 901

[46] Hood C. A Public Management for All Seasons? [J]. Public Administration, 1991 (69): 3 - 19

[47] James M. Buchanan. Federalism and Fiscal Equity [J]. The American Economic Review, 1950 (4): 583 - 599

[48] James M. Buchanan. An Economic Theory of Clubs [J]. Economic, New Series, 1965 (2): 1 - 14

[49] James M. Buchanan. The Theory of Public Choice [M]. Ann Arbor, The University of Michigan Press, 1972

[50] Jay M. Shafritz & Albert C. Hybe. Classics of Public administration Second Editon [M]. Chicago: The Dorsey Press, 1987

[51] Jean - Etienne de Bettignies and Thomas W. Ros. The Economics of Public - private Partnerships [J]. Canadian Public Policy, 2004 (2): 135 - 154

[52] J. L. Pressman and A. Wildavsky. Implementation: How Great Expectation in

Washington Are Dashed in Oakland [M]. Berkley: University of California Press, 1973

[53] Kickert W. J. M., Klijn E. H., Koppenjan J. F. M. Introduction: A Management Perspective on Policy [G]. Klijn E. H., Koppenjan J. F. M. Managing Complex Networks. London: Sage Publications, 1997 (6): 234 – 256

[54] Lane F. Current Issues in Public Administration [M]. California Wadsworth Publishing, 1999

[55] Lars Carlsson. Policy Networks as Collective Action [J]. Policy Studies Journal, 2000 (3): 502 – 520

[56] Lester M. Salamon, and Odus V. Elliot. Tools of Government: A Guide to the New Governance [M]. Oxford University Press, 2002

[57] Malcolm Goggin, Ann O' M. Bowman, James Lester, and L. J. O' Toole. Implementation Theory and Practice: Toward a Third Generation [M]. Glenview: Scott Foresman, Brown, 1990

[58] Max Weber. The Theory of Social and Economic Organization [M]. Free Press, 1947

[59] Michael D. Cohen, James G. March, and Johan P. Olsen. A Garbage Can Model of Organizational Choice [J]. Administrative Science Quarterly, 1972 (17): 1 – 25

[60] Michael Howlett. Do Networks Matter? Linking Policy Network Structure to Policy Outcomes: Evidence from Four Canadian Policy Sectors 1990 – 2000 [J]. Canadian Journal of Political Science, 2002 (6): 235 – 267

[61] Michael Howlett, M. Ramesh. Studying Public Policy: Policy Cycles and Policy Subsystems [M]. Oxford University Press, 1995

[62] Osborne, David and Gaebler, Ted. Reinventing Government: How the Entrepreneurial Spirit is Transforming the Public Sector [M]. MA: Addison – Wesley, 1992

[63] O' Tool, Laurence J. Jr.. Treating Networks Seriously: Praticla and Research – Based Agendas in Public Administration [J]. Public Administration Review, 1997 (1): 45 – 52

[64] Owen E. Hughes. Public Administration and Administration [M]. Palgrave Macmillan, 2003

[65] Paul A. Sabatier and Hank C. Jenkins – Smith. Policy Change and Learning: An Advocacy Coalition Approach, [M]. Boulder, CO: Westview Press, 1993

[66] Paul A. Sabatier. The Need for Better Theories [A]. PaulA. Sabatier. Theories of the Policy Process [C]. University of California, Davis, 1999

[67] Peter Deleon, Danielle M Varda. Toward a Theory of Collaborative Policy Networks: Identifying Structural Tendencies [J]. Policy Studies Journal, 2009 (2): 59 – 74

[68] Peter Scharle. Public – Private Partnership (PPP) as a Social Game [J]. Innovation, 2002 (3): 227 – 252

[69] Piric A, Reeve N. Evaluation of Public Investment in R&D—towards a contingency analysis [A]. Policy Evaluation in Innovation and Technology: toward Best Practices (OECD

Proceedings)[C]. OECD, 1997

[70] P. Sabatier and D. Mazmanian. The Implementation of Public Policy: A Framework of Analysis [J]. Policy Studies Journal. 1979 - 1980 (4): 542 - 556

[71] Rawls, J. A Theory of Justice [M]. Oxford: Clarendon Press, 1971

[72] R. Elmore. Backward Mapping: Implementation Research and Policy Decisions [J]. Political Science Quarterly, 1980 (94): 601 - 612

[73] Richard C Feiock, Moon - Gi Jeong, Jaehoon Kim. Credible Commitment and Council - manager Government: Implications for Policy Instrument Choices [J]. Public Administration Review, 2003 (5): 616 - 625

[74] Richard E. Matland. Synthesizing the Implementation Literature: the Ambiguity - Conflict Model of Policy Implementation [J]. Journal of Public Administration Research and Theory, 1995 (2): 145 - 174

[75] R. S. Montjoy, L. J. Toole Jr. Towards Theory Public Policy Implementation: An Organizational perspective [J]. Public Administration Review, 1979 (5): 465 - 476

[76] R. Weatherley, M. Lipsky.. Street - level Bureaucrats and Institutional Innovation: Implementing Special Education Reform [J]. Harvard Educational Review, 1977 (2): 171 - 197

[77] Salamon L, Anheier H. Social Origins of Civil Society: Explaining the Nonprofit Sector Cross - nationally [J]. Public Administration Review, 1998 (3): 213 - 248

[78] Salamon, L. M. Partners in Pubic Service. The Scope and Theory of Government——Nonprofit Relations [M]. New Haven: Yale University Press, 1987

[79] Samuelson. Paul A. The Pure Theory Public Expenditure [J]. Review of Economics and statistics, 1954 (36): 387 - 389

[80] S. Linder and B. Guy Peters. The Study of Public Policy Instrument [J]. Policy Current, 1992 (2): 775 - 793

[81] Smith, T. B. The Policy Implementation Process [J]. Policy science, 1973 (4): 203 - 205

[82] Stokey E, Zeckhauser R. A Primer for Policy Analysis [M]. New York: Norton Publishing, 1978

[83] Thomas A. Birkland. An Introduction to the Policy Process: Theories, Concepts, and Models of Public Policy Making [M]. M. E. Shape, Armonk New York, London England, 2001

[84] Thomas R. Dye, Understanding Public Policy, 7th ed (Englewood Cliffs) [M]. NJ: Prentice Hall, 1992

[85] T. H. Polster. Public Program Analysis: Applied Methods [M]. Baltlmore, University Park Press, 1978

[86] Tony Bovair. Public - Private Partnerships: From Contested Concepts to Prevalent Practice [J]. International Review of Administrational Science, 2004

[87] Vedung E.. Public Policy and Program Evaluation [M]. New Brunswick (U. S. A.)

and London (U. K): transaction Nublishers, 1997

[88] Waddock, S. A. A Typology of Social Partnership Organization [J]. Administration and Society, 1991 (6): 45 – 71

[89] Weimer D L, Vining A R. Policy Analysis: Concepts and Practice [M]. Englewood Cliffs: Prentice Hall Publishing, 1989

[90] William N. Dunn. Public policy Analysis: An Introduction, 2nd ed. [M]. New Jersey: Prentice Hall, 1994

[91] Y. Dror, Public Policy making Reexamined [M]. N. Y.: Chandler Publishing Co., 1968

[92] Young, D. Alternative Models of Government – nonprofit Sector Relations: Theoretical and International Perspective [J]. Nonprofit and Voluntary sector quarterly, 2000 (29): 149 – 172

中文文献

[93] [美] G. A. 阿尔蒙德, G. B. 鲍威尔. 比较政治学——体系、过程和政策 [M]. 上海: 上海译文出版社, 1987.

[94] [美] R. M. 克朗. 系统分析和政策科学 [M]. 陈东威译, 北京: 商务印书馆, 1985.

[95] 阿尔蒙德, 小鲍威尔. 当代比较政治学——世界展望 [M]. 北京: 商务印书馆, 1993.

[96] 阿玛蒂亚·森. 以自由看待发展 [M]. 任赜, 于真译. 北京: 中国人民大学出版社, 2002.

[97] 阿瑟·奥肯. 平等与效率 [M]. 北京: 华夏出版社, 1999.

[98] 埃莉诺·奥斯特罗姆. 制度激励与可持续发展 [M]. 陈幽泓译. 上海: 上海三联书店, 2000.

[99] 埃莉诺·奥斯特罗姆. 公共事物的治理之道——集体行动制度的演进 [M]. 余逊达, 陈旭东译. 上海: 上海三联书店, 2000.

[100] 安体富, 任强. 公共服务均等化: 理论、问题与对策 [J]. 财贸经济, 2007 (8): 48 – 53.

[101] 安体富. 完善公共财政制度 逐步实现公共服务均等化 [J]. 财经问题研究, 2007 (7): 3 – 8.

[102] [美] 奥斯特罗姆, 帕克斯, 惠特克. 公共服务的制度建构 [M]. 上海: 上海三联书店, 2000.

[103] 鲍勃·杰索普. 治理的兴起及其失败的风险: 以经济发展为例的论述 [A]. 漆芜编译. 俞可平. 治理与善治 [C]. 北京: 社会科学文献出版社, 2000.

[104] 保罗·A. 萨巴蒂尔. 政策过程理论 [M]. 彭宗超译. 北京: 北京三联书店, 2004.

[105] 保罗·A. 萨缪尔森, 威廉·D. 诺德豪斯. 经济学 [M]. 高鸿业等译. 北京:

中国发展出版社，1992.

［106］柏良泽．“公共服务”界说［J］．中国行政管理，2008（2）：17－20.

［107］曹堂哲．政策执行研究三十年回顾——缘起、线索、途径和模型［J］．云南行政学院学报，2005（3）：48－52.

［108］查尔斯·J．福克斯，休·T．米勒．后现代公共行政——话语指向［M］．楚艳红，曹沁颖，吴巧林译．北京：中国人民大学出版社，2002.

［109］查尔斯·沃尔夫．市场或政府［M］．谢旭译．北京：中国发展出版社，1994.

［110］常修泽．逐步实现基本公共服务均等化［N］．人民日报，2007－01－31.

［111］陈昌盛．中国政府公共服务：基本价值取向与综合绩效评估［J］．财政研究，2007（6）：20－24.

［112］陈昌盛，蔡跃洲．中国政府公共服务：体质变迁与地区综合评估［M］．北京：中国社会科学出版社，2007.

［113］陈海威．中国基本公共服务体系研究［J］．科学社会主义，2007，（3）：98－100.

［114］陈海威，田侃．我国建立基本公共服务体系问题探讨［J］．理论导刊，2007（6）：44－45.

［115］陈庆云，戈世平，张孝德．现代公共政策概论［M］．北京：经济科学出版社，2004.

［116］陈庆云．公共政策分析［M］．北京：北京大学出版社，1996.

［117］陈庆云．论公共政策分析的四个基本范畴及其相互关系［J］．行政与法，1995（2）：34－37.

［118］陈庆云，郑益奋．西方公共政策研究的新进展［J］．国家行政学院学报，2005（2）：79－83.

［119］陈庆云，曾军荣．论公共管理中的政府利益［J］．中国行政管理，2005（8）：19－22.

［120］陈庆云，庄国波，曾军荣，郑益奋．论公共管理中效率与公平的关系及其实现机制［J］．中国行政管理，2005（11）：24－27.

［121］陈振明．公共管理学［M］．北京：中国人民大学出版社，2003.

［122］陈振明．公共政策分析［M］．北京：中国人民大学出版社，2003.

［123］陈振明．公共政策分析教程［M］．北京：中国城市出版社，2004.

［124］陈振明．公共政策学——政策分析的理论、方法和技术［M］．北京：中国人民大学出版社，2004.

［125］陈振明．论政策分析［J］．岭南学刊，1995（1）：103－108.

［126］陈振明．政策科学——公共政策分析导论［M］．北京：中国人民大学出版社，2003.

［127］陈振明．政策分析的基本步骤［J］．福建行政学院学报，1998（1）：14.

［128］陈振明．政府工具研究与政府管理方式改进——论作为公共管理学新分支的政府工具研究的兴起、主题和意义［J］．中国行政管理，2004（6）：43－48.

[129] 迟福林. 改革发展新时期的基本公共服务 [J]. 中国党政干部论坛，2008 (4)：18 - 20.

[130] 迟福林. 政府转型与基本公共服务 [J]. 中国浦东干部学院学报，2009，(1)：45 - 49.

[131] 大卫·休谟. 人性论（下卷）[M]. 关文运译. 北京：商务印书馆，1983.

[132] 邓念国. 公共政策执行系统价值取向的分析 [J]. 武汉大学学报（哲学社会科学版），2005 (5)：693 - 696.

[133] 邓小平. 邓小平文选（第3卷）[M]. 北京：人民出版社，1993.

[134] 丁凯. 基本公共服务均等化的三个“难”[J]. 浙江经济，2008 (3)：56.

[135] 丁元竹. 基本公共服务均等化：战略与对策 [J]. 中共宁波市委党校学报，2008 (4)：5 - 12.

[136] 丁元竹. 我国基本公共服务均等化过程的标准建设问题 [J]. 甘肃理论学刊，2008 (5)：46 - 49.

[137] 丁元竹. 开展基本公共服务的绩效评估 [J]. 浙江经济，2008 (19)：30 - 31.

[138] 丁元竹. 界定基本公共服务及其绩效 [J]. 国家行政学院学报，2009 (2)：18 - 21.

[139] 丁元竹. 科学把握我国现阶段的基本公共服务均等化 [J]. 中国经贸导刊，2007 (13)：24 - 25.

[140] 董立人. 论实现基本公共服务均等化的路径选择 [J]. 中国井冈山干部学院学报，2008 (5)：81 - 86.

[141] 弗兰克·费希尔. 公共政策评估 [M]. 吴爱明等译. 北京：中国人民大学出版社，2003.

[142] 傅松华. 英美韩日四国政府改革比较——政府改革实践的案例分析及其对我们的启示 [J]. 国家行政学院学报，2009 (6)：104 - 107.

[143] 盖伊·彼得斯. 政府未来的治理模式 [M]. 张成福译. 北京：中国人民大学出版社，2001.

[144] 高尚全. 完善公共服务体系 加快服务型政府建设 [J]. 中国改革，2007 (12)：11 - 20.

[145] 高尚全. 推进基本公共服务均等化实现人的全面发展 [J]. 财会研究，2008 (5)：19.

[146] 高兴武. 公共政策评估：体系与过程 [J]. 中国行政管理，2008 (2)：58 - 65.

[147] 葛四友. 评阿内逊的福利机遇平等观 [J]. 哲学研究，2004 (10)：79 - 85.

[148] 顾丽梅. 英、美、新加坡公共服务模式比较研究 [J]. 浙江学刊，2008 (5)：107 - 112.

[149] 国家发展改革委宏观经济研究院课题组. 促进我国的基本公共服务均等化 [J]. 宏观经济研究，2008 (5)：7 - 21.

[150] 郭宏宝. 公共服务均等化：理论评价与实际应用 [J]. 当代财经，2008 (3)：29 - 33.

［151］郭厚禄．我国基本公共服务均等化研究［D］．北京：中央党校博士论文，2009.

［152］国家行政学院课题组．关于公共服务体系和服务型政府建设的几个问题（上）［J］．国家行政学院学报，2008（4）：8－12.

［153］国家行政学院课题组．关于公共服务体系和服务型政府建设的几个问题（下）［J］．国家行政学院学报，2008（5）：17－23.

［154］郭巍青．政策制定的方法论：理性主义与反理性主义［J］．中山大学学报（社会科学版），2003（2）：39－45.

［155］韩庆祥．马克思开辟的道路［M］．北京：人民出版社，2005.

［156］赫伯特·西蒙．管理行为——管理组织决策过程的研究［M］．杨砾等译．北京：北京经济学院出版社，1988.

［157］和经纬．中国公共政策评估研究的方法论取向：走向实证主义［J］．中国行政管理，2008（9）：118－124.

［158］胡锦涛．高举中国特色社会主义伟大旗帜 为夺取全面建设小康社会新胜利而奋斗——在中国共产党第十七次全国代表大会上的报告［M］．北京：人民出版社，2007.

［159］胡宁生．公共政策分析的意义与模式［J］．中国行政管理，2001（4）：56－57.

［160］胡伟．政府过程［M］．杭州：浙江人民出版社，1998.

［161］胡伟，石凯．理解公共政策："政策网络"的途径［J］．上海交通大学学报（哲学社会科学版），2006（4）：17－24.

［162］胡象明．论以人为本的政策价值理念［J］．国家行政学院学报，2007（2）：86－89.

［163］胡仙芝．政策科学学科建设研讨会综述［J］．中国行政管理，2000（10）：37－39.

［164］黄云鹏．"十二五"促进城乡基本公共服务均等化的对策建议［J］．宏观经济研究，2010（7）：9－13.

［165］黄子建．社会公正：公共政策的基本价值目标［J］．行政论坛，2005（6）：32－33.

［166］霍布斯．利维坦［M］．黎思复等译，商务印书馆，1985.

［167］基本公共服务均等化与政府财政责任课题组．基本公共服务均等化与政府财政责任［J］．财会研究，2008（6）：6－14.

［168］贾康．区分"公平"与"均平"——把握好政府责任与政策理性［J］．财政研究，2006（12）：6－10.

［169］贾凌民，吕旭宁．创新公共服务供给模式的研究［J］．中国行政管理，2007，（4）：22－24.

［170］简·莱恩．新公共管理［M］．赵成根译．北京：中国青年出版社，2004.

［171］蒋正华，张羚广．中国社会保障制度过去与未来［J］．中国软科学，2002（8）：1－7.

［172］井敏．国内服务型政府研究的四种角度［J］．新视野，2006（3）：38－40.

[173] 靳永翥. 德国地方政府公共服务体制改革与机制创新探微 [J]. 中国行政管理, 2008 (1): 103 - 107.

[174] 景天魁. 论底线公平 [N]. 光明日报, 2004 - 08 - 10.

[175] 金人庆. 完善公共财政制度逐步实现基本公共服务均等化 [J]. 求是, 2006 (22): 7 - 9.

[176] 金兴盛, 全面改善民生 促进社会和谐 率先加快实现基本公共服务均等化 [J]. 浙江经济, 2008 (19): 22 - 24.

[177] 亢安毅. 人的全面发展研究 [D]. 北京: 中共中央党校博士论文, 2004.

[178] [美] 拉雷·N. 格斯顿. 公共政策的制定: 程序和原理 [M]. 朱子文译, 重庆出版社, 2001.

[179] 莱斯特·M. 萨拉蒙. 全球公民社会——非营利部门的视界 [M]. 贾西津等译. 北京: 社会科学文献出版社, 2002.

[180] 莱斯特·M. 萨拉蒙. 非营利部门的兴起 [A]. 何增科译. 公民社会与第三部门 [C]. 北京: 社会科学文献出版社, 2000.

[181] 李德国, 蔡晶晶. 西方政策评估: 范式演进和指标构建 [J]. 科技管理研究, 2006, (8): 246 - 249.

[182] 李德国, 蔡晶晶, 西方政策评估技术与方法浅析 [J]. 科学学与科学技术管理, 2006 (4): 65 - 69.

[183] 李玲玲. 试论公共政策的社会总体利益取向 [J]. 中国行政管理, 2006 (3): 103 - 106.

[184] 李梅香, 王永乐. 基本公共服务均等化研究述评 [J]. 绍兴文理学院学报, 2009 (6): 82 - 86.

[185] 李德顺. 价值学大辞典 [M]. 北京: 中国人民大学出版社, 1995.

[186] 李瑞昌. 关系、结构与利益表达——政策制定和治理过程中的网络范式 [J]. 复旦学报 (社会科学版), 2004 (6): 122 - 127.

[187] 厉以宁, 吴易风, 李懿. 西方福利经济学述评 [M]. 北京: 商务印书馆, 1984.

[188] 梁英武. 论"效率"与"公平"的统一 [J]. 江苏社会科学, 1996 (6): 57 - 60.

[189] 林永波, 张世贤. 公共政策 [M]. 台北: 台湾五南图书出版公司, 1984.

[190] 刘宇. 顾客满意度测评 [M]. 北京: 社会科学文献出版社, 2003.

[191] 刘新燕, 刘雁妮, 杨智, 万后芬. 顾客满意度指数 (CSI) 模型述评 [J]. 当代财经, 2003 (6): 57 - 60.

[192] 刘进才. 公共政策评估的模糊数学方法 [J]. 中共中央党校学报, 2001 (1): 103.

[193] 刘熙瑞. 服务型政府——经济全球化背景下中国政府改革的目标选择 [J]. 中国行政管理, 2002 (7): 5 - 7.

[194] 刘尚希. 基本公共服务均等化: 现实要求和政策路径 [J]. 浙江经济, 2007

(13)：24－27.

[195] 刘尚希. 基本公共服务均等化的含义和目标 [N]. 学习时报，2008－11－03.

[196] 刘尚希. 基本公共服务均等化：目标及政策路径（下） [N]. 中国经济时报，2007－06－14.

[197] 刘尚希. 基本公共服务均等化的目标是促进居民消费平等化 [J]. 中国财政，2007 (7)：72－73.

[198] 刘尚希，杨元杰，张洵. 基本公共服务均等化与公共财政制度 [J]. 经济研究参考，2008 (40)：2－9.

[199] 楼苏萍. 改革开放以来中国社会政策的发展及其逻辑 [D]. 浙江大学博士论文，2009.

[200] 卢坤建. 公共政策释义 [J]. 中山大学学报（社会科学版），2001 (4)：81－86.

[201] [美] 罗伯特 B 登哈特、珍妮特 V 登哈特. 新公共服务：服务，而不是掌舵 [M]. 北京：中国人民大学出版社，2004.

[202] 罗尔斯. 正义论 [M]. 何怀宏等译，北京：中国社会科学出版社，1988.

[203] 罗纳德·哈里·科斯. 经济学中的灯塔 [A]. 罗纳德·哈里·科斯. 论生产的制度结构 [C]. 盛洪、陈郁译. 上海：上海三联书店，1994.

[204] 吕晨曦. 建国初期的城市失业问题治理及其启示 [J]. 天府新论，2005 (1)：80－82.

[205] 吕炜，王伟同. 我国基本公共服务提供均等化问题研究——基于公共需求与政府能力视角的分析 [J]. 财政研究，2008 (5)：2－13.

[206] 马志政等. 哲学价值论纲要 [M]. 杭州：杭州大学出版社，1991.

[207] 迈克尔·罗斯金. 政治科学 [M]. 华夏出版社，2001.

[208] 迈克尔·麦金尼斯. 多中心体制与地方公共经济 [M]. 毛寿龙、李梅译. 上海：上海三联书店，2000.

[209] 曼昆. 经济学原理 [M]. 北京：三联书店，1999.

[210] 毛崇杰. 颠覆与重建——后批评中的价值体系 [M]. 北京：社会科学文献出版社，2002.

[211] 毛信德. 当代中国词库 [M]. 北京：航空工业出版社，1993.

[212] 密尔. 代议制政府 [M]. 汪瑄译. 北京：商务印书馆，1984.

[213] 米切尔·黑尧. 现代国家的政策过程 [M]. 赵成根译. 北京：中国青年出版社，2004.

[214] 苗振国，王家斌. 论我国公共政策价值取向的三维建构 [J]. 四川行政学院学报，2007 (5)：5－7.

[215] 莫勇波. 政府执行力：当前公共行政研究的新课题 [J]. 中山大学学报（社会科学版），2005 (1)：68－73.

[216] [美] S. S. 那格尔. 政策研究百科全书 [M]. 林明等译，北京：北京科学技术文献出版社，1990.

[217] 尼古拉斯·扎哈里尔迪斯. 模糊性、时间与多源流分析 [A]. 保罗·A. 萨巴悌尔. 政策过程理论 [C]. 彭宗超等译. 上海：上海三联书店，2004.

[218] 宁骚. 公共政策学 [M]. 北京：高等教育出版社，2004.

[219] 秦寿康. 综合评价原理与应用 [M]. 北京：电子工业出版社，2003.

[220] 汝信主编. 社会科学新辞典 [M]. 重庆：重庆出版社，1988.

[221] 盛明科、刘贵忠. 政府服务的公众满意度测评模型与方法研究 [J]. 湖南社会科学，2006 (6)：36 - 40.

[222] 世界银行. 与贫困做斗争 [M]. 北京：中国财政经济出版社，2001.

[223] 孙本刚. 准经营性基础设施项目 PPP 模式研究 [D]. 上海：同济大学，2006.

[224] 孙伯强. 中美公共政策制定中的公民参与方式之比较 [J]. 云南社会科学，2003 (6)：16 - 20.

[225] 孙建军，丁友良. 效率与公平统一：我国行政改革的价值取向与实现路径 [J]. 人大复印报刊资料公共行政，2009 (8)：3 - 7.

[226] 孙晓莉. 中国公共服务改革：理念与战略重点 [J]. 中国人民大学学报，2004 (5)：98 - 103.

[227] 孙永怡. 我国公民参与公共政策过程的十大困境 [J]. 中国行政管理，2006 (1)：43 - 45.

[228] 唐娟. 政府治理论 [M]. 北京：中国社会科学出版社，2006.

[229] 唐钧. 公共服务均等化保障 6 种基本权利 [EB/OL]. 新华网，2006 - 07 - 07.

[230] 唐铁汉. 建设服务型政府与基本公共服务均等化 [J]. 国家行政学院学报，2008 (2)：8 - 12.

[231] 唐祥来. 公共产品供给的"第四条道路"——PPP 模式研究 [J]. 经济经纬，2006 (1)：17 - 20.

[232] 唐志君. 公众参与政策过程：价值、困境及走向 [J]. 理论探索，2007 (2)：124 - 127.

[233] 田忠林. 推进基本公共服务均等化的探索和思考 [A]. 民生之路——惠及 13 亿人的基本公共服务 [C]. 北京：中国经济出版社，2008.

[234] 涂晓芳. 政府利益对政府行为的影响 [J]. 中国行政管理，2002 (10)：16 - 18.

[235] 威廉·N，邓恩. 公共政策分析导论 [M]. 北京：中国人民大学出版社，2002.

[236] 王春福. 论公共政策的双重价值取向 [J]. 求实，2005 (2)：61 - 63.

[237] 王玨等. 中日价值哲学新论 [M]. 西安：陕西人民出版社，1995.

[238] 王俊华. 新公共管理学视域中的第三部门失灵：类型、治理与模式 [J]. 教学与研究，2004 (9)：33 - 39.

[239] 王洛忠，安然. 论市场经济条件下公共政策的主要价值取向 [J]. 行政论坛，2000 (5)：7 - 9.

[240] 王谦，李锦红. 政府部门公众满意度评价的一种有效实现途径 [J]. 中国行政管理，2006 (1)：33 - 35.

[241] 王晓丽. 政策评估的标准、方法、主体 [J]. 福建论坛·人文社会科学版, 2008 (9): 137-140.

[242] 王新民, 南锐. 基本公共服务均等化水平评价体系构建及应用——基于我国31个省域的实证研究 [J]. 软科学, 2011 (7): 21-26.

[243] 王兴伦. 多中心治理: 一种新的公共管理理论 [J]. 江苏行政学院学报, 2005 (1): 96-100.

[244] 威尔逊. 行政学研究 [A]. 国外公共行政理论精选 [C]. 彭和平译. 北京: 中共中央党校出版社, 1997.

[245] 文森特·奥斯特罗姆. 美国联邦主义 [M]. 王建勋译. 上海: 三联书店, 2003.

[246] 文森特·奥斯特罗姆. 美国公共行政的思想危机 [M]. 毛寿龙译. 上海: 三联书店, 1999.

[247] 伍启元. 公共政策 [M]. 香港: 商务印书馆 (香港) 有限公司, 1989.

[248] 席恒. 利益、权力与责任: 公共物品供给机制研究 [M]. 北京: 中国社会科学出版社, 2006.

[249] 项继权, 袁方成. 我国基本公共服务均等化的财政投入与需求分析 [J]. 公共行政评论, 2008 (3): 89-123.

[250] 许崇德. 中华法学大辞典·宪法学卷 [Z]. 北京: 中国检察出版社, 1995.

[251] 徐锋. 基本公共服务应均等化 [N]. 广州日报, 2006-11-13.

[252] 许继芳, 周义程. 公共服务供给三重失灵与我国公共服务供给模式创新 [J]. 南京农业大学学报 (社会科学版), 2009 (1).

[253] 徐玲. 价值取向本质之探究 [J]. 探索, 2000 (2): 69-71.

[254] 徐玲. 价值取向的系统内涵 [J]. 系统辩证学学报, 2002 (1): 20-23.

[255] 徐兴林. 完善服务型政府绩效评估机制的几点思考 [J]. 中国行政管理, 2009 (8): 71-73.

[256] 薛元, 李春芳. 关于我国实现基本公共服务均等化的对策建议 [J]. 中国经贸导刊, 2007 (17): 17-19.

[257] 亚当·斯密. 国富论 (下卷) [M]. 杨敬年译. 西安: 陕西人民出版社, 2002.

[258] 杨和焰. 公共管理视域中的第三部门: 功能、优势及困境 [J]. 公共管理学报, 2004 (3): 50-54.

[259] 杨宏山. 公共政策的价值目标与公正原则 [J]. 中国行政管理, 2004 (8): 87-90.

[260] 约翰·洛克. 政府论两篇 [M]. 赵伯英译. 西安: 陕西人民出版社, 2004.

[261] 杨连强. 利益差别与政策博弈: 中央与地方关系的另类解读 [J]. 重庆社会科学, 2006 (7): 101-105.

[262] 药师寺泰藏. 公共政策 [M]. 北京: 经济日报出版社, 1991.

[263] 于慧利, 徐学才. 全国发改委系统研究部门协作中心北欧考察报告 [N]. 中国经济时报, 2006-01-05.

［264］俞可平．引论：治理与善治［A］．俞可平．治理与善治［C］．北京：社会科学文献出版社，2000.

［265］俞可平．增量民主与善治［M］．北京：社会科学文献出版社，2005.

［266］俞可平．治理和善治引论［J］．马克思主义与现实，1999（5）：37－41.

［267］俞雅乖．农民需求、优先序、表达机制与城乡基本公共服务均等化——以宁波市鄞州区为例［J］．浙江学刊，2009（1）：217－220.

［268］袁贵仁．价值学引论［M］．北京：北京师范大学出版社，1992.

［269］约翰·W．金登．议程、备选方案与公共政策（第二版）［M］．方兴译．北京：中国人民大学出版社，2004.

［270］贠杰，杨诚虎．公共政策评估：理论与方法［M］．北京：中国社会科学出版社，2006.

［271］曾保根．基本公共服务均等供给理念下的政府制度创新［J］．广东行政学院学报，2008（6）：35－38.

［272］曾峻．公共管理新论：体系、价值与工具［M］．北京：人民出版社，2006.

［273］詹姆斯·E．安德森．公共决策［M］．北京：华夏出版社，1990.

［274］詹姆斯·P．莱斯特，小约瑟夫·斯图尔特．公共政策导论（英文版）［M］．北京：中国人民大学出版社，2004.

［275］詹姆斯·W．费勒斯，唐纳德·F．凯特尔．行政过程的政治——公共行政学新论［M］．北京：中国人民大学出版社，2002.

［276］赵勇，李敏．试析公共政策评估主体的多元性［J］．上海行政学院学报，2005（6）：41－46.

［277］赵云旗，促进城乡基本公共服务均等化的财政政策研究［J］．经济研究参考，2010（16）：42－63.

［278］张成福等．公共管理学［M］．北京：中国人民大学出版社，2001.

［279］张成福．论公共行政的“公共精神”——兼对主流公共行政理论及其实践的反思［J］．中国行政管理，1995（5）：15－17.

［280］张国庆．公共政策分析导论［M］．北京：北京大学出版社，1998.

［281］张国庆．论理性主义公共政策分析的局限性［J］．北京大学学报（哲学社会科学版），1997（4）：65－74.

［282］张国庆．现代公共政策导论［M］．北京：北京大学出版社，1997.

［283］张金马．政策科学导论［M］．北京：中国人民大学出版社，1992.

［284］张金马．公共政策分析［M］．哈尔滨：黑龙江人民出版社，2002.

［285］张金马．公共政策分析：概念·过程·方法［M］．北京：人民出版社，2004.

［286］张康之．公共政策过程中科学与价值统合［J］．江苏社会科学，2001（6）：59－60.

［287］张康之．公共行政：朝着追求公正的方向［J］．中州学刊，2000（3）：61－66.

［288］张梦中．美国公共行政（管理）历史渊源与重要价值取向——麦克斯韦尔学院副

院长梅戈特博士访谈录［J］. 中国行政管理，2000（11）：44－47.

［289］张强. 基本公共服务均等化：制度保障与绩效评价［J］. 西北师大学报（社会科学版），2009（3）：70－74.

［290］张晓峰. 中国转型时期公共政策中人的问题［J］. 中国行政管理，2004（9）：85－89.

［291］张馨. 公共财政学论纲［M］. 北京：经济科学出版社，1999.

［292］中澳管理项目赴澳工作访问团. 澳大利亚政府完善公共服务体系的经验及启示［J］. 中国经贸导刊，2007（12）：42－43.

［293］中国财政学会“公共服务均等化问题研究”课题组. 公共服务均等化问题研究［J］. 经济研究参考，2007（58）：2－35.

［294］中国（海南）改革发展研究院. 百姓民生——共享基本公共服务100题［M］. 北京：中国经济出版社，2008.

［295］中国（海南）改革发展研究院. 2007/08中国人类发展报告：惠及13亿人的基本公共服务［M］. 北京：中国对外翻译出版公司，2008.

［296］中国（海南）改革研究院. 基本公共服务与中国人类发展报告［M］. 北京：中国经济出版社，2008.

［297］中国（海南）改革发展研究院. 加快推进基本公共服务均等化（12条建议）［J］. 经济研究参考，2008（3）：19－25.

［298］周明海. 民生的关注与追寻——当前基本公共服务均等化问题研究的主要观点综述［J］. 兰州学刊，2008（4）：87－91.

［299］周明海. 浅析基本公共服务均等化内蕴的价值取向——基于社会建设视角的考察［J］. 湖北社会科学，2008（1）：32－35.

［300］周树志. 公共行政、公共政策、公共管理［J］. 中国行政管理，2001（2）：59－61.

［301］朱国玮，胡伟. ACSI用于评价政府部门顾客满意度——美国的实践及对我国的启示［A］. 中国行政管理学会2004年年会论文集［C］. 2004.

［302］朱亚鹏. 公共政策研究的政策网络分析视角［J］. 中山大学学报，2006（3）：80－83.

［303］朱志宏. 公共政策概论［M］. 台北：三民书局，1983.

附录1　调查问卷（一）

舟山市基本公共服务均等化供给政策公众满意度测度指标权重问卷调查

问卷编号：

尊敬的问卷填写人：

您好！

我们是《舟山市基本公共服务均等化供给政策公众满意度实证研究》课题组，为了确定舟山市基本公共服务均等化供给政策公众满意测度指标权重，进行本次调查。非常感谢您在百忙之中参加本次问卷咨询。

填写说明：

（1）请在以下测评指标两两比较判断矩阵空方格中填上您认为合适的数据，标注“——”和“1”处的空格勿须填写。

（2）赋值时利用萨蒂（T. L. Saaty）提出的1～9标度法（1/9，1/8，…，1/2，1，2，…，8，9），将同一准则支配的下层指标因素进行两两比较，确定下层指标因素之间的相对重要性。

（3）赋值解释：

判断矩阵标度及其含义

重要性指标	含　义
1	表示因素 ε_i 与 ε_j 比较，有同等重要性（equal importance）
3	表示因素 ε_i 与 ε_j 比较，ε_i 比 ε_j 稍重要（weak importance）
5	表示因素 ε_i 与 ε_j 比较，ε_i 比 ε_j 颇重要（essential importance）
7	表示因素 ε_i 与 ε_j 比较，ε_i 比 ε_j 极重要（very strong importance）
9	表示因素 ε_i 与 ε_j 比较，ε_i 比 ε_j 绝对重要（absolute importance）
2，4，6，8	分别表示相临判断1－3，3－5，5－7，7－9的中值（intermediate value）
倒数	表示因素 ε_i 与 ε_j 得判断 ε_{ij}，则 ε_j 与 ε_i 比较得判断 $\varepsilon_{ji}=1/\varepsilon_{ij}$

在填写过程中如遇到问题请致电：0580 - 2660003 或 13587088084

联系人：孙老师 电子邮箱：zhoushansjj@163. com

中共舟山市委党校课题组

2010 年 7 月

判断矩阵 1

公众满意度 U	公众期望 u_1	感知质量 u_2	感知效果 u_3	信任度 u_4	公众抱怨 u_5
公众期望 u_1	1				
感知质量 u_2	——	1			
感知效果 u_3	——	——	1		
信任度 u_4	——	——	——	1	
公众抱怨 u_5	——	——	——	——	1

判断矩阵 2

感知质量 u_2	价值取向 u_{21}	政策制定 u_{22}	政策执行 u_{23}
价值取向 u_{21}	1		
政策制定 u_{22}	——	1	
政策执行 u_{23}	——	——	1

判断矩阵 3

感知效果 u_3	社会保障 u_{31}	社会事业 u_{32}	公共设施 u_{33}
社会保障 u_{31}	1		
社会事业 u_{32}	——	1	
公共设施 u_{33}	——	——	1

判断矩阵 4

总体期望 u_{11}	u_{111}	u_{112}
u_{111}	1	
u_{112}	——	1

其中 u_{111}：对基本公共服务均等化供给政策质量的预期评价

u_{112}：对基本公共服务均等化供给政策实施效果的预期评价

判断矩阵 5

价值取向 u_{21}	u_{211}	u_{212}
u_{211}	1	
u_{212}	——	1

其中 u_{211}：制定政策时坚持效率与公平价值取向统一情况

u_{212}：执行政策时坚持效率与公平价值取向统一情况

判断矩阵 6

政策制定 u_{22}	u_{221}	u_{222}	u_{223}	u_{224}	u_{225}
u_{221}	1				
u_{222}	——	1			
u_{223}	——	——	1		
u_{224}	——	——	——	1	
u_{225}	——	——	——	——	1

其中 u_{221} ：政策惠及公众的均等化程度情况

u_{222} ：政策制定的科学化程度情况

u_{223} ：政策制定的透明度情况

u_{224} ：政策制定的公众参与度情况

u_{225} ：政策制定的社会监督制约情况

判断矩阵 7

政策执行 u_{23}	u_{231}	u_{232}	u_{233}	u_{234}	u_{235}	u_{236}	u_{237}
u_{231}	1						
u_{232}	——	1					
u_{233}	——	——	1				
u_{234}	——	——	——	1			
u_{235}	——	——	——	——	1		
u_{236}	——	——	——	——	——	1	
u_{237}	——	——	——	——	——	——	1

其中 u_{231} ：各级党委政府重视情况

u_{232} ：公共财政资金投入情况

u_{233} ：供给资源可整合性程度情况

u_{234} ：政策执行落实到位情况

u_{235} ：基本公共服务供给与公众需求的契合性程度情况

u_{236} ：供给过程合法合规性情况

u_{237} ：建立健全长效机制情况

判断矩阵 8

社会保障 u_{31}	u_{311}	u_{312}	u_{313}	u_{314}	u_{315}
u_{311}	1				
u_{312}	——	1			
u_{313}	——	——	1		
u_{314}	——	——	——	1	
u_{315}	——	——	——	——	1

其中 u_{311}：平等就业公共服务情况

u_{312}：社会保险覆盖面情况

u_{313}：城乡低收入家庭住房困难解决情况

u_{314}：分层分类救助制度实施情况

u_{315}：普惠式社会福利实施情况

判断矩阵 9

社会事业 u_{32}	u_{321}	u_{322}	u_{323}	u_{324}	u_{325}
u_{321}	1				
u_{322}	——	1			
u_{323}	——	——	1		
u_{324}	——	——	——	1	
u_{325}	——	——	——	——	1

其中 u_{321}：教育公平程度

u_{322}：城乡公共卫生体系和基本医疗服务体系建立和健全情况

u_{323}：城乡公共文化服务网络覆盖情况

u_{324}：全民健身服务体系完善情况

u_{325}：城乡计生服务均衡发展情况

判断矩阵 10

公共设施 u_{33}	u_{331}	u_{332}	u_{333}	u_{334}
u_{331}	1			
u_{332}	——	1		
u_{333}	——	——	1	
u_{334}	——	——	——	1

其中 u_{331}：城乡公共交通一体化情况

u_{332}：城乡供水供电一体化情况

u_{333}：城乡邮政通信一体化情况

u_{334}：城乡污水和垃圾处理一体化情况

判断矩阵 11

认可参与 u_{41}	u_{411}	u_{412}
u_{411}	1	
u_{412}	——	1

其中 u_{411}：对基本公共服务均等化供给政策的认可情况

u_{412}：对基本公共服务均等化供给政策的参与情况

判断矩阵 12

不满情绪 u_{51}	u_{511}	u_{512}	u_{513}
u_{511}	1		
u_{512}	——	1	
u_{513}	——	——	1

其中 u_{511}：对基本公共服务均等化供给政策价值取向的不满情绪

u_{512}：对基本公共服务均等化供给政策制定的不满情绪

u_{513}：对基本公共服务均等化供给政策执行的不满情绪

附表：

舟山市基本公共服务均等化供给政策公众满意度测度指标体系一级指标

	一级指标（u_i）	二级指标（u_{ij}）	三级指标（u_{ijk}）
公民满意度（U）	公众期望 u_1	总体期望 u_{11}	对基本公共服务均等化供给政策质量的预期评价 u_{111}
			对基本公共服务均等化供给政策实施效果的预期评价 u_{112}
	感知质量 u_2	价值取向 u_{21}	制定政策时坚持效率与公平价值取向统一情况 u_{211}
			执行政策时坚持效率与公平价值取向统一情况 u_{212}
		政策制定 u_{22}	政策惠及公众的均等化程度情况 u_{221}
			政策制定的科学化程度情况 u_{222}
			政策制定的透明度情况 u_{223}
			政策制定的公众参与度情况 u_{224}
			政策制定的社会监督制约情况 u_{225}
		政策执行 u_{23}	各级党委政府重视情况 u_{231}
			公共财政资金投入情况 u_{232}
			供给资源可整合性程度情况 u_{233}
			政策执行落实到位情况 u_{234}
			基本公共服务供给与公众需求的契合性程度情况 u_{235}
			供给过程合法合规性情况 u_{236}
			建立健全长效机制情况 u_{237}
	感知效果 u_3	社会保障 u_{31}	平等就业公共服务情况 u_{311}
			社会保险覆盖面情况 u_{312}
			城乡低收入家庭住房困难解决情况 u_{313}
			分层分类救助制度实施情况 u_{314}
			普惠式社会福利实施情况 u_{315}
		社会事业 u_{32}	教育公平程度情况 u_{321}
			城乡公共卫生体系和基本医疗服务体系建立和健全情况 u_{322}
			城乡公共文化服务网络覆盖情况 u_{323}
			全民健身服务体系完善情况 u_{324}
			城乡计生服务均衡发展情况 u_{325}
		公共设施 u_{33}	城乡公共交通一体化情况 u_{331}
			城乡供水供电一体化情况 u_{332}
			城乡邮政通信一体化情况 u_{333}
			城乡污水和垃圾处理一体化情况 u_{334}

续表

	一级指标（u_i）	二级指标（u_{ij}）	三级指标（u_{ijk}）
公民满意度（U）	信任度 u_4	认可参与 u_{41}	对基本公共服务均等化供给政策的认可情况 u_{411}
			对基本公共服务均等化供给政策的参与情况 u_{412}
	公众抱怨 u_5	不满情绪 u_{51}	对基本公共服务均等化供给政策价值取向的不满情绪 u_{511}
			对基本公共服务均等化供给政策制定的不满情绪 u_{512}
			对基本公共服务均等化供给政策执行的不满情绪 u_{513}

附录2 专家咨询结果汇总表

专家咨询结果汇总表

序号	u_1/u_2	u_1/u_3	u_1/u_4	u_1/u_5	u_2/u_3	u_2/u_4
专家1	2	3	5	7	2	5
专家2	3	3	4	5	1/3	3
专家3	3	1/2	4	5	1/3	3
专家4	3	3	5	6	1/3	3
专家5	3	3	4	5	1/3	3
专家6	3	4	5	7	1/3	3
专家7	1/3	1/2	2	3	2	4
乘积	162	81	16000	110250	4/243	4860
7次方根	2. 07	1. 87	3. 99	5. 25	0. 56	3. 36
取值	2	2	4	5	1/2	3
序号	u_2/u_5	u_3/u_4	u_3/u_5	u_4/u_5	u_{21}/u_{22}	u_{21}/u_{23}
专家1	5	3	5	3	1/5	1/3
专家2	4	4	5	2	1/3	1/2
专家3	4	5	7	3	3	2
专家4	5	5	5	2	1/5	1/3
专家5	3	4	4	2	1/3	1/5
专家6	5	5	6	3	1/3	1/2
专家7	5	3	4	2	1/5	1/2
乘积	30000	18000	84000	432	1/1125	1/180
7次方根	4. 36	4. 05	5. 05	2. 38	0. 37	0. 48

续表

取值	4	4	5	2	1/3	1/2
序号	u_{22} / u_{23}	u_{31} / u_{32}	u_{31} / u_{33}	u_{32} / u_{33}	u_{111} / u_{112}	u_{211} / u_{212}
专家1	3	3	2	1/2	2	3
专家2	3	1/2	2	3	1/3	4
专家3	1/2	3	3	1/2	1/3	5
专家4	3	2	1/3	1/4	2	3
专家5	1/2	3	3	1/2	1/3	3
专家6	3	2	3	1/3	1/3	4
专家7	3	3	3	1/2	1/3	5
乘积	243/4	162	108	1/64	4/243	10800
7次方根	1. 80	2. 07	1. 95	0. 55	0. 56	3. 77
取值	2	2	2	1/2	1/2	4
序号	u_{221} / u_{222}	u_{221} / u_{223}	u_{221} / u_{224}	u_{221} / u_{225}	u_{222} / u_{223}	u_{222} / u_{224}
专家1	1/2	2	5	6	3	5
专家2	3	5	9	7	3	6
专家3	3	1/2	7	5	1/3	3
专家4	3	5	7	7	5	5
专家5	3	4	8	5	4	5
专家6	3	5	7	5	4	6
专家7	1/3	5	7	3	6	8
乘积	81/2	2500	864360	110250	1440	108000
7次方根	1. 70	3. 06	7. 05	5. 25	2. 83	5. 24
取值	2	3	7	5	3	5

续表

序号	u_{222}/u_{225}	u_{223}/u_{224}	u_{223}/u_{225}	u_{224}/u_{225}	u_{231}/u_{232}	u_{231}/u_{233}
专家1	7	3	2	3	2	3
专家2	5	3	3	1/2	2	5
专家3	2	5	4	1/3	2	3
专家4	4	3	3	1/3	3	4
专家5	3	2	2	1/2	1	2
专家6	5	3	3	1/2	2	3
专家7	3	2	1/3	1/3	3	3
乘积	12600	1620	144	1/72	144	3240
7次方根	3. 85	2. 87	2. 03	0. 54	2. 03	3. 17
取值	4	3	2	1/2	2	3
序号	u_{231}/u_{234}	u_{231}/u_{235}	u_{231}/u_{236}	u_{231}/u_{237}	u_{232}/u_{233}	u_{232}/u_{234}
专家1	1/5	1/5	4	5	3	1/5
专家2	3	4	6	7	5	1
专家3	1/5	1/4	4	5	3	1/5
专家4	1	4	5	6	2	1/5
专家5	1/4	1/3	3	4	3	1/4
专家6	1/5	1/5	4	5	3	1/5
专家7	1/5	1/4	5	5	4	1/5
乘积	3/2500	1/75	28800	105000	3240	1/12500
7次方根	0. 38	0. 54	4. 34	5. 22	3. 17	0. 26
取值	1/3	1/2	4	5	3	1/4
序号	u_{232}/u_{235}	u_{232}/u_{236}	u_{232}/u_{237}	u_{233}/u_{234}	u_{233}/u_{235}	u_{233}/u_{236}
专家1	1/5	3	4	1/5	1/5	2
专家2	2	5	7	1/3	1/3	2

续表

专家3	1/5	3	3	1/6	1/5	2
专家4	1	4	5	1/3	3	4
专家5	1/5	3	3	1/5	1/5	2
专家6	1/4	3	4	1/5	1/5	3
专家7	1/5	3	5	1/6	1/6	2
乘积	1/1250	4860	25200	1/40500	1/3750	384
7次方根	0. 36	3. 36	4. 25	0. 22	0. 31	2. 34
取值	1/3	3	4	1/5	1/3	2
序号	u_{233} / u_{237}	u_{234} / u_{235}	u_{234} / u_{236}	u_{234} / u_{237}	u_{235} / u_{236}	u_{235} / u_{237}
专家1	4	2	5	7	5	6
专家2	3	2	4	6	3	5
专家3	3	2	5	7	4	6
专家4	4	3	5	7	3	3
专家5	3	2	5	7	4	5
专家6	3	3	6	7	5	6
专家7	3	3	7	8	5	7
乘积	3888	432	105000	806736	18000	113400
7次方根	3. 26	2. 38	5. 22	6. 98	4. 05	5. 27
取值	3	2	5	7	4	5
序号	u_{236} / u_{237}	u_{311} / u_{312}	u_{311} / u_{313}	u_{311} / u_{314}	u_{311} / u_{315}	u_{312} / u_{313}
专家1	2	2	3	5	3	2
专家2	3	1/3	2	3	3	3
专家3	2	1/3	2	3	3	3
专家4	3	2	3	4	3	2
专家5	2	1/3	2	3	2	3

续表

专家6	3	1/3	2	3	3	3
专家7	2	1/3	2	3	3	3
乘积	432	4/243	288	4860	1458	972
7次方根	2. 38	0. 56	2. 25	3. 36	2. 83	2. 67
取值	2	1/2	2	3	3	3
序号	u_{312} / u_{314}	u_{312} / u_{315}	u_{313} / u_{314}	u_{313} / u_{315}	u_{314} / u_{315}	u_{321} / u_{322}
专家1	4	2	1/2	1/3	1/3	3
专家2	5	4	2	1/2	1/3	3
专家3	5	3	3	1/2	1/3	2
专家4	4	2	3	2	1/3	2
专家5	4	3	2	1/2	1/3	2
专家6	4	3	2	1/2	1/3	2
专家7	5	4	3	1/2	1/4	3
乘积	32000	1728	108	1/48	1/2916	432
7次方根	4. 40	2. 90	1. 95	0. 58	0. 32	2. 38
取值	4	3	2	1/2	1/3	2
序号	u_{321} / u_{323}	u_{321} / u_{324}	u_{321} / u_{325}	u_{322} / u_{323}	u_{322} / u_{324}	u_{322} / u_{325}
专家1	5	7	8	3	6	7
专家2	5	7	7	3	6	7
专家3	5	5	7	3	5	6
专家4	6	5	7	4	3	6
专家5	3	5	7	3	5	5
专家6	6	5	7	4	4	6
专家7	6	7	8	4	5	6
乘积	81000	214375	1075648	5184	54000	317520

续表

7次方根	5.03	5.78	7.27	3.39	4.74	6.11
取值	5	6	7	3	5	6
序号	u_{323}/u_{324}	u_{323}/u_{325}	u_{324}/u_{325}	u_{331}/u_{332}	u_{331}/u_{333}	u_{331}/u_{334}
专家1	3	5	4	1/5	5	3
专家2	3	5	3	1/3	3	3
专家3	2	4	3	1/3	3	1/2
专家4	1/2	4	4	1/3	5	3
专家5	3	4	3	1/2	3	3
专家6	1/2	4	4	1/3	5	3
专家7	3	5	3	1/3	5	1/3
乘积	81/2	32000	5184	1/2430	16875	81/2
7次方根	1.70	4.40	3.39	0.33	4.02	1.70
取值	2	4	3	1/3	4	2
序号	u_{332}/u_{333}	u_{332}/u_{334}	u_{333}/u_{334}	u_{411}/u_{412}	u_{511}/u_{512}	u_{511}/u_{513}
专家1	7	5	1/5	1/3	1/7	1/5
专家2	5	3	1/5	1/2	1/4	1/3
专家3	5	2	1/3	1/3	1/5	1/3
专家4	5	3	1/3	3	1/6	1/3
专家5	3	3	1/2	1	1/3	1/2
专家6	5	3	1/3	3	1/5	1/3
专家7	7	2	1/3	1	1/5	1/3
乘积	91875	1620	1/4050	1/2	1/63000	1/2430
7次方根	5.12	2.87	0.31	0.91	0.21	0.33
取值	5	3	1/3	1	1/5	1/3

续表

序号	u_{512}/u_{513}					
专家1	3					
专家2	3					
专家3	3					
专家4	4					
专家5	2					
专家6	3					
专家7	4					
乘积	2592					
7次方根	3.07					
取值	3					

说明：表中“取值”根据“7次方根”值四舍五入而得。

附录3　调查问卷（二）

舟山市基本公共服务均等化供给政策公众满意度测评问卷

问卷编号：

尊敬的问卷填写人：

您好！非常感谢您在百忙之中参加本次问卷调查。

我们是《舟山市基本公共服务均等化供给政策公众满意度实证研究》课题组，为了检验舟山市基本公共服务均等化供给政策的成效，对巩固成果提供实证支持，进行此次专项调查。我们对您的支持和理解表示感谢并郑重承诺：本问卷仅为理论研究之用，问卷填写内容将严格保密。填写前请仔细阅读填写说明，谢谢！

填写说明：

①本问卷中的基本公共服务均等化，是政府为保障公民基本生存权和发展权，按照“基本、平等、普遍、均衡”的要求，与经济社会发展水平相适应，为全体公民提供基本公共物品和社会服务。

②本问卷中的满意度指公众感知到的基本公共服务均等化供给政策制定、执行过程及实施结果与之前期望对比所产生的心理差距。

③本问卷采用数字测量标度，并采用1—5刻度来设计问题的答案选项，均为单选，请在“评判得分”项“√”出您所感受的分值。

④在填写过程中如遇到问题请致电：0580－2660003或13587088084

联系人：孙老师　　电子邮箱：zhoushansjj@163.com

中共舟山市委党校课题组
2010年7月

一、您的个人信息：

您的户籍：　　1、舟山　　2、其他

您的职业：　　1、公务员　2、工人　3、渔农民　4、其他

您的政治面貌：　1、党员　2、群众　3、民主党派　4、其他

您的年龄段：　1、35岁以下　2、35－44岁　3、45－55岁　4、55岁以上

您受教育程度：　1、高中及以下　2、大专　3、本科　4、研究生及以上

（其中“高中及以下”选项含中专，“大专”选项含高职）

二、您对舟山市基本公共服务均等化供给政策公众满意度测评项目的看法：

<table>
<tr><td rowspan="3">序号</td><td rowspan="3" colspan="3">测评项目</td><td colspan="5">评判得分</td></tr>
<tr><td>很不满意</td><td>不满意</td><td>基本满意</td><td>满意</td><td>很满意</td></tr>
<tr><td>1</td><td>2</td><td>3</td><td>4</td><td>5</td></tr>
<tr><td>1</td><td rowspan="2">公众期望 u_1</td><td rowspan="2">总体期望 u_{11}</td><td>对基本公共服务均等化供给政策质量的预期评价 u_{111}</td><td></td><td></td><td></td><td></td><td></td></tr>
<tr><td>2</td><td>对基本公共服务均等化供给政策实施效果的预期评价 u_{112}</td><td></td><td></td><td></td><td></td><td></td></tr>
<tr><td>3</td><td rowspan="14">感知质量 u_2</td><td rowspan="2">价值取向 u_{21}</td><td>制定政策时坚持效率与公平价值取向统一情况 u_{211}</td><td></td><td></td><td></td><td></td><td></td></tr>
<tr><td>4</td><td>执行政策时坚持效率与公平价值取向统一情况 u_{212}</td><td></td><td></td><td></td><td></td><td></td></tr>
<tr><td>5</td><td rowspan="5">政策制定 u_{22}</td><td>政策惠及公众的均等化程度情况 u_{221}</td><td></td><td></td><td></td><td></td><td></td></tr>
<tr><td>6</td><td>政策制定的科学化程度情况 u_{222}</td><td></td><td></td><td></td><td></td><td></td></tr>
<tr><td>7</td><td>政策制定的透明度情况 u_{223}</td><td></td><td></td><td></td><td></td><td></td></tr>
<tr><td>8</td><td>政策制定的公众参与情况 u_{224}</td><td></td><td></td><td></td><td></td><td></td></tr>
<tr><td>9</td><td>政策制定的社会监督制约情况 u_{225}</td><td></td><td></td><td></td><td></td><td></td></tr>
<tr><td>10</td><td rowspan="7">政策执行 u_{23}</td><td>各级党委政府重视情况 u_{231}</td><td></td><td></td><td></td><td></td><td></td></tr>
<tr><td>11</td><td>公共财政资金投入情况 u_{232}</td><td></td><td></td><td></td><td></td><td></td></tr>
<tr><td>12</td><td>供给资源可整合性程度情况 u_{233}</td><td></td><td></td><td></td><td></td><td></td></tr>
<tr><td>13</td><td>政策执行落实到位情况 u_{234}</td><td></td><td></td><td></td><td></td><td></td></tr>
<tr><td>14</td><td>基本公共服务供给与公众需求的契合性程度情况 u_{235}</td><td></td><td></td><td></td><td></td><td></td></tr>
<tr><td>15</td><td>供给过程合法合规性情况 u_{236}</td><td></td><td></td><td></td><td></td><td></td></tr>
<tr><td>16</td><td>建立健全长效机制情况 u_{237}</td><td></td><td></td><td></td><td></td><td></td></tr>
</table>

续表

序号	测评项目			评判得分				
				很不满意	不满意	基本满意	满意	很满意
				1	2	3	4	5
17	感知效果 u_3	社会保障 u_{31}	平等就业公共服务情况 u_{311}					
18			社会保险覆盖面情况 u_{312}					
19			城乡低收入家庭住房困难解决情况 u_{313}					
20			分层分类救助制度实施情况 u_{314}					
21			普惠式社会福利实施情况 u_{315}					
22		社会事业 u_{32}	教育公平程度情况 u_{321}					
23			城乡公共卫生体系和基本医疗服务体系建立和健全情况 u_{322}					
24			城乡公共文化服务网络覆盖情况 u_{323}					
25			全民健身服务体系完善情况 u_{324}					
26			城乡计生服务均衡发展情况 u_{325}					
27		公共设施 u_{33}	城乡公共交通一体化情况 u_{331}					
28			城乡供水供电一体化情况 u_{332}					
29			城乡邮政通信一体化情况 u_{333}					
30			城乡污水和垃圾处理一体化情况 u_{334}					
31	信任度 u_4	认可参与 u_{41}	对基本公共服务均等化供给政策的认可情况 u_{411}					
32			对基本公共服务均等化供给政策的参与情况 u_{412}					
33	公众抱怨 u_5	不满情绪 u_{51}	对基本公共服务均等化供给政策价值取向的不满情绪 u_{511}					
34			对基本公共服务均等化供给政策制定的不满情绪 u_{512}					
35			对基本公共服务均等化供给政策执行的不满情绪 u_{513}					

注：不满情绪强可在“很不满意”、“不满意”选项中赋值；有不满情绪但程度适中的可在“基本满意”选项中赋值；不满情绪弱则可在“很满意”、“满意”选项中赋值。

再次对您的支持表示感谢!

后　记

光阴似箭，逝者如斯夫！

回想起2007年9月至2011年3月在浙江大学公共管理学院的求学生涯，很是感叹时光的流逝。庆幸的是经过三年半载的辛勤耕耘，在组织的期望、师长的关怀、朋友的帮助和亲人的激励下，坚信“天道酬勤”的我如期交出了一份沉甸甸的博士论文。自2011年3月博士毕业以来，一心念想将博士论文转化成一部著作。但由于各种因素影响，从博士论文到以著作形式出版，已是时隔一年半。作为学术成果，能够以飨诸位方家，当然令自己欣喜不已。但欣喜之余更多的是感激之情，说句心里话，回想一路走来，真的难以仅用几句言语来表达自己对组织、师长、朋友和亲人的感激心情。您们的恩情必将成为我今后人生道路上永远的激励和鞭策，我铭记在心！

首先，感谢中共舟山市委组织部的委托培养，以及共青团舟山市委和中共舟山市委党校的联合培养，是您们为我求学提供了坚实的组织保障！感谢中共舟山市委宣传部、舟山市社科联的出版经费资助！

其次，感谢我的恩师蔡宁教授。蔡老师为学严谨求实、见微知著，为事踏实勤勉、兢兢业业，为人达观包容、朴实无华，言传身教中不仅在学术研究上给我启发，更在为人处世上给我启迪，使我终生获益！

再次，感谢在著作撰写过程中给予我帮助的各位专家、朋友、同学和同事。感谢浙江大学陈建军教授、郭斌教授、浙江海洋学院沈最意老师的中肯建议。感谢蔡家班中的每一位成员，尤其是要感谢周颖、吴结兵、田雪莹、潘松挺、沈奇泰松、杨跃、孙晶、孙文文、黄纯、毕誉馨、王梦简等师兄妹的无私帮助，让我切身感受到了同门之间的相互友爱和互助氛围，这也是“蔡家班”的凝聚力所在。感谢中共舟山市委党校的汪凌云、丁友良、张继敏、李挺、何涛、董静儿、虞琰、於杰、林巧、吴似真等同事的鼎力相助。也感谢国家外交部朱松波的热情帮忙，感谢浙江海洋学院易传剑部长和“基本公共服务均等化”暑期社会实践小组在问卷调查过程中的辛勤付出！

最后，感谢亲人的激励和大爱。感谢逝去的外公和四舅舅，是您们让我从小就结下了名校情结，萌发了攻读博士的念头。感谢父母和大舅舅、大舅妈从小到大对我的养育、关爱和培养，没有您们，就没有我的今天，您们的大爱是我所有力量的源泉。感谢我的岳父、岳母，您们的期望和默默支持是我不断前进的动力。尤其是要感谢我的太太洪碧和我那可爱的女儿孙一茜（小名妮妮），你们永远是我的精神支柱。真想对女儿说一声“对不起”，在你最想跟我玩的时候，著作撰写过程中爸爸常常会说，“来不及了，你先跟妈妈玩好吗?”所以我真心希望所做的一切能够弥补你们!

孙建军

2012 年 8 月